KB134444

테이스티로드
오사카

백지원, 사닉 외

© 아토북출판사, 2019

이 도서의 국립중앙도서관 출판예정도서목록(CIP)은 서지정보유통지원시스템 홈페이지
(seoji.nl.go.kr)에서 이용하실 수 있습니다. (cip 제어번호 2019023012)

테이스티로드
타이베이

1판 1쇄 인쇄 2019년 6월 13일
1판 1쇄 발행 2019년 6월 20일

지은이   백지원, 사닉 외
발행인   조은희
발행처   아토북

등록   2015년 7월 31일 (제2015-000158호)
주소   (10261) 경기도 고양시 일산동구 사리현동 178-3 103동 101호
전화   070-7535-6433
팩스   0504-190-4837
이메일   attobook@naver.com

* 값은 뒤표지에 있습니다.
* 잘못 만들어진 책은 구입하신 서점에서 바꾸어 드립니다.

ISBN 979-11-90194-00-6 (13910)

Tasty Road **OSAKA**

테이스티로드
오사카

백지원, 사닉 외

Atto Book

맛있는 오사카에 오신 걸 환영합니다

오사카에 가면 사람들이 한국 사람들과 무척 비슷한 것을 느낄 수 있습니다. 강한 기질이 느껴지고, 도시 전체에 활력이 넘칩니다. 어쩌면 삼국시대부터 한반도에서 일본으로 건너간 사람들이 많아서일지도 모르겠습니다.

일본의 먹거리는 정말 다양합니다. 스스로 개발한 것도 있고, 외국에서 받아들인 것도 많습니다. 외국에서 받아들인 것을 현지에 맞게 발전시키거나 영향을 받아 새로 만들어낸 것도 있으니 그야말로 음식의 천국이라고 할 수 있습니다. 특히 오사카는 일본의 먹거리를 제대로 맛볼 수 있는 곳입니다. 오사카에서는 먹다가 죽는다는 말이 있을 정도로 다양한 음식을 즐깁니다. 그래서 이곳에서 탄생한 음식도 많고 그만큼 다양한 식당이 모여 경쟁을 합니다. 그런 경쟁이 있으니 맛있는 점포가 많은 것이겠죠.

이 책은 일본, 특히 오사카 지역의 다양한 먹거리를 보여주기 위해 기획했습니다. 한국에 진출한 일본 체인점 덕분에 한국에서도 다양한 일본 음식을 쉽게 접할 수 있습니다. 하지만 현지에서 먹는 것은 아무래도 맛이 다릅니다. 여러 이유를 생각해봤지만, 기본적으로 재료의 차이와 만드는 사람의 경험이 달라서이지 않을까요? 오사카에서 새로운 맛을 즐겨도 좋고, 한국과의 차이점을 경험해도 좋습니다. 다양한 식문화 탐방은 인생의 재미를 늘려주는 요소니까요.

이 책에서 소개한 내용은 기본적으로 모두 먹어보고 선택한 것입니다. 그렇기 때문에 취재원의 입맛에 따라 호불호가 갈리기도 했습니다. 하지만 서로의 의견을 취합하고, 인터넷상의 평판도 고려해서 최종적으로 베스트만 고르기 위해 노력했습니다. 물론 맛보다 그 음식의 역사나 독특함을 고려해 선정한 것도 있습니다.

일본에서는 어느 곳을 가도 맛있는 음식을 먹을 수 있습니다. 하지만 혹 맛없는 곳, 특색이 없는 음식점도 있지요. 그런 음식점 때문에 일본 음식에 대해 오해하는 일이 없으면 좋겠습니다.

오사카는 우리나라와 정말 가깝고 주말에도 쉽게 갈 수 있는 곳입니다. 그런 오사카에서 즐겁고 맛있는 식사를 하셨으면 합니다.

목차

Tasty Road

OSAKA

여행 전
일러두기

오사카에서 만나는 최초의 맛, 최고의 맛

『테이스티로드 오사카』활용하기

이 책에 실린 정보는 2019년 5월까지 수집한 정보를 바탕으로 하고 있습니다. 현지 식당 정보는 가게 사정에 따라 바뀔 수 있습니다. 이런 정보를 알려주시면 추후 반영하도록 하겠습니다.
(www.alingcontents.com / alingcontent@naver.com)

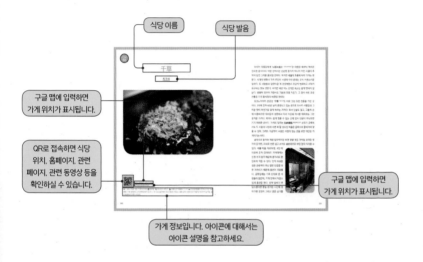

식당 이름

식당 발음

구글 맵에 입력하면 가게 위치가 표시됩니다.

QR로 접속하면 식당 위치, 홈페이지, 관련 페이지, 관련 동영상 등을 확인하실 수 있습니다.

구글 맵에 입력하면 가게 위치가 표시됩니다.

가게 정보입니다. 아이콘에 대해서는 아이콘 설명을 참고하세요.

추천메뉴 · 가게에서 가장 유명한 메뉴를 소개합니다.

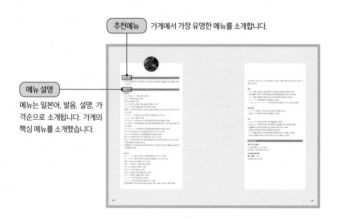

메뉴 설명

메뉴는 일본어, 발음, 설명, 가격순으로 소개됩니다. 가게의 핵심 메뉴를 소개했습니다.

일본어 표기법

- 된소리 발음을 그대로 표기하고, 일부는 된소리 대신 탁음으로 표기했다. 나머지는 국립국어원 표기를 따른다.
  *예: 돈카쓰→돈카츠
- 한국어 발음에서 장음은 '-'로 표시한다
- 일반적으로 잘 알려진 명칭은 국립국어원 표기에 따라 된소리를 사용하지 않으며, 오해의 소지가 있으면 ( )를 사용하여 별도로 발음을 표기한다.
  *예: 도요토미 히데요시(토요토미 히데요시)
- 일본 돈은 '엔'으로 표기한다. 가격의 경우 소비세가 포함하고 있으며, 따라서 일본의 소비세가 변동될 경우 가격이 달라질 수 있다.

중국어 표기법

- **대만 주음부호가 아닌 중국어 발음기호 '한어 병음(漢語拼音)'**으로 발음을 표기한다.
- 중국어 발음은 기본적으로 중국에서 사용하는 것으로 표기한다.
- 중국어 표기는 한자, 발음, 뜻 순으로 표기한다.
  *예 : 龍眼 롱 앤(용안)
- 일부 본문에서는 별도로 한자, 한국어 독음, 중국어 한어 병음을 표기한다.
  *예 : 牛肉湯(우육탕) niú r u t ng
- 대만 돈은 중국과 구별하기 위해 TWD라고 표기한다.
  *예: 도요토미 히데요시(토요토미 히데요시)

GPS 좌표&플러스 코드

정보 표기 부분에는 GPS 좌표(예:34.702402, 135.495970)와 플러스 코드(PF2W+X9 오사카시)가 들어가 있습니다. 일본어 입력이 어렵거나 전화번호 검색이 되지 않을 때 사용하면 좋습니다. 스마트폰에서 구글 맵을 실행하신 뒤 GPS 좌표나 플러스 코드를 입력하면 곧바로 가게 혹은 가게 부근의 위치가 지정됩니다. 현재 위치를 찾은 뒤 가는 방법을 조회하면 자동차, 대중교통, 도보 등으로 검색할 수 있습니다. 자전거를 이용할 때도 도보 검색을 이용하면 내비게이션으로 활용할 수 있습니다. 단 구글 맵을 사용하기 위해서는 반드시 인터넷이 되어야 합니다. 구글 맵을 오프라인에서 사용하는 방법도 있으나, 실시간 이동 방법이 표기되지 않습니다. GPS 좌표의 경우 기본적으로 가게 입구를 표기했지만, 지하나 2층 이상의 건물에 위치할 경우 가게 근처의 GPS 좌표를 표기했습니다. 가게가 나오지 않는다면 주소를 확인해 보세요.

사용 방법

① 핸드폰 상단의 메뉴를 불러옵니다. 그리고 위치 아이콘을 클릭해 활성화합니다.
이렇게 해야 휴대폰에서 GPS 위치를 확인할 수 있습니다.

② 구글 맵을 실행합니다.

③ 검색창에 GPS 좌표 혹은 플러스 코드를 입력합니다. 그럼 바로 위치가 뜹니다.

④ 현재 위치 찾기 버튼을 클릭합니다. 자신의 대략적인 위치가 지도에 표기됩니다. 혹은 길 찾기 버튼을 클릭해 자신이 출발할 좌표를 입력하거나 상호를 검색합니다.

⑤ 현재 위치 찾기 버튼 바로 아래 있는 길 찾기 버튼을 클릭합니다. 출발지는 현재 위치 혹은 검색해서 찾으면 됩니다. 도착지는 방금 입력한 GPS 좌표입니다. 그 밑에는 자동차, 대중교통, 도보로 이동할 때 걸리는 시간이 표시됩니다. 각 아이콘을 클릭하면 이동할 방법이 표시됩니다.

⑥ 대중교통은 자신이 원하는 이동 방법을 클릭하면 됩니다.

⑦ 도보의 경우에는 지도에 위치가 표기됩니다. 자신의 현재 위치와 지도상의 위치를 확인하면서 이동하면 빠르게 이동할 수 있습니다.

⑧ 전체 경로가 표시된 뒤에는 현재 위치 표시 버튼 밑에 삼각형 모양의 아이콘과 함께 시작 버튼이 생깁니다. 시작을 누르면 현재 위치부터 이동하는 경로가 표시되면서 내비게이션 기능이 켜집니다. 자전거로 이동할 때 이용하면 편리합니다. 현재 위치에서 목적지까지 이동할 때만 작동합니다.

▲ **넛츠돔** 견과류

아삭하고 고소한 견과류의 변신

▲ **미츠코우야** 고구마 디저트

뜨거운 달콤함과 차가운 달콤함의 조화

▲ **코바토팡 코조** 핫도그

한입 베어 물고 감탄하는 그 맛

▼ **이치야마** 소바

따뜻하고 보드라운 달걀과 탄력 있는 소바

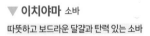

▶ **텐구** 쿠시카츠

오사카의 대표적인 쿠시카츠

▲ **칸부쿠로** 일본 디저트

잊을 수 없는 달콤함&쫀득함

▲ **상미** 일식

몸에 좋은 밥으로 여행의 피곤함을 푸는 곳

▲ **에쿠츄아 카라호리 쿠라** 디저트

다양한 초콜릿 맛의 향연

▶ **콘베이** 야키토리

숯으로 구운
닭고기의 향긋함

▲ パン 빵

이렇게 개성적인 빵을 먹지 못하면 괴로워!

▲ ケーキ 케이크

달콤한 디저트와 과일의 만나 입안이 즐겁다

▲ 串カツ 쿠시카츠

바삭하고 촉촉한 오사카의 명물

▶ たこ焼き

타코야키

향긋한 문어가
동그란 반죽 안에서 쏙!

▲ **氷水** 빙수

차갑고 보드라운 얼음으로
더위는 사라진다

▲ **お好み焼き** 오코노미야끼

아삭, 달콤, 부드러움이 만나 든든함을 안겨준다

▲ **オムライス** 오므라이스

자극 없는 소스로 만들어진 오므라이스

▼ **しゃぶしゃぶ** 샤브샤브

이것이 오사카에서 탄생한 샤브샤브다

▶ **焼き鳥** 야키토리

숯불에 구워진 닭고기의 맛은… 흡!

Tasty Road

OSAKA

오리지널
오사카의 맛

오사카에서 만나는 최초의 맛, 최고의 맛

오사카에서 만나는
최초의 음식

Tasty Road
OSAKA

오사카는 일본 제일의 상업 도시로 큰 활기가 느껴지는 곳이다. 사람들의 성격도 대체로 적극적이고 목소리도 크다. 얼핏 들으면 한국 사람들처럼 느껴지기도 한다. 전국에서 돈 많은 사람이 몰리다 보니 그들을 위한 다양한 식문화가 존재했고, 그것은 지금까지 이어지고 있다. 다양한 손님의 입맛에 맞추기 위해 새롭게 개발된 메뉴들. 그 음식의 맛은 우리 입맛에는 조금 낯설게 느껴질 수도 있지만, '최초의 맛'이라는 것은 묘하게 매력적이다. 오사카에서 만들어져 전국으로 퍼진 일본 최초의 음식들을 이번 기회에 맛보는 것은 어떨까? 여행의 재미를 느낄 수 있을 것이다.

샤부샤부 | 쿠시카츠 | 오므라이스 | 타코야키 | 오코노미야키 | 야키니쿠, 호르몬
회전초밥 | 네기야키 | 카레 | 인스턴트 라면

しゃぶしゃぶ

샤부샤부

▶ 관련 일본어
- ぎゅうにく (牛肉) 규니쿠 (소고기)
- やさい (野菜) 야사이 (채소)
- ハクサイ 하쿠사이 (배추)
- シイタケ 시타케 (표고버섯)
- ヒラタケ 히라타케 (느타리버섯)
- エリンギ 에린기 (새송이버섯)
- エノキダケ 에노키다케 (팽이버섯)
- ポンず 폰즈 (간장에 레몬, 라임, 오렌지, 유자 등 감귤류 과즙을 이용한 조미료)
- ゴマだれ 고마다레 (참깨 소스)

추운 겨울 다양한 재료를 넣어 먹는 따뜻한 냄비 요리는 정말 최고의 요리다. 다양한 재료가 어우러져 만들어진 국물은 매번 달라지지만, 그래도 채소, 고기, 해산물이 어우러진 국물은 차가운 몸을 덥혀준다. 한국, 일본, 중국에는 정말 다양한 냄비 요리가 있고, 그 종류도 다양하다. 그 가운데 오사카에서 탄생한 음식 'しゃぶしゃぶ 샤부샤부'가 있다.

しゃぶしゃぶ 샤부샤부는 이미 한국에서도 널리 알려진 일본 음식의 하나다. しゃぶしゃぶ 샤부샤부라는 음식의 기원에 대해서는 정말 다양한 설이 존재하고 있다. 가장 대표적인 것이 바로 13세기 몽골이 넓은 대륙을 차지할 때 만들어진 음식이라는 것이다. 몽골군은 먹을 것을 가루로 만들어서 이동했기에 빠른 기동력을 유지했다. 하지만 항상 그렇게만 먹을 수는 없었고, 이동 중에 가볍게 먹을 방법을 고안했다. 그것이 바로 투구에 물을 끓이고, 가지고 있는 재료를 넣어서 먹는 방법이다. 여기서 이 음식의 형식이 고안되었다고 전해진다.

이후 중국에서는 훠궈(火鍋)라는 요리가 일본에서는 しゃぶしゃぶ 샤부샤부가 등장했다. 훠궈는 맵고 얼얼한 紅湯 훙탕이나 맵지 않고 부드러운 清湯 칭탕을 기본으로 해서 다양한 채소, 고기, 버섯 등을 넣어 끓인 뒤 양념에 찍어 먹는다. 맵고 얼얼한 紅湯 훙탕이 인기가 높아 사람들이 자주 찾았는데, 紅湯 훙탕과 清湯 칭탕을 함께 먹을 수 있는 鴛鴦火鍋 위앤 양 후어 꾸어(원앙훠궈)가 등장하면서 함께 먹는 것을 선호한다.

1952년 오사카, スエヒロ 스에히로라는 식당에서 지금의 'しゃぶしゃぶ 샤부샤부'가 만들어졌다. 가게 주인은 냄비 요리에서 힌트를 얻어서 만들었다고 한다. 스에히로는 1955년 상표등록을 하면서 '肉のしゃぶしゃぶ 니쿠노샤부샤부(고기 샤부샤부)'로 했기 때문에, 다른 가게에서도 しゃぶしゃぶ 샤부샤부란 명칭을 사용할 수 있게 했다. 사실 しゃぶしゃぶ 샤부샤부가 오사카에서 만들어졌다는 것은 일본 사람들도 잘 모르는데, スエヒロ 스에히로가 스테이크 전문점인 데다가 자신들이 しゃぶしゃぶ 샤부샤부의 원조라는 점을 강조하지 않기 때문이다.

串カツ

쿠시카츠

▶ 관련 일본어

- かぼちゃ 카보챠 (호박)
- サツマイモ 사츠마이모 (고구마)
- シシトウ 시시토 (고추의 한 종류)
- ほたて 호타테 (가리비)
- たまご(卵) 타마고 (달걀)
- れんこん(蓮根) 렌콘 (연근)
- イカ 이카 (오징어)
- たこ焼き 타코야키 (문어가 들어간 동그란 과자)

串カツ 쿠시카츠는 한마디로 꼬치 튀김이다. 뜨거운 기름에 튀겨져 손님 앞에 나오는 串カツ 쿠시카츠는 한입에 쏙 들어갈 만큼 앙증맞은 것들이 대부분이다. 입안에 넣고 살짝 깨물면 바삭한 껍질이 부서지면서 부드럽게 익혀진 내용물이 나온다. 소금에 살짝 찍어 먹으면 재료의 본연의 맛을 즐길 수 있고, 가게에서 내놓은 소스에 푹 담갔다가 먹으면 바삭한 튀김옷과 함께 새콤한 소스의 맛이 어우러진 串カツ 쿠시카츠의 맛을 즐길 수 있다. 오사카에서 串カツ 쿠시카츠라고 하면 본래는 소고기를 튀긴 것을 말하지만, 이제는 다양한 재료를 꼬치에 끼워 튀긴 것 전체를 가리킨다. 재료는 정말 다양해 소고기, 호박, 치즈, 어묵, 연근, 오징어, 문어, 닭고기, 가리비, 연어, 돼지고기, 버섯, 타코야키, 붕어빵 등 셀 수 없이 많기도 하고 제한도 없다.

串カツ 쿠시카츠는 저렴한 가격으로 서민들에게 인기 있는 음식이다. 다양한 튀김과 함께 생맥주 한잔의 즐거움은 퇴근길에 서민들이 즐길 수 있는 최고의 맛이다. 더구나 배가 불러도 천 엔이 넘지 않았기에 사람들이 즐겨 먹었다. 지금도 저렴한 가격으로 파는 곳이 많지만, 아쉽게도 가격이 높아져 천 엔으로 배부르게 먹을 수 있는 곳은 많지 않다.

串カツ 쿠시카츠 가게만의 특징이라면 串カツ 쿠시카츠와 함께 제공되는 양배추에 있다. 기름진 튀김으로 느끼해진 입안을 상큼하게 만들어주는 양배추는 串カツ 쿠시카츠와는 빼놓을 수 없는 채소이다. 채소는 리필이 되니 부담 없이 즐길 수 있다. 주문받은 串カツ 쿠시카츠는 소스 통에 2번 담그면 안 된다. 여러 사람이 같이 이용하는 통이기 때문에 처음 1번만 담가야 한다. 만약 소스를 따로 먹고 싶다면 양배추를 이용해서 뿌려 먹으면 된다.

참고로 串カツ 쿠시카츠 가게에서는 손님들이 기름이 묻은 꼬치를 잡기 때문에 물수건을 제공한다. 그런데 예전에는 이 물수건을 탁자 위에 매달아 두었다고 한다. 일종의 재활용을 한 것인데 결국 위생 문제로 사라졌다고 한다. 믿거나 말거나~

オムライス

오므라이스

▶ 관련 일본어

- **ケチャップ** 케챱푸 (케첩)
- **オムレツ** 오무레츠 (오믈렛)
- **ライス** 라이스 (밥)

분홍빛을 띠는 토마토소스가 달걀 위에 살짝 뿌려진 オムライス 오무라이스는 새콤달콤해서 아이들도 좋아하는 음식으로, 처음 만들어진 이래 다양한 형태로 변형되면서 대중적인 음식이 되었다. オムライス 오무라이스는 1926년 오사카 アメリカ村 아메리카무라에 자리한 北極星 홋쿄쿠세이란 가게에서 시작되었다.

당시 北極星 홋쿄쿠세이는 소의 곱창 요리를 중심으로 운영되는 서양식 요리점이었다. 당연히 여러 양식 메뉴를 판매하고 있었는데, 매번 오믈렛과 밥을 시키는 단골이 있었다. 매번 같은 음식을 시키는 것을 궁금하게 여긴 주인이 까닭을 묻자 손님은 위가 나빠서 부드러운 오믈렛과 밥을 시켜 먹는 것이라고 대답했다. 항상 같은 음식을 제공하는 것이 미안해진 주인은 밥에 버섯, 양파를 넣고 케첩으로 볶은 뒤 달걀로 감싼 새로운 메뉴를 선보였다. 음식을 먹고 매우 흡족했던 손님이 주인에게 이름을 묻자, "오믈렛과 라이스가 만난 것이니 オムライス 오무라이스네요"라고 대답한 것에서 オムライス 오무라이스가 시작되었다고 한다. 홋쿄쿠세이에서는 지금도 당시의 오믈렛을 제공하고 있다. 위가 나쁜 손님을 위한 음식이기 때문인지 자극적이지 않고 부드럽고 섬세한 맛이 느껴진다.

사실 オムライス 오무라이스의 기원에는 이 외에도 여러 이야기가 있다. 그중 하나는 도쿄 긴자에서 탄생한 煉瓦亭 렌가테이 오므라이스이다. 이곳의 オムライス 오무라이스는 달걀, 양파, 밥을 섞어 볶은 것으로 '라이스 오믈렛'이란 메뉴로 판매되고 있다. 모양은 オムライス 오무라이스와 매우 흡사하지만, 실제로는 볶음밥을 オムライス 오무라이스 모양으로 만들어 놓은 것 같다. 이 메뉴는 요리사들이 빠르게 먹을 수 있게 만든 요리였지만, 손님의 요구로 메뉴에 등장하게 되었다.

たこ焼

타코야키

▶ 관련 일본어

• たこ 타코 (문어)
• かつおぶし 카츠오부시 (가다랑어를 쪄서 말린 것. 가다랑어포)
• マヨネーズ 마요네즈 (마요네즈)
• ウスターソース 우스타소스 (우스터 소스. 여러 재료를 넣고 숙성한 조미료. 일본에서는 보통 소스라고 불림)

폭신한 구 모양의 동그란 반죽 위에 뿌려진 소스와 마요네즈, 뜨거운 열기에 하늘거리는 얇은 가다랑어포 모습이 지금 우리가 흔히 떠올릴 수 있는 たこ焼 타코야키다. 한국에서 판매되는 たこ焼 타코야키는 방금 묘사한 방식으로 소스가 뿌려진다. 물론 일본에서 파는 것도 이와 크게 다르지 않다. 소스의 맛과 제조 방법에 따라 수많은 たこ焼 타코야키가 있지만, 겉모습에서는 크게 다르지 않다.

하지만 일본의 국민 간식이라고 할 수 있는 たこ焼 타코야키의 최초 모습은 지금과는 상당히 달랐다. 그 시작은 오사카에 있는 会津屋 아이즈야라는 가게로, 처음에는 문어가 아닌 소고기가 들어갔고, 소스 없이 반죽 자체에 간이 되어 있었다. 특이하게도 'ラジオ焼 라지오야키'라는 이름을 붙였는데, 당시 라디오가 상당한 고급품이었기 때문에 이런 이름을 붙였다고 한다. 그렇게 만들어진 ラジオ焼 라지오야키는 이후 玉子焼 타마고야키의 영향을 받아 たこ 타코(문어)를 넣게 되었다. 玉子焼 타마고야키는 달걀에 문어를 넣어 동그랗게 만든 것으로 겉모습으로는 たこ焼 타코야키와 비슷하다. 식감이 부드럽고 국물에 찍어 먹는 것이 특징이다.

오늘날의 たこ焼 타코야키는 1935년경에 만들어졌다. 지금이야 달콤한 소스가 주류가 되었지만, 예전에는 소스를 뿌리지 않고 판매하는 가게가 많았다. 소스를 뿌린 타코야키의 등장은 1945년 후반쯤으로 알려져 있다. 당시 神戸 고베의 올리바소스라는 회사가 우스터 소스와 달리 점성이 있는 돈가스 소스를 새로 개발했는데, 이후 おこのみやき 오코노미야키, たこ焼 타코야키의 소스가 등장하게 되었다. 시간이 흐르면서 たこ焼 타코야키 소스는 가게 수에 비례 될 정도로 다양해졌다. 현재 たこ焼 타코야키는 파를 올리거나 달걀을 입힌 것, 튀긴 것 등 여러 가지 모습으로 진화를 거듭하고 있다.

お好み焼き

오코노미야키

▶ 관련 일본어
- みそ 미소 (된장)
- ねぎ 네기 (파)
- 焼き 야키 (굽다)

일본에서는 어느 마을마다 하나쯤 작고 허름한 お好み焼き 오코노미야키 집을 찾아볼 수 있다. 또 축제나 행사 때 노점상에 빠지지 않고 등장하는 것이 お好み焼き 오코노미야키 포장마차다. 일을 마치고 집에 돌아가는 길에 가게에 들러 お好み焼き 오코노미야키를 사서 들어가는 것은 일본에서는 낯설지 않은 풍경이다. 그야말로 일본의 대표적인 음식이다.

お好み焼き 오코노미야키의 기원을 거슬러 올라가면 에도 시대에 밀가루를 구워서 みそ 미소(된장)를 찍어 먹는 과자를 기원으로 한다. 그러다가 お好み焼き 오코노미야키라는 명칭이 등장한 것은 1935년쯤이다. 그 기원에 관해서도 이야기가 다양하므로 간단히 오사카에서 お好み焼き 오코노미야키가 생겼다는 점만 알아두자.

お好み焼き 오코노미야키라는 이름이 등장하기 전에는 洋食焼き 요쇼쿠야키, 혹은 밀가루 반죽 한 장으로 만든 데서 유래한 一銭焼き 잇센야키라고 불렸다. 당시에는 밀가루, 우스터 소스 등 서양음식 재료를 사용한 세련된 음식으로 여겨지기도 했다. 이후 전국적으로 퍼지면서 만드는 방법도 지역마다 특색을 갖게 되었고, 가게마다 개성을 살린 お好み焼き 오코노미야키를 만들게 되었다. 지역별 매장 수를 살펴보면, 오사카에만 약 2,000개, 도쿄 약 1,000개, 히로시마 약 1,700개, 고베 약 1,700개로 오사카가 압도적으로 많다. 関西 칸사이 지방의 お好み焼き 오코노미야키는 주재료가 해산물, 양파, 파 등으로 가게마다 다양한 재료를 섞지만, 기본적인 베이스는 크게 다르지 않다. お好み焼き 오코노미야키에 뿌려지는 소스 역시 처음에는 우스터 소스가 사용되었지만 이후 다양한 업체에서 점성이 높은 お好み焼き 오코노미야키 전용 소스를 개발해 판매하고 있다. 그리고 가게마다 자체 개발한 소스를 사용하고 있어 각기 다른 독특한 소스의 향을 즐길 수 있다.

焼肉 ホルモン

야키니쿠 호르몬

▶ 관련 일본어

영어에서 온 焼肉 야키니쿠 단어

- ハチノス(第二胃) 하치노스 (소의 2번째 위. 벌집)
- センマイ(第三胃) 센마이 (소의 3번째 위. 처녑)
- マメ(腎臓) 마메 (콩팥)
- タン(舌) 탕 (혀)
- レバー(肝臓) 레바 (간)
- ハツ(心臓) 하츠 (요리용 소·돼지·닭 따위의 심장을 이르는 말)

한국어에서 온 야키니쿠 단어

- カルビ 가루비 (갈비)
- テッチャン 텟창 (대창)

'焼肉 아키니쿠'는 불고기를 이르는 말이고, 'ホルモン 호르몬'은 소와 돼지 등의 내장을 가리키는 말이다. 焼肉 아키니쿠와 ホルモン 호르몬은 일본에서 외식 메뉴로 널리 알려진 음식으로 대중적인 인기를 누리고 있다. 그런데 그 기원을 이해하려면 한국과 일본의 역사를 함께 봐야 한다.

일반적으로 일본에서 육식 섭취는 메이지유신(明治維新) 이후에 시작된 것으로 여겨진다. 물론 그 이전에 제한된 지역에서 고기를 먹었지만, 종교적 이유로 육식금지령이 내려진 이후 사람들은 육식 섭취를 하지 않았다. 반면 한국에서는 다양한 방식으로 육식을 할 수 있었다. 사냥도 했고, 가축을 잡아먹기도 했다. 하지만 농사를 짓는 데 중요한 역할을 했던 소를 죽여 먹는 일이 흔한 것은 아니었다. 단지 일본처럼 종교적인 이유로 육식을 제한하지 않았다. 고기가 있으면 먹을 수 있었다.

한국에서 동물을 잡아 고기를 먹는 일이 자주 있었던 것은 아니다. 그러니 가끔 먹는 고기를 굉장히 귀하게 여길 수밖에 없었다. 소 같은 경우 도축하면 가죽, 뼈, 고기 등 모든 부분을 분해하고 음식으로 혹은 가공 재료로 활용했다. 특별할 때만 구할 수 있는 것이므로 그 모든 것을 활용한 것이다. 이런 육식 문화를 접해본 한국(조선) 사람과 육식 문화에 익숙하지 않은 일본 사람들의 차이가 일제강점기를 거치면서 새로운 음식을 만들어냈다. 그것이 바로 焼肉 아키니쿠와 ホルモン 호르몬이다.

일본으로 끌려간 조선인들은 어려운 생활을 해야 했는데, 당시 일본에서는 도축장 주변에서 내장을 싸게 팔거나 그냥 버렸다. 그때의 냉동 기술로는 내장을 오래 보관하기도 어렵고 딱히 색다른 내장 요리도 없었기 때문이다. 이를 조선 사람들이 가져가 조리해 먹거나 팔았다. 이후 전쟁이 끝나고 경제가 부흥하면서 재일 조선인들은 내장뿐만 아니라 고기도 팔았는데, 이것이 바로 한국식 불고기 焼肉 아키니쿠와 ホルモン 호르몬 요리다. 지금은 일본에서 굉장히 인기

있는 음식이지만, 그 시작은 힘든 조선인의 삶이 녹아 있는 요리다. 이런 음식의 대중화를 이끈 곳이 바로 한국 사람들이 모여서 노점상을 하던 오사카의 鶴嘴 츠루하시 시장이다.

回転寿司

회전초밥

▶ 관련 일본어
- コンベヤー・ベルト 콘베아 벨루토 (컨베이어 벨트)
- 大とろ (大トロ) 오-토로 (참치 대뱃살)
- マグロ 마구로 (참치)

すし(寿司) 스시는 일본에서 굉장히 대중적이면서 고급스러운 음식이다. 하지만 원래 すし 스시는 길거리에서 손님에게 빠르게 음식을 제공하기 위해 만들어진 음식이다. 즉 길에서 빠르고 간편하게 음식을 먹을 수 있는, 좌석이 필요 없는 일종의 패스트푸드였던 셈이다.

すし 스시의 종류는 만드는 방법에 따라 握り寿司 니기리즈시(손으로 잡아 만든 초밥), 巻き寿司 마키즈시(김말이초밥), ちらし寿司 치라시즈시(밥 위에 회를 올린 초밥), 押し寿司 오시즈시(누름초밥), 稲荷寿司 이나리즈시(유부초밥) 등이 있다.

다양한 초밥이 만들어지고 판매되는 만큼 그에 따른 제공 방법도 다양하다. 그 가운데 우리에게 널리 알려진 것이 바로 회전초밥 回転寿司 카이텐즈시다. 그 외에는 주방장이 손님을 마주 보면서 주문을 그때그때 바로 만들어 주는 방식이 있다. 이 방식은 단가가 높고 숙련된 장인이 있어야 하므로 널리 퍼질 수 없다. 하지만 자동화 시스템을 도입한 회전초밥은 초밥이라는 음식을 세계로 널리 알렸다.

회전초밥은 1958년 오사카의 한 가게에서 시작되었다. 당시 스시집을 운영하고 있던 白石義明 시라이시 요시아키는 많은 손님에게 저렴한 스시를 제공하기 위한 아이디어를 구상하다가 맥주 공장의 컨베이어에 힌트를 얻어 재료가 움직이는 식탁을 만들었다. 다양한 すし 스시를 저렴한 가격에 제공했기에 그의 가게는 큰 인기를 얻었다. 그 후 여러 회전초밥 체인점들이 생겼고, 회전초밥의 가격은 한 접시에 100엔까지 내려가게 되었다. 현재는 여러 색상의 접시를 사용하여 손쉽게 가격을 구분할 수 있도록 했다. 계산도 접시에 칩을 넣어 한 번에 자동으로 계산된다.

ねぎ焼

네기야키

▶ 관련 일본어

- すじ 스지 (소 힘줄)
- 牛肉 규니쿠 (소고기)
- 豚肉 부타니쿠 (돼지고기)
- かき 가키 (굴)

ねぎ 네기는 말 그대로 '파', 焼 야키는 '굽는다'라는 뜻이다. ねぎ焼 네기야키는 크게 보면 お好み焼き 오코노미야키의 한 종류다. 오사카 지역에서 인기가 치솟으면서 당당하게 자신의 이름을 내걸며 독립했다. ねぎ焼 네기야키는 1965년 오사카 淀川 요도가와의 작은 가게에서 시작되었다. 가족이 모두 운영에 참여하는 말 그대로 동네의 작은 오코노미야키 가게였다. 손이 모자라다 보니 아이들도 일을 돕지 않을 수 없었는데, 당시 주인은 가게 일을 보면서 아이들에게 먹일 음식도 함께 준비해야 했다. 당연히 お好み焼き 오코노미야키를 만드는 철판에서 만드는 음식이 주가 될 수밖에 없었고, 주인이 생각한 것은 자신이 어렸을 때 먹은 一銭洋食 잇센요쿠였다. 주인이 어렸을 때는 일본이 제2차 세계대전에서 패망한 지 얼마 지나지 않은 상태였기에 먹을 것이 부족했다. 당시 미국은 일본에 구호 물품으로 대량의 밀가루를 공급했는데, 사실 일본에서는 그때까지만 해도 밀가루를 활용한 음식이 거의 없었다. 하지만 먹을 것이 밀가루뿐이니 자연히 밀가루를 활용한 음식이 발전하기 시작했다. 참고로 인스턴트 라면도 이런 사회적 배경으로 개발된 것이다. 그런 상황에서 만들어진 것이 밀가루 반죽 위에 이것저것 올려 구운 一銭洋食 잇센요쇼쿠였다. 주인은 아이들에게 좀 더 맛있는 것을 먹이기 위해 궁리했다. 그렇게 만들어진 것이 바로 ねぎ焼 네기야키였다. 처음에는 가게 구석에서 아이들을 위해 만들었는데, 그 음식을 보고 손님들이 주문했다.

"저거 맛있겠는데, 나도 저 파가 들어간 오코노미야키좀 줘요."

그렇게 3년이 지나자 ねぎ焼 네기야키는 가게의 메인 메뉴로 올라서게 되었고, 50년이 지난 지금은 오사카의 향토 요리로 언급되고 있다.

カレー

카레

▶ 관련 일본어
- 欧風カレー 오·후·카레 (유럽풍 카레)
- タマネギ 다마네기 (양파)
- カレーうどん 카레·우동 (카레 우동)

인도가 원산지인 카레는 정말 셀 수 없을 정도로 많은 종류가 있다. 사실 인도에서 '카레'라고 불리는 음식은 없지만, 18세기 영국에 의해 카레라는 음식이 알려지기 시작했다. 그리고 1800년대에 'Crosse & Blackwell 크로스 앤 블랙웰'이라는 식품회사에서 향신료를 조합해 판매하기 시작한 것이 일본에 전해지면서 국민 음식으로 불릴 정도로 사랑받게 되었다.

일본에서는 카레는 주로 밥과 함께 먹기 때문에 보통 카레라고 하면 カレーライス 카레·라이스를 가리킨다. 그런데 이 카레를 가정에서 쉽게 먹을 수 있게 된 시작점이 바로 오사카였다. 1905년 ハチ食品 하치 쇼쿠힌이 카레 가루를 일본 최초로 만들었는데, ハチ食品 하치 쇼쿠힌은 단순한 식품 회사가 아니라 의약 관련 업체로 시작했기 때문에 카레에 한방 약재가 들어갔다. 그 후 1926년 ハウス食品 하우스 쇼쿠힌이라는 회사가 가정용 ホームカレー 호-무 카레·를 판매했다. ホームカレー 호-무 카레·는 상표권 문제로 ハウスカレー 하우스 카레·라는 이름으로 바뀌었고, 전쟁 후에는 어른만이 아닌 아이들도 함께 먹을 수 있도록 사과와 벌꿀을 사용하여 부드러운 카레를 출시했다. 특히 분말 형태가 아닌 고체로 만들어 누구라도 쉽게 요리할 수 있도록 하였는데, 이것이 바로 バーモントカレー 바-몬토 카레·(버몬트 카레)의 탄생이다. 사과와 벌꿀을 사용하는 방식이 미국 버몬트 지역의 민간요법이기 때문에 Vermont Curry 버몬트 카레란 이름을 붙인 것이었다. 그리고 우리에게 3분 요리로 잘 알려진 レトルトカレー — 레토루토 카레·(레토르트 카레)가 등장하였다. 밀봉한 포장 속에 조리된 카레를 담아 뜨거운 물에 3분만 담그면 먹을 수 있는 이 제품은 80엔이라는 당시로는 높은 가격에 출시되었다. 레토르트 카레는 그 후 포장 기술의 발전으로 유통기한이 늘어나 널리 인기를 끌게 되었다.

インスタントラーメン

인스턴트 라면

▶ 관련 일본어
- **チキンラーメン** 치킨라-멘 (치킨 라면)
- **博多とんこつラーメン** 하카타 돈코츠 라-멘 (후쿠오카 하카타 지역의 돈코츠 라멘)

언제 어디서나 가볍게 먹을 수 있는 라면은 시간에 쫓기는 현대인들에게는 정말 빼놓을 수 없는 인기 식품이다. 요즘에는 그 종류도 다양해져 취향에 맞는 라면을 고를 수 있다. 이렇게 세계에서 사랑받고 있는 인스턴트 라면은 오사카의 한 허름한 창고에서 만들어졌다.

인스턴트 라면을 개발한 사람은 日淸食品 닛신 쇼쿠인(닛신식품)의 창업자인 安藤百福 안도 모모후쿠다. 그는 건조식 면 제조법이 아닌 기름 열건조법을 사용하여 새로운 간편 면 요리를 개발하였다. 그가 최초로 개발한 라면은 チキンラーメン 치킨라-멘(치킨 라면)으로, 1958년 출시 35엔에 판매되어 엄청난 인기를 얻었다. 당시 우동 가격의 5배가 넘는 가격이었지만, 인기는 식을 줄 몰랐다. 2년 만에 10만 개가 판매될 정도로 높은 인기를 누리며 라면(라멘)이라는 단어가 널리 알려지게 되었다.

안도 모모후쿠는 사실 대만에서 태어나 자란 사람이다. 그가 자란 대만 臺南 타이난 지역에서는 '意麵 이미앤'이라는 면을 많이 사용한다. 意麵이미앤은 달걀 혹은 오리알을 넣어 만든 면이다. 물을 넣지 않고 그늘이나 바람에 말린 뒤 다시 황금색이 될 때까지 튀긴다. 튀긴 면이기 때문에 오랫동안 보관이 가능하다. 요리에 들어간 意麵 이미앤은 부드럽고 달콤해서 어떤 요리에도 잘 어울린다. 日淸食品 닛신 쇼쿠인에서 초창기에 만든 면은 이미앤과 흡사하다. 대만 臺南 타이난 지역에서는 인스턴트 라면이 意麵 이미앤의 영향을 받아 만들어졌다고 생각한다.

안도 모모후쿠는 1971년에 컵라면도 상품화해 누구나 간편하게 먹을 수 있는 음식으로 만들었다. 그가 1966년 라면의 수출을 위해 미국과 유럽을 돌아다닐 때 미국의 슈퍼마켓에서 한 손님이 치킨 라면을 종이컵에 넣어 포크로 먹는 것을 보고 컵라면을 떠올렸다고 한다. 닛신의 치킨 라면은 면과 건더기의 양이 풍부하고, 맛이 부드러워 한국의 라면

과는 다른 느낌을 준다. 참고로 오사카 이케다시(池田市)에는 안도 모모후쿠의 업적을 기리기 위한 カップヌードルミュージアム 캅푸누-도루 뮤-지아무 (컵라면 박물관)이 세워져 있다. 박물관에서는 여러 양념을 섞어 자신만의 컵라면을 만들 수 있다.

색다른
오사카 음식

Tasty Road
OSAKA

식도락 여행의 천국답게 오사카에는 이곳에서 처음 만들어진 유명한 음식들 외에 다른 지역에서 유래되었지만, 오사카에 들어와서 더욱 유명해지거나 오사카만의 맛을 자랑하게 된 음식들도 많이 있다. 빵처럼 외국에서 들어온 음식부터 오사카에서 독특하게 발전한 초밥까지, 오사카이기에 더욱더 맛있는 음식들이 즐비하다. 다른 곳에서도 먹을 수 있는 것이라고 그냥 지나치지 말고 오사카에서만 먹어볼 수 있는 '최고의 맛'이라 생각하고 시도해보자. 다른 지역에서 먹었던 맛과 비교해보는 재미도 함께 느낄 수 있을 것이다.

빵 | 복어 냄비 요리 | 장어덮밥 | 오사카 즈시 | 고명 밥 | 꼬치 요리 | 주먹밥

パン

빵

▶ 관련 일본어

- 食パン 쇼쿠빵 (식빵)
- バゲット 바겟토 (바게트)
- サンドイッチ 산도잇치 (샌드위치)

빵은 기원전부터 만들어졌다는 추정만 있을 뿐 정확한 기원은 밝혀지지 않았다. 물론 오사카에서 시작된 것도 아니다. 빵은 일본에 安土桃山時代 ^{아즈치모모야마 시대} 때 포르투갈 선교사에 의해 전해졌다고 한다. 대략 16세기에 일본에 전해진 빵은 발전에 발전을 거듭해 세계 어느 곳과도 뒤지지 않는 뛰어난 빵을 생산하고 있다. 일본에서 빵을 가장 많이 소비하는 곳은 교토이고, 오사카도 그에 못지않을 정도로 빵을 소비한다. 단 마가린의 소비는 전국 1위라고 한다.

오사카에서 마가린의 소비가 전국 1위인 것은 오사카를 포함한 간사이 지방에서만 찾아볼 수 있는 빵의 특징을 살펴보면 알 수 있다. 그것은 바로 두꺼운 식빵이다. 한국 사람들은 보통 얇게 자른 식빵 사이에 잼을 바르거나 여러 음식을 넣어 샌드위치로 먹는다. 그러나 오사카 사람들은 오픈 샌드위치처럼 1장으로도 배부르게 먹을 수 있는 것을 좋아한다. 거기에 구웠을 때 겉쪽은 바삭하고 안쪽은 부드러운 것을 원하기에 식빵을 두껍게 자른다. 같은 양의 식빵이라면 도쿄는 8개로 자르는데, 오사카는 5개로 잘라 두껍게 만드는 것은 바로 이 때문이다. 물론 얇은 것을 원하는 사람들을 위해 8개짜리도 만들기는 하지만 두꺼운 제품이 압도적으로 많다.

빵 자르는 기계에 얽힌 이야기도 있는데, 오사카에 처음 들여온 식빵 자르는 기계는 미국 제품으로 8장을 만드는 기계였다. 그러나 그것을 수입한 오사카 회사가 마음에 들지 않아 두껍게 자르는 식빵 자르는 기계를 독자적으로 개발했다고 한다.

てっちり (鉄ちり)

복어 냄비 요리

▶ 관련 일본어
· フグ 후구 (복어)
· 鍋 나베 (냄비 요리)
· 毒 도쿠 (독)

복요리는 복어 자체가 가진 독 때문에 더 매력적으로 느껴지는 생선이다. 지금은 전문가가 독을 제거하기 때문에 사망자가 거의 나오지 않지만, 과거에는 목숨을 걸고 먹어야 하는 요리였다.

여기에 얽힌 이야기가 전해지는데 우리나라와 관련이 있다. **豊臣秀吉** 토요토미 히데요시는 조선을 침략하기 위해 수많은 장수를 규슈에 집결시켰다. 그런데 규슈에 모인 장수들이 그 지역 특산물인 복어를 먹고 사망하는 일이 발생했다. 이에 **豊臣秀吉** 토요토미 히데요시는 복어 금지령을 내렸고, 이는 이후에도 지속하였다. 그러다가 일제 강점기 때 시모노세키를 방문한 **伊藤博文** 이토 히로부미가 우연히 복요리를 먹고는 마음에 들었는지 복어 금지령을 해제했다. 이후 복요리가 널리 퍼지게 되었다고 한다. 참고로 복어 금지령이 내렸을 때, 복어는 桜 사쿠라(벚꽃), 牡丹 보탄(모란), 紅葉 코-요-(단풍) 등으로 다르게 불리었다. 그리고 시모노세키를 포함한 규슈 일대에서는 복어를 'ふぐ 후구'라고 하지 않고 'ふく 후쿠'라고 한다. '후쿠'는 일본어로 '福(복)'을 뜻하기 때문이다.

복어는 육질의 탄력이 강하고 기름기가 적어 매우 얇게 썰어서 먹는다. 속이 비칠 정도로 얇게 썰어 화려한 그릇 위에 장식하는 것은 바로 이런 복어의 육질 때문이다. 목숨을 걸고 먹는 요리여서일까, 아니면 복요리가 비싸서 그런 건지 복요리는 오사카에서 많은 사랑을 받는 음식이다. 그 가운데 특히 유명한 것은 'てっちり 텟치리'라는 복어 냄비 요리다. 복어를 얇게 썰어 채소와 함께 넣어 담백한 맛을 즐기는 요리인데, 마지막에 雜炊 죠스이(채소와 된장 따위를 넣고 끓인 죽)로 깊게 우러난 국물을 맛볼 수 있다.

오사카에서는 黒門 쿠로몬 시장, 道頓堀 도톤보리 일대에서 복어를 다루는 가게들이 모여 있다.

まむし

장어덮밥

▶ 관련 일본어
- うなぎ 우나기 (뱀장어)
- あなご 아나고 (붕장어)
- 塩焼き 시오야키 (소금구이)

뜨거운 여름 일본에서는 보양식으로 장어덮밥을 많이 먹는다. 장어는 보양식으로 자라와 함께 가장 널리 알려진 음식이다. 장어를 구운 뒤 양념을 발라 밥 위에 얹어 먹는 것이 일반적인 형태로 흔히 'ウナギ丼 ^{우나기동}'으로 이야기한다. 오사카에서는 이 장어덮밥을 'まむし ^{마무시}'라고 부르기도 한다. 마무시는 우나기동과 만드는 방법이 좀 다르다. 장어의 배를 갈라 넓게 펼친 뒤 이를 불에 굽고 쌀 위에 얹어 밥을 만든다.

이렇게 하면 장어의 기름기가 빠져 매우 부드럽다. 장어의 형태가 무너지지 않게 만들어야 하므로 굉장히 주의를 기울여야 한다. 그래서인지 마무시를 제공하는 식당이 점차 줄어들어 이제는 그 모습을 찾아보기가 쉽지 않다.

関西 ^{칸사이}, 오사카 일대와 関東 ^{칸토}, 도쿄 일대는 장어를 자를 때부터 구울 때까지 그 방법이 조금 다르다. 칸사이에서는 장어를 손질할 때 형태가 무너지지 않게 하기 위해 배부터 가르지만, 칸토에서는 등부터 갈라 펼친다. 이 이유에 대해서는 다양한 설이 존재하는데, 칸토에서 사무라이들이 할복을 많이 했기 때문에 이와 유사하게 배를 가르지 않는다는 말도 있다. 또 양념을 바를 때도 칸사이에서는 국자로 양념을 더하는데, 칸토에서는 양념을 칠해서 굽는다. 또 다른 점은 칸사이에서는 장어 머리를 버리지 않고 '半助 ^{한스케}'라는 요리로 만들지만 칸토에서는 머리를 쓰지 않고 버린다.

大阪鮓

오사카 즈시

すし ^{스시}(초밥)에는 다양한 종류가 있는데, 그 가운데 오사카에서 색다르게 발전한 스시가 있다. 일명 '大阪鮓 ^{오사카 즈시}'라고 부르는 이 스시는 한 손으로 밥을 쥐어 만드는 도쿄의 '握り寿司 ^{니기리즈시}'와는 달리 나무틀을 사용해서 만드는 스시 전체를 가리킨다. 오사카 즈시는 재료를 준비해 두고 특별한 제조 과정 없이 상자를 이용해 빠르고 쉽게, 그리고 예쁘게 만들 수 있다. 주로 밥 위에 고등어, 도미구이, 붕장어, 새우 달걀말이 등을 올려서 만드는데, 바로 먹는 것이 아니기 때문에 시간이 지나면서 맛이 더욱 배어들도록 만든다.

오사카 즈시 가운데 가장 잘 알려진 것은 'バッテラ ^{밧테라}'이다. 작은 배를 가리키는 포르투갈어 'bateira ^{바테이라}'에서 유래된 것으로, 배 모양의 나무틀에 밥과 고등어를 사용하여 만든 누름 스시이다. 이 스시에 사용되는 고등어는 식초로 비린내를 제거하고, 다시마로 맛을 더한다. 주로 고등어 반쪽을 사용한 길쭉한 모양으로, 한입 크기로 잘라서 먹는다.

かやく御飯

고명 밥

　밥 위에 여러 재료를 얹어 밥의 맛을 새롭게 하는 요리를 고명 밥, 'か
やく御飯 카야쿠고항'이라고 하는데, 여기서 'かやく 카야쿠'라는 말은 약의 효
과가 잘 나타나도록 보조약을 넣는 것을 말한다. 다른 말로 타키코미
밥, '炊き込みご飯 타키코미고항'이라고도 한다.

　고명 밥은 밥을 할 때 다시마 국물과 간장 등으로 간을 하고 여러 재
료를 넣어 만든다. 오사카의 고명 밥은 당근, 아욱, 표고버섯 등 채소와
우무, 튀김 등을 넣어 밥을 짓는다. 재료와 양념이 밥에 배어들면서 굉
장히 담백하면서도 깊은 맛을 내는 음식이 된다. 오사카에서 특히 사랑
받은 이유는 바쁜 일상에서 반찬 없이 어디서든 가볍게 먹을 수 있는 요
리였기 때문이다. 하지만 이 음식은 맛이 강하지 않고 집에서 자주 해
먹기 때문에 식당에서 제공하는 곳이 많지 않다.

関東煮

꼬치 요리

겨울에 먹는 따뜻한 어묵은 그 무엇과도 바꿀 수 없는 기쁨을 준다. 오사카에서는 어묵 요리를 다른 말로 꼬치 요리, '関東煮 かんとうだき 칸토-다키'라고 부른다. 어묵이란 것이 기본적으로 우무, 고구마, 채소, 생선 등 다양한 재료를 사용하는 요리에서 시작된 것으로, 처음에는 여러 재료를 꼬치에 꽂아 구운 뒤 된장을 찍어서 먹었다고 한다. 그러다가 달콤한 국물로 만든 지금의 형태가 만들어졌다. 그렇기 때문인지 오사카에서는 어묵 자체를 関東煮 칸토-다키라고 부르기도 한다. 지역마다 재료에 차이가 있는데, 오사카에서는 コロ 고코(고래의 껍질을 지방을 제거하고 건조한 것)와 たこ 타코(문어)를 많이 사용한다. 현재는 コロ 고코를 찾기 어렵지만, 문어는 여전히 즐겨 먹는다. 형태는 달콤하게 조린 것이 일반적이다.

おにぎり

주먹밥

주먹밥은 関西 칸사이에서는 'おにぎり 오니기리', 関東 칸토에서는 'おむすび 오무스비', 도쿄는 '오니기리'라고 불린다. 주먹밥은 다양한 모양으로 만들어지는데 칸토 지방의 오무스비는 기본적으로 산의 형태를 띤 삼각형을 기본으로 한다. 오무스비라는 동음이의어가 '신령'이라는 의미가 있기 때문에 신성한 기운을 받기 위해 그렇게 만들었다고 한다. 오니기리는 가정에서 주로 만들었기 때문에 다양한 재료를 사용해서 만들어지지만, 기본적으로 소금 간을 한 밥에 '梅干し 우메보시(매실장아찌)', 漬物 츠케모노(절임 음식) 등의 재료를 넣어 만든다. 칸사이 주먹밥은 밥에 검은깨를 뿌리는 것이 특징이다.

Tasty Road
OSAKA

오사카라서
더 맛있다

오사카에서 만나는 최초의 맛, 최고의 맛

일본 개항과
일본식 양식

Tasty Road

OSAKA

일본 에도시대에는 일부 항구에서만 제한적으로 외
국과 교류를 하였다. 그런데 1853년 미국 페리 제독이
군함 4척을 이끌고 도쿄에 나타나면서 새로운 국면에
접어들었다. 페리 제독의 개국 요구를 거절하지 못한 에
도 막부는 다음 해 미국과 화친조약을 맺었고, 이어 영국,
러시아, 네덜란드와도 비슷한 내용의 조약을 체결하였다.
이처럼 서구와 교류를 갖고 다양한 문물을 받아들이면서
일본 내 외국인들을 위한 식당이 생기기 시작했고 새로운
음식문화가 전파되기 시작했다. 그리고 고급 음식으로 한 자
리를 차지하게 되었다. 그 가운데 일본식으로 해석되어 널리
퍼진 음식들을 소개한다.

돈가스 | 단팥빵 | 카레라이스 | 고로케 | 소고기 전골과 스키야키

とんカツ

돈가스

▶ 관련 일본어
- カツカレ 카츠카레 (카레라이스 위에 돈가스를 올린 음식)
- カツ丼 카츠동 (밥 위에 돈가스를 올리고 양파와 소스 달걀을 푼 것을 살짝 익혀 그 위에 뿌린 음식)
- カツサンド 카츠 산도 (돈가스를 우스터소스로 양념해서 샌드위치의 재료로 사용해 만든 음식)
- トンカツの日 돈카츠노히 (일본에서는 10월 1일을 돈가스의 날로 부른다)

육식을 시작했지만, 일본에는 고기 조리법이 없었다. 외국의 요리법을 배워 사용했는데, 돈가스는 프랑스 돼지고기 요리인 cutlet 커틀릿에서 나온 것으로 보인다. 처음에는 돼지고기가 아닌 소고기와 닭고기를 이용했다. 이후 나가사키에서 돼지가 사육되면서 돼지고기가 공급되었고, 다양한 조리법이 만들어졌다. 조리법이 확정되어 있지 않았기 때문에 다양한 방법이 시도되었다. 다양한 튀김옷을 입히고, 두께를 달리하고, 기름양도 조절하면서 조리법이 완성되었고, 지금의 돈가스가 탄생했다.

지금 우리가 흔히 알고 있는 모습의 돈가스는 1895년 도쿄 렌가테이라는 가게에서 시작되었다. 돼지고기를 얇게 썰어 기름에 튀기듯이 만든 최초의 돈가스는 당시 'ポークカツレツ 포크 카츠레츠'라고 불렸다. 그리고 현재 대부분의 식당에서 내놓고 있는 양배추 채가 같이 나왔다. 양배추는 느끼함을 없애 주고 부족한 비타민과 섬유질을 보충하는 역할을 했다. 사람들은 바삭한 껍질과 부드럽게 흐르는 육즙에서 돈가스의 참맛을 알게 되었다. 그런데 재미있는 것은 맛있는 음식이긴 하지만 먹는 방법을 잘 모르거나 기존의 식사 방법과 다르기에 먹기가 곤욕스러운 음식이기도 했다. 고기를 자르다가 튀어 나가거나 소스를 많이 뿌려 맛이 이상해지거나 하는 일이 다반사였다.

포크 카츠레츠에서 돈가스로 넘어간 것은 1929년 도쿄의 한 가게에서였다. 시마다 신지로라는 사람이 돼지고기를 두껍게 잘라 튀긴 후 기름에서 꺼내 남은 열기로 속까지 익는 조리법을 개발한 것이다. 또 양식에 익숙하지 않은 일본인들을 위해 아예 잘라서 젓가락으로 쉽게 먹을 수 있도록 했다. 그가 개발한 메뉴가 바로 지금의 일식 돈가스가 되었다. 참고로 돈가스 덮밥은 1921년 나카니시 게이지로라는 와세다 학생이 고안했다고 한다. 빠르고 간편하게 먹기 위해 생각한 것이 아닐까 한다.

あんパン

단팥빵

▶ 관련 일본어

• あんこ 앙코 (팥소)
• 乾パン 칸빵 (건빵)

일본에 빵이 전해진 것은 長崎 ^{나가사키}에 포르투갈 사람들이 들어오면서였다. 지금의 부드럽고 폭신폭신한 빵이 아닌 비스킷 형태였다. 당시 장기간 항해를 하기 위해서는 맛이나 식감보다는 상하지 않게 오래 보관하는 것이 중요했다. 그래서 처음에는 군대에서 관심을 보였다. 보존이 잘 되고 휴대하기 간편했기에 군용 식량으로 적당했다. 다양한 형태의 군용 빵이 만들어졌는데, 휴대가 편리한 도넛 모양이나 지금의 건빵 모양이었다.

이후 유럽과 미국의 빵 기술이 들어오면서 다양한 종류의 빵이 만들어졌고 가게도 늘어났다. 그러나 아직 일본인의 입맛에 딱 맞는 빵은 없었다. 그러다가 도쿄에서 야스헤라는 사람이 일본인의 입맛에 맞는 빵을 만들겠다고 마음을 먹었다. 아들과 함께 여러모로 노력한 그는 1874년 드디어 단팥빵, 'あんパン ^{앙팡}'을 만들어냈다. 기존의 이스트를 쓰는 것이 아닌 쌀누룩 종을 쓰고 하루 동안 발효시켜 부드러운 질감의 빵을 만들었다. 이런 변화 때문에 단팥빵은 단순히 빵에 팥소를 넣은 서양 음식이 아닌 외국에서 전해진 빵을 일본식으로 해석해 새롭게 만든 음식이라고 할 수 있다. 서양의 빵과 만두에 소를 넣는 중국의 방식이 일본에서 단팥빵으로 재해석되어 만들어진 것이다. 이전의 빵에 거부감을 느끼던 사람들도 친숙한 누룩 맛이 나는 단팥빵은 거부감 없이 먹을 수 있었다. 이렇게 단팥빵 이후 일본의 빵 문화는 완전히 달라졌다.

참고로 1875년 4월 4일 메이지 'てんのう ^{텐노}'(일본 왕)가 꽃놀이를 할 때 다과로 팥빵을 먹은 적이 있다. 당시 야스헤는 단팥빵에 일본을 상징하는 벚꽃을 소금에 절여 넣었는데, 이를 てんのう ^{텐노}가 마음에 들어 했다. 그 덕분인지 매해 4월 4일은 팥빵의 날이 되었다.

カレーライス

카레라이스

▶ 관련 일본어
- ラッキョウ 락쿄- (염교)
- カレー粉 카레-코 (카레 가루)
- 福神漬 후쿠진즈케 (절임 채소)

카레는 일본에 소개되었을 당시만 해도 양식당에서나 먹을 수 있는 비싼 요리였다. 하지만 1905년 하치식품에서 카레 가루를 만들면서 대중화되었다. 카레 가루를 가지고 다양한 카레 음식이 나왔지만 보통 밥과 함께 먹기 때문에 '카레'와 '카레라이스'는 같은 의미였다.

오사카 난바에 가면 지금도 독특한 모양의 카레라이스를 판매하는 '自由軒 지유켄'이라는 식당이 있다. 이 식당 카레라이스의 특징은 카레와 밥을 미리 섞어서 제공한다는 점이다. 골고루 섞은 카레와 밥을 접시에 가득 담은 뒤 날달걀을 깨서 올린 독특한 모습으로 인기를 끌었다. 또 우스터소스를 듬뿍 뿌려 먹는 것이 특징이다. 지유켄은 오사카 최초의 양식점이기 때문에 이곳의 카레라이스가 오사카의 독특한 카레라이스 문화라고 소개되기도 한다. 하지만 지유켄 말고는 이렇게 제공되는 곳은 없다. 최초는 모르겠지만 지금 먹으면 평범한 카레라이스 맛이다. 단 독특한 카레라이스인 것은 분명하다. 물론 요즘에 쉽게 볼 수 있는 밥 위에 카레를 부은 카레라이스도 판매하고 있다.

카레라이스는 1887년 등장했는데, 처음에는 'ライスカレー 라이스카레'라고 불리다가 점차 'カレーライス 카레·라이스'로 불리기 시작했다. 카레라이스 대체로 고기, 감자, 양파, 당근 등을 넣고 만든 카레를 밥 위에 뿌리고 福神漬 후쿠진즈케, ラッキョウ 락쿄를 곁들여 먹도록 제공한다. 후쿠진즈케는 1886년 도쿄 슈에쓰라는 가게에서 처음 판매를 시작했는데, 무, 작두콩, 가지, 버섯, 무청, 땅두릅나물, 차조기 등 7가지 채소를 간장과 맛술로 양념해서 만들었다. 이 두 반찬이 약간 걸쭉한 느낌의 카레를 질리지 않고 먹을 수 있도록 한다.

コロッケ

고로케

▶ 관련 일본어
- ポテトコロッケ 포테토 코롯케 (감자 고로케)
- ミートコロッケ 미-토 코롯케 (고기 고로케. 고기를 섞어 사용한 것)
- メンチコロッケ 멘치 코롯케 (다진 고기 고로케)
- ツナコロッケ 츠나 코롯케 (참치 고로케)
- 野菜コロッケ 야사이 코롯케 (채소 고로케. 완두콩, 당근, 옥수수 등 채소가 들어간 것)
- カレーコロッケ 카레- 코롯케 (카레 고로케)
- カボチャコロッケ 카보차 코롯케 (호박 고로케)
- サツマイモコロッケ 사츠마이모 코롯케 (고구마 고로케)
- 納豆コロッケ 낫토 코롯케 (낫토를 감자 고로케의 재료에 혼합한 것)

돈가스, 카레라이스와 함께 일본 3대 양식으로 꼽히는 고로케, 'コロッケ ^{코롯케}'는 크로켓(croquette)이 일본식으로 변형된 것이다. 재미있는 것은 1917년에는 가격이 돈가스의 배에 달하는 고급 요리였다는 점이다. 프랑스 요리인 크로켓은 메인 요리에 곁들여 나오는 음식으로, 다진 닭고기, 소고기, 새우, 굴, 햄, 양파, 달걀 등에 베샤멜소스(밀가루를 버터로 살짝 볶은 뒤 우유를 넣고 걸쭉하게 끓인 것을 양념한 것)를 넣고 으깬 감자와 함께 빚어 튀긴 것이다. 이것이 일본으로 들어와 단순하지만 고소한 맛이 일품인 고로케가 되었다. 이후 정육점에서 신선한 고기와 기름을 써서 반찬으로 판매하기 시작하면서 저렴한 음식이 되었다.

고로케는 간 고기를 감자와 섞어서 타원형으로 만든 뒤 튀긴 것이 가장 일반적이다. 지금은 크림 고로케, 카레 고로케 등 다양한 메뉴가 있다.

일본은 7세기 텐무 텐노(일왕)가 675년 살생(소, 말, 개, 원숭이, 닭)을 금지한 이후 육식(해산물은 먹음)을 하지 않았다. 불교 교리를 이용해 육식을 먹으면 부정 기운이 생긴다는 논리로 육식을 금지하면서 강력한 제재도 이루어졌다. 그러다가 개항 후 메이지유신(明治維新)에 의해 새롭게 들어선 메이지 정부는 서양인과 차이가 큰 일본인의 체격을 키울 필요를 느꼈다. 그 방법의 하나로 육식을 허용하기로 했다. 하지만 천 년 넘게 이어진 식습관을 바꾸기는 쉽지 않았다. 결국 위에서부터 시작해 아래로 육식을 보급하기로 했다. 메이지 텐노가 고기를 먹기 시작하고, 상류층 행사에서 양식 요리를 선보였다. 하지만 가격이나 맛에서 아직 일반인이 접근하기는 쉽지 않았다. 서양인을 상대로 장사를 하던 나가사키, 고베 등에서 먼저 일본인에게 맞는 육류 음식(소고기 전골, 스키야키)이 등장했다. 그 뒤 여러 매체에서 양식을 소개하면서 1900년대 초에 들어서야 일반 사람도 서양 음식을 손쉽게 접할 수 있었다. 그리고 양식이 널리 퍼진 大正 ^{다이쇼} 시대(1912~1926)에 이르러 3대 양식이라는 것이 등장했는데, 그것이 바로 カツレツ ^{카쓰레쓰}(돈가스), 카레라이스, 고로케다.

すき焼き

쇠고기 전골과 스키야키

▶ 관련 일본어
- ときたまご 토키타마고 (날달걀. 날달걀의 흰자와 노른자를 섞은 것)
- 肉汁 니쿠쥬 (육즙)
- 犂 카라스키 (쟁기)

    675년부터 내려오던 육식금지령은 메이지 정부에 의해 폐기되었다. 사람들은 이제 자유롭게 육식을 할 수 있었지만, 1200년간이나 이어져 온 전통은 쉽게 사라지지 않았다. 서양인과의 체격 차이를 줄여보려던 정부는 다양한 방법으로 육식을 장려하였고, 점차 육식이 퍼져 나갔다.

    가장 먼저 대중화된 요리는 소고기 전골이었다. 요리법은 간단하다. 먼저 냄비에 기름을 두르고 각지게 썬 소고기를 구워 육즙이 흘러나오지 않도록 한다. 구운 소고기를 꺼내 따로 보관하고, 냄비에 파, 쑥갓 같은 채소를 볶는다. 육수를 붓고 된장을 푼 다음 소고기를 넣는다. 국물이 너무 줄지 않도록 하면서 구운 두부와 실곤약을 넣고 끓여 먹으면 끝. 이 음식은 일본인의 입맛에 잘 맞았기에 육식을 보급하는 데 큰 역할을 했다. (소고기 전골 판매 초기에는 특이한 것을 찾는 사람들만 먹었다고 한다)

    이런 소고기 전골이 널리 퍼지면서 약간 변형된 요리도 등장했는데, **関西** 칸사이에서는 이를 **すき焼き** 스키야키라고 불렀다. 스키야키는 사실 소고기 전골 이전에는 깨끗한 쟁이에 고기를 구워 먹던 것을 가리켰다. 하지만 소고기 전골이 퍼지면서 이름은 같지만 약간 다른 음식을 가리키는 말이 되었다. 스키야키는 냄비에 소고기를 구운 뒤 양념장에 재어놓는다. 그리고 구운 육즙과 기름으로 채소를 볶는다. 이후 소고기를 날달걀에 찍어서 먹었던 것이 스키야키였다. 이 스키야키가 **関東** 칸토로 전해지면서 간장, 설탕, 맛술로 양념한 소고기에 파, 양파, 표고버섯, 두부 등을 넣어서 끓인 음식이 되었다. 칸사이에서 시작된 음식이 칸토로 전해지고 다시 칸사이로 전해지면서 지금의 모습이 된 것이다.

    참고로 스키야키의 고기가 굉장히 얇은 것은 당시 육식에 익숙하지 않은 사람들이 회를 먹듯이 고기를 얇게 썰어서 요리에 사용했기 때문이라고 한다.

일본 음식 열전

Tasty Road
OSAKA

꼭 오사카가 아니더라도 일본에 왔다면 한 번쯤 먹
어보면 좋을 대표 음식들이 있다. 일본의 3대 면 요리라
할 수 있는 우동, 소바, 라멘을 비롯해 스시와 생선 요리
도 빼놓을 수 없다. 여기에 덧붙여 일본의 전통적인 절
임 음식인 츠케모노 역시 추천할 만하다. 일본 어디에서
든 쉽게 찾을 수 있는 메뉴들이지만 오사카만의 개성도 놓
치기는 아깝다. 안 그래도 먹을 것 많은 오사카에서 더욱더
선택지를 넓히는 일본 대표 음식들을 살펴보자.

우동 | 소바 | 라멘 | 스시와 생선 | 츠케모노 | 돈부리 | 일본의 술

うどん

우동

▶ 관련 일본어

- ざるうどん 자루 우동 : 삶은 면을 찬물에 헹군 뒤 소쿠리에 담은 우동이다. 국물에 찍어서 먹는다.
- 釜揚げうどん 카마아게 우동 : 삶은 우동의 면을 뜨거운 국물에 찍어 먹는 요리다.
- てんぷらうどん 텐푸라 우동 : 새우나 오징어 튀김을 올린 우동
- たぬきうどん 타누키 우동 : 튀김 찌꺼기와 파를 넣은 우동. 교토에서는 잘게 썬 유부를 얹은 것을 가리킨다.
- カレーうどん 카레- 우동 : 육수에 카레 가루를 더해 만들거나 카레에 찍어 먹는 것 등이 있다.
- 鍋焼きうどん 나베야키 우동 : 뚝배기에 끓인 우동
- 肉うどん 니쿠 우동 : 양념한 소고기(닭고기, 돼지고기 등도 있음)를 볶아 우동 위에 올린 우동

원래 면 요리는 중국에서 탄생해 세계로 전파된 음식이다. 이탈리아의 파스타도 중국에서 전해진 면 요리의 변형이다. 일본의 면 요리도 중국에서 전해졌는데, 일본만의 특색을 가진 음식으로 발전했다. 지금은 일본 식문화에서 가장 큰 부분을 차지하고 있다. 과거 일본은 선진 문물을 받아들이기 위해 중국에 사신을 보냈다. 그 가운데 당나라에 간 사람들을 견당사라고 불렀는데, 이들이 중국의 면 음식을 일본에 전했다. 우동은 이들 견당사가 가져온 면 음식이 발전된 것이다. 우동은 약간 두툼한 면이 일반적이고 요리 방법과 먹는 방법에 따라 다양한 종류가 있다. 우동은 면을 삶은 뒤 1인분씩 나누는데, 이것을 '玉 타마'라고 부른다. 1인분을 '一玉 히토 타마', 2인분을 '二玉 후타 타마' 식으로 구분한다. 우동을 주문할 때 면의 양을 선택한다면 주의해야 한다. 참고로 일본에는 우동 검정시험도 있다.

특이한 지역 우동

讃岐うどん 사누키 우동

과거 사누키 지역인 香川 카가와의 우동으로 일본에서 가장 널리 알려진 지역 우동이자 일본 3대 우동 가운데 하나다. 이곳은 밀 재배에 알맞아 예전부터 밀을 이용한 음식을 만들어 먹었다. 사누키 우동이란 명칭을 쓰려면 몇 가지 조항이 있다. 첫째, 카가와 지역에서 수타로 만들어야 하고, 둘째, 숙성 시간이 2시간 이상이어야 하고, 셋째, 면은 약 15분간 충분히 삶아야 한다. 사누키 우동은 면발이 굵고 쫄깃한 식감이 특징이다.

稲庭うどん 이나니와 우동

秋田 아키타현 湯沢 유자와의 우동으로 수타로 만든 건조 면을 사용한다. 1665년 면 만드는 방법이 표준화되었는데, 반죽할 때 전분을 묻혀 면을 두껍고 납작하게 만드는 것이 특징이다. 사누키와 마찬가지로 일본 3대 우동 가운데 하나.

水沢うどん 미즈사와 우동

일본 3대 우동 중 마지막으로 살펴볼 水沢うどん 미즈사와 우동은 群馬 군마현 渋川 시부카와에 자리한 水澤寺 미즈사와데라라는 절에서 참배객들을 위해 제공한 식사에서 시작되었다. 반죽을 발로 밟으면서 숙성과 펴는 과정을 10번 정도 반복한 뒤 자른 면을 햇볕에 말린다. 면을 만들 때 덧가루를 뿌리지 않는 것, 다른 면보다 숙성 시간이 긴 것이 특징이다. 차갑게 해서 자루 우동으로 제공된다.

五島うどん 고토 우동

長崎 나가사키현에 속하는 五島 고토에서 만들어진 五島うどん 고토 우동은 예전 당나라를 오가던 사신인 견당사가 들여온 것으로, 당시 이곳의 항구를 통해 중국을 왕래하면서 처음 소개되었다. 반죽을 특이한 도구를 사용해 자른 뒤 막대기를 사용해서 면을 길게 늘여 만드는데, 덕분에 보통의 우동보다 가늘고 단면이 둥글게 나오는 것이 특징이다. 덧가루를 사용하지 않고 동백기름을 사용하기도 한다.

きしめん 키시멘

愛知 아이치현 刈谷 카리야에서 만들어진 우동으로 일반적인 우동과 달리 면이 넓적하고 얇다. 마치 우리나라 칼국수와 흡사한데, 넓적하고 얇기 때문에 삶을 때 시간이 짧고 중간에 끊어질 수 있다. 면에 여러 재료를 얹어 내는 것이 일반적이다.

そば

소바

▶ 에도시대 포장마차에서 팔던 소바 메뉴
- けんどんそば 켄돈 소바 : 한 그릇씩 담아내는 메밀국수
- 夜たかそば 요타카 소바 : 밤늦게까지 팔러 다니는 메밀국수
- 二八そば 니하치소바 : 메밀가루에 8, 우동가루 2의 비율로 반죽을 만들어 국수를 뽑은 메밀국수

소바는 우리나라에서 메밀국수로 잘 알려져 있다. 소바는 関東 ^{간토-}지방에서 만들어진 음식으로 일본인에게 부족한 비타민을 보충해 주는 음식이었다. 당시 도쿄에는 수많은 사람이 몰려와 있었다. 이들은 아직 낯선 땅에 정착하지 못한 까닭에 집에서 음식을 해 먹는 것이 어려웠다. 당연히 밖에서 식사를 해결해야 했고, 자연스레 이들을 위한 많은 음식점이 세워졌다.

그 가운데 저렴하고 빠르게 먹을 수 있는 포장마차가 등장했는데, 당시의 포장마차는 조그마한 가마를 메고 다니는 간이음식점의 개념이었다. 이들은 튀김, 초밥, 우동 등 사람들이 서서 간단하게 한 끼를 해결할 수 있는 음식을 팔았다. 그러던 중 소바가 등장했다. 갓 만든 소바를 채 썬 파와 간 무를 넣은 장국에 담가 먹는 간편한 음식이었다.

하지만 실제로 소바를 만드는 것은 그리 쉬운 일이 아니었다. 메밀은 점성이 없어 면으로 만들려면 밀가루나 다른 성분을 넣어 뽑아야 했다. 당연히 재료와 만드는 요리사의 실력에 따라 다양한 면이 만들어졌고, 그 가게의 특색이 되었다.

참고로 일본에서는 12월 31일에 소바를 먹는 것이 일반적인데, 이 것을 '年越し蕎麦 ^{토시코시소바}'라고 한다. 연말에 소바를 먹는 이유는 다양하다. 그 가운데 몇 가지를 소개하면 먼저 면이 질기지 않고 끊기 쉽기 때문에 올해의 액을 끊는다는 의미로 먹었다. 그리고 소바가 가늘고 길기 때문에 장수의 의미로 먹었다고 한다.

특이한 소바 '카와라 소바' ●─────────────────────

山口 ^{야마구치} 현 下関 ^{시모노세키} 시에 있는 川棚温泉 ^{카와타나 온센}에는 특이한 소바를 판매하고 있다. 뜨겁게 만든 기와에 소바를 올려 바삭하게 구워 먹는 소바다. 이를 '瓦そば ^{카와라 소바}(기와 소바)'라 하는데, 소바 위에 양념한 소고기, 지단, 새우, 김가루, 레몬 등을 올려 먹는다. 바삭하게 구워진 소바를 살짝 새콤한 간장에 찍어 먹는 맛이 일품이다.

카와라 소바는 1877년 전쟁 때 熊本 ^{쿠마모토} 성(城)을 포위한 薩摩 ^{사쓰마} 군이 기와를 사용해 음식을 구워 먹었던 것에서 시작되었다. 현재 야마구치 지역에서는 카와라 소바 전용 소바와 장국이 판매되고 있다.

─────────────────────

ラーメン

라-멘

우리나라에서는 라면이라고 부르지만 이제 일본식 '라멘'이라는 말이 익숙할 정도로 국내에서도 일본 라멘은 잘 알려져 있다. 일본에는 수많은 맛의 다양한 라멘이 있다. 그 시작은 중국에서 넘어온 국수였지만, 일본 내 인기에 힘입어 종류가 차츰 늘어났다. 라멘은 외국과 교류가 있던 항구에서 처음 시작되었는데, 화교들이 중국 음식의 하나로 라멘을 팔았던 데서 유래했다. 지금도 일부 라멘 가게에 볶음밥이나 교자가 메뉴에 있는 것은 그런 이유일 것이다.

라멘의 특징은 간편하면서도 빠르게 먹을 수 있다는 점이다. 조리도 간편해 포장마차로 영업하는 것도 어렵지 않다. 라멘 가게를 시작하려는 사람은 자신의 맛을 알리기 위해 포장마차부터 시작하는 것이 일반적이었다. 쉽고 가볍고 빠르게 라멘은 포장마차 덕분에 다양하게 발전할 수 있었다. 각각 고유의 맛을 가지고 출발한 포장마차는 전국에 점포를 가진 대형 체인으로 성장하기도 했다.

라멘은 밀가루로 만든 면을 수프에 담아 내놓는 음식이다. 면의 모양이나 종류, 제조법도 다양하지만, 기본적으로 수프에 들어가는 소스의 종류에 따라 라멘의 이름이 달라진다. 醬油ラーメン ^{쇼유 라멘} (간장 라멘), 塩ラーメン ^{시오 라멘} (소금 라멘), 味噌ラーメン ^{미소 라멘} (된장 라멘) 등이 있다. 간장 라멘은 간장의 강한 맛이 수프의 맛을 없애기도 하지만, 간장의 고유한 풍미를 잘 살리면 먹음직스러운 색과 깔끔한 맛을 느낄 수 있다. 언뜻 보기엔 소금으로 맛을 낸 시오 라멘이 제일 만들기 쉬울 것 같지만, 사실 소금 하나로 맛을 내야 하기 때문에 오히려 더 만들기가 어렵다. 담백하고 재료 본연의 맛을 잘 느낄 수 있는 라멘이다. 된장 라멘은 어떤 재료를 넣어도 된장의 맛이 강하기 때문에 기초가 되는 장맛만 좋다면 맛있는 라멘을 먹을 수 있다. 보통 기름진 수프에 된장을 넣기 때문에 진한 맛의 라멘이 많다. 그리고 소스로 구분되지는 않지만 일본 라멘에서 가장 잘 알려진 라멘은 바로 후쿠오카 지역에서 시작된 豚骨 ^{톤코츠} 라멘(돈코츠 라멘)이다. 돈코츠의 특징은 돼지 뼈를 푹 고아 만든 진한 국물에 있다. 지금은 돼지 뼈 외에 닭고기, 해산물 등을 넣어 다양한 맛의 돈코츠 라멘이 만들어지고 있다. 또 つけめん ^{츠케멘}이라고 면을 소스에 찍어 먹는 라멘도 있다.

すし

스시와 생선

　일본에서 스시를 먹을 때 가장 어려운 것은 바로 어떤 생선인지 알
수 없다는 점이다. 사진으로는 봐도 이게 무슨 생선인지 언제가 제철인
지 제대로 알기 어렵다. 더구나 선술집(이자카야)에 가면 아예 한자로
만 메뉴를 적어 놓은 곳도 있다. 일본어로 생선에 대해 좀 더 알아 맛있
는 스시를 맛보자.

붉은살 생선

▶ 다랑어(참치)

鮪(まぐろ) 마구로 | 10~2월
중뱃살 ちゅうとろ 츄-토로 | 대뱃살 お
おとろ 오-토로 | 등살 あかみ 아카미

참치는 일본에서 스시로 가장 인기 있는 생선이다. 세계에서 잡히는 생선의 40~50%
는 일본에서 소비되고, 그 가운데 90%는 회나 스시로 사용된다. 부위별로 가격이 다
르고 뱃살이 가장 인기가 많다. 부드럽게 밥과 어우러져 넘어가는 식감이 일품이다.

흰살생선

▶ 참돔

真鯛(まだい) 마다이 | 11~5월
경사스러운 일에 쓰이는 생선으로 모
든 부분을 요리 재료로 쓴다. 12시간
정도 숙성해 먹는 것이 일반적이고,
맛과 향이 강한 생선이다.

▶ 돌돔

石鯛(いしだい) 이시다이 | 6~8월
고급 생선으로 씹을수록 감칠맛이 느
껴지는 것이 특징이다. 육질이 단단
해 얇게 썰어 먹는다.

▶ 감성돔

黒鯛(くろだい) 쿠로다이 | 9~12월
살이 촉촉하면 부드럽다. 지방이 적
어 감칠맛이 있고, 고소하다.

▶ 복어

河豚(ふぐ) 후구 | 12~2월
독이 있지만 그 맛에 반해 예전부터
인기 있는 생선이다. 가격이 고가인
만큼 고기는 쫄깃하고 부드럽다. 튀

김으로 먹어도 좋다. 육질이 단단해서 얇게 썰어 먹는 것이 특징이다.

▶ 보리멸

鱚(きす) 키스 | 6~8월
담백하고 비린내가 없는 것이 특징이다.

▶ 농어
鱸(すずき) 스즈키 | 6~8월

일본에서 유명한 생선으로 얼음물에
여분을 지방을 씻어내고 먹으면 그
투명한 살결을 보는 것과 부드러운
감칠맛이 눈과 입을 만족시킨다.

▶ 쑤기미
虎魚(おこぜ) 오코제 | 6~8월

흉악한 모습이지만 육질은 투명하고 은은한 감칠맛이 느껴
진다.

▶ 쥐치
皮剥(かわはぎ) 카와하기 | 6~12월

탄력 있고 쫀득한 육질이 특징인 쥐
치는 간도 인기 있는 음식이다. 회와
함께 간도 함께 먹는다.

▶ 방어
鰤(ぶり) 부리 | 12~2월

겨울에 먹어야 맛을 알 수 있는 생선
이다. 기름지고 고소한 맛이 특징이
다.

▶ 광어(넙치)
ひらめ 히라메 | 9~2월

가장 널리 쓰이는 생선이다. 감칠맛
과 향이 강한 생선이다. 6~8시간 숙
성시키면 맛이 더 좋아진다.

등푸른생선

▶ 전어
鰶(このしろ) 코하다 | 9~11월

요리사의 실력을 볼 수 있다고 할 만
큼 만들기 어려운 스시다. 살이 부드
럽고 쉽게 상해서 식초와 소금으로
간을 하는데 그 방법에 따라 맛이 달라진다.

▶ 전갱이
鰺(あじ) 아지 | 5~9월

기름이 많고 감칠맛이 있는 생선이
다. 예전에는 매우 저렴해서 밥상에
자주 오르던 생선이다. 소금구이로
도 괜찮다.

▶ 고등어
鯖(さば) 사바 | 9~12월

식중독 위험이 높은 생선이다. 신선
도를 유지하기 어려워 회보다는 식
초에 절여 먹는다. 가을에서 겨울에
지방이 풍부하기 때문에 맛이 좋다.

▶ 정어리
鰯(いわし) 이와시 | 5~11월

저렴한 생선으로 지방이 많지만 느
끼하지 않고 부드럽다. 고소한 맛이
있고 산파와 생강을 곁들여 먹는다.

▶ 꽁치
秋刀魚(さんま) 산마 | 9~11월

통조림으로 쉽게 볼 수 있는 생선으
로 구이로 많이 나온다. 레몬, 라임
즙과 식초, 간장에 무즙을 곁들여 먹
는다.

기타

▶ 오징어
烏賊(いか) 이카 | 3~8월

▶ 문어
蛸(たこ) 타코 | 12~2월, 6~8월

▶ 보리새우
車蝦(くるまえび) 쿠루마에비 | 5~11월

▶ 단새우
甘海老(あまえび) 아마에비 | 11~2월

▶ 갯가재
蝦蛄(しゃこ) 샤코 | 6~11월

▶ 전복
鮑(あわび) 아와비 | 6~8월

▶ 피조개
赤貝(あかがい) 아카가이 | 9월~4월

▶ 가리비
帆立(ほたて) 호타테 | 6~8월

▶ 소라
栄螺(さざえ) 사자에 | 6~8월

▶ 연어알
イクラ(いくら) 이쿠라 | 9~11월

▶ 청어알
の子(かずのこ) 카즈노코 | 3~5월
자손 번영을 비는 뜻에서 설에 많이
먹는 음식. 훗카이도 산이 유명하다.

▶ 성게
海胆(うに) 우니 | 6~8월

▶ 붕장어
穴子(あなご) 아나고 | 6~8월

▶ 연어
鮭(さけ) 사케 | 3~5월
'サーモン 살-몬'이라고도 한다.

▶ 관자
貝柱(かいばしら) 카이바시라

漬物

츠케모노

채소를 장기간 보관하는 방법은 다양하게 발전해 왔다. 그 가운데 절임은 동서양을 막론하게 가장 널리 퍼진 보관 방식이다. 채소를 절이면 공기와 차단되고 유산균이 발생하고 재료의 맛이 향상된다. 우리가 흔히 장아찌라고 부르는 음식을 생각하면 된다. 일본에서도 이런 절임 음식이 발달했다. 우리에게 가장 잘 알려진 것은 바로 단무지다. 일본에서 승려 '沢庵 宗彭 타쿠앙 소호'가 창안했다고 해서 '타쿠앙'이라 불리게 되었다. 일본에는 다양한 절임이 있는데 통칭해서 '漬物 츠케모노'라고 한다. 그 가운데 가장 잘 알려진 것이 바로 된장이나 소금 겨에 묻어 만드는 味噌漬け 미소즈케, ぬか漬け 누카즈케다. 예전 일본 가정집에는 츠케모노를 담그는 통이 있어 발효가 잘되도록 매일 이를 저어 주는 것이 일이었다. 절임 음식으로 유명한 것은 나라 지역의 '奈良漬け 나라즈케'다. 참외, 오이 등의 아삭한 식감이 있는 채소를 소금에 절이고 술지게미에 담가 만든 절임 음식이다. 도요토미 히데요시가 좋아했다고 전해지면서 널리 알려졌다. 전라도에서 전래한 음식이 변형된 것이라는 설도 있다.

츠케모노에는 절이는 방법에 따라 몇 가지 종류가 있다.

塩漬け 시오즈케 : 소금으로 절임을 만드는 방법으로 가장 오래된 방법이다.
醤油漬け 쇼유즈케 : 간장으로 만든 절임
味噌漬け 미소즈케 : 붉은 된장이 자주 사용되는데, 된장의 맛이 절임의 맛을 정한다.
酢漬け 스즈케 : 식초로 만든 절임
ぬか漬け 누카즈케 : 소금 겨나 겨 된장에 채소를 묻어서 만드는 절임.
粕漬け 카스즈케 : 술지게미나 미림(味醂)에 담궈 만드는 절임

どんぶり

돈부리

일본에서 빼놓을 수 없는 음식 가운데 하나가 바로 돈부리다. 1가지 반찬으로 빠르고 저렴하게 먹을 수 있는 음식이기 때문에 많은 사람이 찾는 음식이다. 덮밥 체인점이 점점 늘어나는 것은 사람들이 그만큼 저렴하고 빠르게 먹을 수 있는 음식을 선호하기 때문이다. 일본에서 맛볼 수 있는 다양한 덮밥 그 가운데 일본에서 꼭 맛봐야 할 것을 정리했다.

牛丼 규동 (소고기 덮밥)

근대에 들어서야 육식을 시작한 일본이기에 규동은 그 역사가 오래되지는 않았다. 소고기를 쉽게 먹기 위해 만들어진 요리, 소고기 전골이 변형되어 만들어진 것이다. 1899년 '吉野 요시노야'라는 가게에서 시작된 것으로 보고 있다. 소고기 전골을 즐기던 손님들이 밥과 함께 즐기고 싶다는 요구에 개발된 것이 바로 규동이었다. 일본에서 규동하면 吉野 요시노야를 떠올리는 것은 바로 이런 이유 때문이다. 체인점으로는 요시노야, 스키야 すき家, 마쓰야 松屋 등이 가장 유명한 규동 체인점이다.

カツ丼 카츠동 (돈가스 덮밥)

프랑스 요리에서 변형 발전해 1895년 도쿄 렌가테이에서 시작된 돈가스는 이후 다양한 모습으로 발전했다. 그 가운데 가장 인기 있는 형태는

바로 카츠동이다. 카츠동은 크게 2가지 종류가 있다. 가장 기본적인 것은 간장, 설탕, 양파 등을 넣어 만든 양념 국물에 돈가스와 달걀을 넣어 살짝 익힌 것이다. 다른 하나는 양념장 혹은 소스를 뿌려 돈가스의 맛을 그대로 살린 카츠동이다.

親子丼 오야코동 (닭고기 덮밥)

닭고기를 양념 국물에 끓여 달걀을 얹어 만든 덮밥이다. 닭고기와 달걀이 만났기에 '親子 오야코', 부모와 자식 덮밥이라는 이름이 붙어 있다. 어찌 보면 재미있

고, 어찌 보면 슬픈 이름이다. 오야코동은 한 닭고기 전문점에서 만들어졌다고 한다. 당시 사람들이 닭고기 전골을 먹고 마무리로 달걀을 풀어 밥과 함께 먹었다. 이것을 본 안주인이 1891년 손님들이 좀 더 편하게 먹을 수 있도록 요리로 내놓았다고 한다. 처음에는 배달 전문 요리였으나 곧 인기가 높아져 대중화되었다고 한다.

うな丼 우나동 (장어 덮밥)

여름의 보양식으로 사랑받는 장어덮밥은 일본에서 빼놓지 않고 먹어 봐야 될 음식이다. 장어를 양념을 발라가며 숯불에 구운 그 맛은 영양가가 아닌

그 맛 때문에 사랑받는다는 생각이 든다. 일본에서 장어 덮밥은 구이로 하거나 쪄서 먹는데 예전에는 보온을 위해 밥 안에 넣어 내놓았다고 한다. 그러나 찐 장어의 경우 밥의 무게에 형태가 뭉개져서 장어를 밥 위로 올린 것이 지금까지 이어졌다.

天丼 ^{텐동} (튀김 덮밥)

19세기 전반에 시작된 에도 요리의 하나로 포르투갈에서 들어온 天ぷら ^{텐푸라}(튀김)를 밥 위에 얹은 것이다. 보통 튀김 전문점에서 많이 내놓는 음식으로 단순히 튀김을 그냥 밥 위에 올린 것이 아니다. 튀김을 간장, 맛술, 설탕 등을 넣고 끓인 국물을 양념으로 사용한다. 튀김을 맛있게 튀기려면 상당한 기술을 필요하기 때문에 가게에 따라 맛의 차이가 심하다. 이를 양념으로 보완하여 내놓았지만, 요리를 내놓는 실력이 드러나기도 한다. 가게에 따라서는 튀김 자체를 강조하기 위해 고객이 직접 소스를 고를 수 있는 곳도 있다.

海鮮丼 ^{카이센동} (해산물 덮밥)

해산물의 천국이라 불리는 일본에서 손쉽게 찾아볼 수 있는 해산물 덮밥이다. 밥 위에 올리거나 간을 한 밥 위에 올리기도 한다. 냉장기술이 발달해 신선한 해산물을 먹을 수 있게 된 1950년대 홋카이도에서 시작되어 전국으로 퍼졌다. 주로 사용되는 재료는 참치, 가리비, 연어, 오징어, 새우, 게, 연어 알, 성게 등이다.

먹는 법은 고추냉이와 간장을 전체에 뿌려 먹거나, 해산물을 따로 회를 먹을 때처럼 간장에 찍어 먹는다.

カレー丼 카레·동 (카레 덮밥)

밥 위에 카레를 얹은 것으로 카레라이스와 같은 용어로 쓰이기도 하고 완전히 별개의 메뉴로 사용되기도 한다. 카레는 1905년에 오사카의 한 회사에서 카레 가루를 만들면서 대중화가 되었다. 처음에는 서양 요리로 양식당에서 비싼 가격에 판매되었지만, 인스턴트카레가 나오면서 가볍게 먹을 수 있는 요리가 되었다. 보통은 소바나 우동과 함께 나오는데, 가게마다 다르다.

음식과 함께 즐기는 녹차 ●────────────────────────

녹차는 재배 방법, 말리는 방법 등에 따라 그 종류가 다양하다. 일본에는 교토 宇治 우지 지역에서 처음 재배되어 널리 퍼졌다. 우지 녹차라는 이름이 널리 쓰이는 것은 최초라는 그 의미 때문이다. 일본의 녹차는 크게 挽茶 히키차(가루차)와 煎茶 센차(달인차)로 나눈다. 가루차는 디저트나 아이스 크림 등에 활용되기 때문에 그 수요가 많다. 센차의 경우에는 햇빛을 가려 재배한 고급 玉露 교쿠로 (고급차), 가장 일반적인 차로 봄에 수확한 찻잎으로 만든 煎茶 센차(좁은 의미로 쓴다) ,여름 이후에 딴 큰 잎으로 만든 약간 질이 낮은 番茶 반차(하급차), 질 낮은 찻잎에 볶은 현미를 넣은 玄米茶 겐마이차(현미차) 등이 있다. 일본 음식, 디저트에는 녹차가 빠지지 않고 나오기 때문에 어디서나 쉽게 접할 수 있다. 하지만 이런 정보를 알고 있으면 조금 더 재미있을 것이다.

일본의 술

▶ 酒 사케

한국에도 많이 소개된 일본 술 '酒 사케'는 보통 쌀에 누룩과 물을 넣어 발효시킨 清酒 세이슈(청주)를 가리킨다. '日本酒 니혼슈'라고도 불리는 사케는 15~17도로 누구나 부담 없이 마실 수 있는 술이다. 지역마다 또 양조장마다 다양한 사케를 제조하고 있기 때문에 그 종류가 셀 수 없을 정도로 많다. 현재 일본에는 약 이천여 개의 양조장이 있는데, 일부 양조장에서는 그 곳에서만 맛볼 수 있는 사케를 별도로 판매하고 있다. 관광객들이 양조장을 돌아보고 특별한 사케를 시음한 뒤 구매할 수 있도록 하나의 관광 상품화되어 있다.

▶ 정미율

사케는 정미율(쌀을 깎아내고 남은 비율)에 따라 술을 구분해서 부른다. 점점 고급화 혹은 대중화되면서 세분되고 있지만, 큰 범위의 명칭만 알아도 술을 선택하는데 편리하다.

大吟釀 다이긴죠 (정미율 50% 이하) : 쌀을 50% 이상 깎아내고 저온으로 발효기킨 술. 고급술에 속하며 맛이 부드럽고 향이 좋다. 쌀을 많이 깎아냈기 때문에 가격이 가장 비싸다.

吟釀 긴죠 (정미율 60% 이하) : 고급술에 속하면서 일반적으로 많이 찾는 술
本釀造 혼죠조 (정미율 70% 이하) : 양조 알코올을 포함한 가장 저렴한 술이다. 슈퍼마켓에서 가장 많이 판매하는 술이다.

보통은 다이긴죠와 긴죠는 차갑게, 혼죠조는 따뜻하게 마시면 그 맛을 더 잘 느낄 수 있다. 술 전문점에서 사면 술을 마실 때 적정 온도를 알려주기도 한다.

▶ 사케와 함께하는 일본어

사케를 마실 때 다양한 언어가 사용된다. 이자카야에서 마신다면 간단한 단어 몇 개만 알아도 자신이 원하는 술을 마실 수 있다.

熱燗 아쯔캉 : 사케를 따뜻하게 데운 술(50도 전후)

燗場 칸빙 : 술을 데우기 위한 병

冷酒 레이슈 : 차가운 술

冷 히야 : ひやざけ 히야사케의 줄임말로 차가운 술

▶ 라벨 읽기

사케의 뒷면 라벨을 보면 보통 그 술에 대한 정보가 있다.

日本酒度 니혼슈도 : 물보다 가벼우면 + 물보다 무거우면 -로 표시. 당분에 따라 이 수치가 달라지는데 -로 표시되는 숫자가 높은 수일수록 단맛이 강하다. 보통 +면 '辛口 카라구치', -면 '甘口 아마구치'라고 부른다. 아마구치일수록 달달한 맛이 강하다.

酸度 산도 : 술에 들어 있는 산의 양으로 높을수록 신맛이 강해진다.

飲む頃温度 노미코로 온도 : 마시기 좋은 온도

アミノ酸度 아미노산도 : 아미노산의 양을 표기하는 것으로 높을수록 무겁고 진한 맛을 낸다.

▶ 맛과 향

사케는 양조장, 물, 재료, 온도에 따라 그 맛과 향이 달라진다. 그 분류를 크게 4가지 타입으로 나눈다.

薰酒 쿤슈 : 향이 강하고 상쾌한 맛이 나는 고급 술이 이에 속한다. 맛이 강한 요리보다는 담백한 요리와 잘 어울린다. 생선구이나, 튀김, 샐러드류와 어울린다.

熟酒 쥬쿠슈 : 향이 강하고 맛이 진한 술로 응축된 맛이 특징이다. 향과 맛이 모두 강해 진한 맛의 요리와 어울린다. 장어구이, 고기 조림, 스튜, 만두 등과 어울린다.

爽酒 소슈 : 향이 약하고 맛이 연한 술이다. 은은한 맛과 향이 어떤 요리와도 잘 어울어지기 때문에 많이 찾는다. 단 기름진 음식과는 잘 어울리지 않는다.

醇酒 준슈 : 향은 약하지만, 맛이 진한 술이다. 다양한 맛이 어우러지기 때문에 고기류 요리와 잘 어울린다.

ビール 맥주

일본은 정말 많은 맥주가 있다. 잘 알려진 대기업 기린 맥주(麒麟麦酒), 아사히 맥주(アサヒビール), 산토리 맥주(サントリービール), 삿포로 맥주(サッポロビール), 오리온 맥주(オリオンビール)가 있고 각 지역에는 지역 맥주만 수백 개가 존재한다. 슈퍼나 편의점에 가면 맥주 코너에 회사별로 다양하게 나온 맥주가 진열되어 있다. 종류는 프리미엄 맥주, 発泡酒 핫포슈 (맥아가 원료의 일부인 술), 무알코올 맥주 등이 있다. 발포주나 무알코올 음료의 경우 맥주와는 조금 다른 음료이지만, 일본에서는 맥주에 포함된다. 다양한 맛을 즐기고 싶다면 발포주를 추천한다.

▶ 麒麟麦酒 기린 맥주 ·········
일본에서 가장 대표적인 브랜드로 일본 맥주 시장을 석권하고 있다. 기린 라거 맥주와 이치방 시보리가 대표 맥주다. 시원하게 넘어가는 목 넘김과 약간 쌉싸름한 맛이 장점

▶ アサヒビール 아사히 맥주 ·········
기린과 함께 일본을 대표하는 맥주 회사. 독자적 효모로 만든 슈퍼 드라이가 대히트했다. 깔끔하고 산뜻한 맛이 인기의 비결

▶ サントリービール 산토리 맥주 ·········
양주회사에서 시작해 지금은 일본 3대 맥주회사가 되었다. 양주회사답다고 할까 까다롭게 물을 골라 향기와 거품을 고급스럽게 만들었다.

▶ サッポロビール 삿포로 맥주

홋카이도의 추운 기후를 이용해 맥주 제조업을 시작했고 독특한 재료를 사용한 맥주를 만드는 등 기술력에서 널리 인정받고 있다.

▶ Yebisu 에비스

맥주의 고급화를 주도한 에비스는 독일 맥주법을 지키면서 제조한다. 맥아 100%로 만드는 맥주는 순하지만 깊은 맛을 느낄 수 있다.

▶ オリオンビール 오리온 맥주

더운 기후에 걸맞은 시원한 맥주를 만들어 오키나와에서 큰 인기를 얻고 있다. 아사히와 제휴해서 다양한 맥주를 생산하고 있다.

▶ チューハイ 츄하이

증류수를 기본으로 해서 과즙을 섞은 10도 미만의 술이다. 이자카야에서 소주와 같은 술에 과즙, 탄산을 넣어 만든 음료로 시작되었다. 이것을 캔으로 만든 것이 인기를 얻어 지금에 이른다. 이를 サワー라고도 부르는데, 사실 츄하이와 사와 모두 술에 과즙을 섞은 것으로 일본에서도 이 둘을 따로 구분하고 있지 않다. 굳이 어감을 기반으로 한국어로 표현한다면 츄하이는 과일 소주, 사와는 칵테일 정도로 표현할 수 있다. 과일 소주처럼 단맛이 강해서 쉽게 마실 수 있는 것이 특징이다.

집에서 마시는 맥주 맛있게 즐기기

- 탁자에 잔을 놓고 절반까지 빠르게 따른다. 맥주를 잔에서 떨어뜨리면 거품이 잘 난다.
- 액체와 거품의 움직임이 멈추면 다시 따른다. 이대 잔 가장자리 부분에서 천천히 조심스럽게 따른다. 이때 거품이 꺼지지 않도록 한다.
- 다시 거품의 움직임이 멈추면 맥주를 조심스럽게 조금씩 따라서 맥주와 거품 비율이 가장 예쁘게 나오도록 한다

이렇게 3번에 나눠서 맥주를 따르면 맥주 거품이 가장 아름답게 나온다고 한다. 믿거나 말거나~

---

*アサヒビール 吹田工場 아사히 맥주 공장 투어

오사카에서 즐기는 맥주 투어. 3잔 무료 시음 가능. 홈페이지에서 사전 신청해야 함. (60분 소요)

| www.asahibeer.co.jp/brewery/suita | 주소 大阪府吹田市西の庄町1-45 | 전화번호 06-6388-1943 | 가는방법 JR 오사카 大阪 역에서 스이타 吹田 역까지 JR 이용 후 도보 4분(350m) | GPS 34.763233, 135.518892

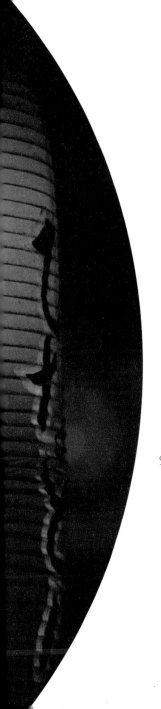

프랜차이즈

Tasty Road
OSAKA

여행을 할 때 잘 모르는 가게를 찾아가는 것보다는
쉽게 접할 수 있는 프랜차이즈를 찾아가는 것이 낫다.
일본의 대표적인 프랜차이즈를 알아두면 갑작스럽게 결
정할 때 도움이 된다. 가볍게 식사를 하거나 쉬어갈 수
있는 일본의 대표적인 프랜차이즈를 소개한다.

*프랜차이즈를 체인점을 포함한 용어로 사용함

吉野家 요시노야 www.yoshinoya.com

1899년 문을 연 소고기덮밥을 이야기할 때 빼놓을 수 없는 일본의 대표 체인점이다. 미국산 쇠고기 수입이 어려워져 소고기덮밥 판매를 중지할 때는 마지막으로 먹으려는 사람들도 엄청나게 붐벼 뉴스에 나오기도 했다. 출근길이나 퇴근길 직장인들이 저렴한 식사를 위해 자주 이용한다. 소고기덮밥을 중심으로 시간대별로 다양한 메뉴를 준비하고 있다. 가게의 대표 메뉴는 '牛丼 규동'으로 더 이상 말이 필요 없을 정도로 사랑받는 메뉴다. 牛丼 규동에 '牛皿 규-사라'를 추가해 먹으면 더욱 맛있게 먹을 수 있다. 아침 메뉴로 정식 메뉴도 판매하고 있다.

松屋 마츠야 www.matsuyafoods.co.jp

1968년 도쿄에서 시작한 소고기덮밥, 카레 전문점이다. 매장에서 먹을 때 음식에 된장국이 함께 나오는 것이 특징이다. 마츠야에서는 소고기덮밥을 '牛丼 규-동'이 아닌 '牛めし 규메시', '豚丼 부타동'은 '豚めし 부타메시'라고 부른다. 비슷한 체인점과의 차별화를 위해 된장국을 제공하고 이름을 달리한 것이다. 인기 메뉴로는 'カルビ焼肉定食 카루비 야키니쿠 테-쇼쿠'가 있다. 일본인이 좋아하는 부드럽고 달콤한 갈비구이를 채소, 된장국, 밥과 함께 제공한다.

すき家 스키야 www.sukiya.jp

1982년 시작된 일본 최대 점포를 가진 체인점이다. 소고기덮밥과 카레를 중심으로 정말 다양한 메뉴를 제공하고 있다. 메뉴가 너무 많아서 아르바이트를 피할 정도다. 소고기덮밥을 중심으로 다양한 변형 메뉴를 주문하는 사람들이 많다. 토핑도 다양해서 자신의 취향에 맞는 규동을 만들 수 있다. 'ねぎ玉牛丼 네기타마 규-동'은 고기 위에 채를 썬 파를 올리고 날달걀을 올린 것이다. 파의 아린 맛이 고기의 느끼한 맛을 잡아 준다. '豚丼 부타동'은 달콤한 생강 소스가 부드럽게 익은 양파와 돼지고기의 맛을 돋운다.

やよい軒 야요이켄 www.yayoiken.com

2004년 도쿄에서 시작된 일본 정식 전문점이다. 가게 입구에서 식권을 사서 음식을 주문한다. 정식 메뉴 주문 시에는 쌀밥을 원하는 만큼 추가해서 먹을 수 있다.(현재 부분 유료화 논의 중) 오사카에 50여 개의 지점이 있다. 부드러운 돼지고기를 생강 소스로 볶은 'しょうが焼定食 쇼-가야키 테-쇼쿠', 양배추, 양파, 당근, 파, 피망 등의 채소와 돼지고기를 볶은 '肉野菜炒め定食 니쿠야사이이타메 테-쇼쿠'가 인기 메뉴. 저렴한 아침 메뉴가 오전 11시까지 제공됨.

大戸屋 오-토야 www.ootoya.com

1958년 도쿄에서 시작된 저렴한 일본 정식 전문점이다. 일본에는 450개가 넘는 점포가 있지만, 오사카는 점포 수가 적다. 정식 메뉴는 20종류가 넘는다. 고기, 생선 등을 핵심으로 한 정식뿐만 아니라 채소를 중심으로 한 정식도 제공한다. 가게의 대표 메뉴는 '大戸屋ランチ 오-토야 란치'로 채를 썬 양배추와 호박과 닭고기 튀김에 동그란 달걀 프라이가 올라간다. 다른 하나는 '鶏と野菜の黒酢あん定食 토리토 야사이노 쿠로즈앙 테-쇼쿠'로 연근, 당근, 가지 등 채소와 닭고기 튀김을 흑초 소스로 버무린 정식이다.

まいどおおきに食堂 마이도오-키니쇼쿠도- www.shokudo.jp

1988년 오픈해 현재는 가장 많은 점포를 둔 체인점이다. 신선한 재료로 만든 가정식을 저렴한 가격에 제공하고 있다. 쌀은 매일 정미해서 만들 만큼 밥에 정성을 들이고 있다. 가게의 메뉴는 60종류가 준비되어 있어 밥과 함께 자신이 원하는 반찬을 선택하면 저렴한 가격에 한 끼 식사를 해결할 수 있다. 계절에 따라 메뉴와 가격이 달라진다. 수많은 메뉴가 있지만 가게의 인기 메뉴는 '玉子焼 타마고야키'. 주문이 들어오면 만들기 시작해 손님에게 갓 만들어진 따뜻한 달걀말이를 제공한다.

餃子の王将 교-자노오-쇼- www.ohsho.co.jp

1967년 교토에서 시작한 저렴한 중국 음식 체인점이다. 오사카에는 160개가 넘는 점포가 있어 찾기도 쉽다. 중국 음식 체인이기 때문에 다양한 중국 요리가 있다. 지역마다 일부 메뉴에 차이가 있지만, 가게의 대표 메뉴는 '餃子 교-자(군만두)'로 얇은 만두피가 바삭하게 구워져 나온다. '炒飯 차-한(볶음밥)'도 맛있지만, 볶음밥 위에 부드러운 달걀을 올리고 부드러운 소스를 올린 '天津飯 텐신항'은 일본에서만 맛볼 수 있는 중국 음식이다.

バーミヤン 바-미얀 www.skylark.co.jp/bamiyan/

1986년 도쿄에서 시작된 중화요리 정식 전문점이다. 오사카에는 점포 수가 적다. 저렴한 가격에 중화요리를 제공하기 위해 정식 메뉴의 가격을 1000엔 미만으로 통일하고 있다. 정식에는 기본적으로 밥, 만두가 있고, 메뉴에 따라 라면, 볶음밥, 고기, 디저트 등이 포함되어 있다. 정식 메뉴 이외에도 훠궈, 딤섬 등도 있어 다양한 중국 음식을 맛볼 수 있다. '酢豚定食 스부타 테-쇼쿠'는 달콤한 일본식 탕수육을 맛볼 수 있는 메뉴다. 닭튀김, 만두, 디저트 중에서 하나를 고를 수 있다.

かつや 카츠야 www.arclandservice.co.jp/katsuya/

2016년 문을 연 돈가스 전문점으로 모든 메뉴에 튀김이 들어간다. 기계를 이용하여 직원의 숙련도에 의존하지 않고 같은 품질의 음식을 제공한다. 인건비를 줄여서 돈가스를 500엔 정도에 제공하고 있다. 가게의 인기 메뉴는 'ロ-スカツ定食 로-스카츠 테-쇼쿠'로 돈가스, 된장국, 양배추, 밥을 저렴한 가격에 제공하고 있다. 'カツ丼 카츠동' 바삭한 돈가스가 달걀과 만나 촉촉해지고 짭조름한 소스가 뿌려져 식욕을 돋운다. 질리지 않고 먹을 수 있는 메뉴다.

めしや宮本むなし 메시야 미야모토무나시 m-munashi.com ·············

2003년 우츠노미야에서 시작된 정식 전문점이다. 덮밥, 우동, 카레라이스 등 가볍게 먹을 수 있는 음식을 중심으로 오사카, 고베를 중심으로 영업하고 있다. 가게는 저렴한 가격은 기본, 맛있는 음식점으로 알려지기를 목표로 하고 있다. 20종이 넘는 정식 메뉴가 있지만 모두 가격이 700~1,000엔 사이로 저렴하다. 'ジャンボとんかつ定食 잔보돈카츠테-쇼쿠'와 같이 돈가스와 밥 양이 많은 메뉴가 인기가 있다. 여성의 경우 '塩サバと玉子焼の定食 시오사바토타마고야키노테-쇼쿠'와 같이 생선과 달걀말이가 있는 메뉴를 선호한다.

和幸 와코- www.wako-group.co.jp ·············

1958년 문을 연 돈가스 전문점이다. 돈가스 전문점답게 돈가스의 맛에 집중하고 있다. 모든 메뉴에 돈가스를 베이스로 하고 있다. 가격대는 다른 정식집보다는 높은 편이다. 하지만 간단한 단품 메뉴도 있기 때문에 가격대에 맞춰 주문하면 된다. 인기 메뉴는 'ロースカツ御飯 로-스카츠고한'으로 고급 등심을 사용하여 돈가스의 맛을 제대로 느낄 수 있다. 점포에 따라 다르지만 밥, 된장국, 양배추는 무료로 리필이 된다. 여성 전용 메뉴가 따로 있다.

さくら水産 사쿠라 스이산 www.sakusui.jp ·············

선술집이지만 낮에는 해산물을 활용한 런치 메뉴를 제공하고 있다. 런치가 언제까지 제공될지는 알 수 없지만 500엔대의 저렴한 가격으로 인기를 얻고 있다. 저녁에는 해산물 요리뿐만 아니라 다양한 요리, 디저트도 제공하고 있다. 점심 메뉴는 매일 조금씩 바뀌고 있고, 매월 계절에 맞게 전체 메뉴를 교체한다. 홈페이지에서 날짜별로 메뉴를 확인할 수 있다. 100여 개가 넘는 가게가 있었지만, 현재는 전국적으로 40여 개가 운영되고 있다.

ドトール 도토-루 www.doutor.co.jp

1980년 도쿄에 문을 열어 현재 일본에서 가장 많은 점포를 가진 커피 전문점이다. 도토-루는 포르투갈어 'doutor'에서 왔는데, '박사, 의사, 학자'라는 의미가 있다. 아침에 카페 세트로 저렴한 가격에 샌드위치와 커피를 즐길 수 있다. 음료뿐만 아니라 저렴한 가격으로 샌드위치와 핫도그, 토스트 등을 제공한다.

タリーズコーヒー 타리-즈-코-히- www.tullys.co.jp

미국 시애틀에 본사가 있는 커피 전문점이다. 하지만 미국에서 라이센스 권한을 구매해 별도 회사로 운영되고 있다. 커피에 까다로운 젊은 여성을 손님의 주요 고객층으로 잡고 있어 커피에 대해 꽤 까다롭게 운영하고 있다. 11시 30분까지 핫도그, 샌드위치, 토스트 등의 모닝 세트를 판매하고 있다. 일부 매장에서 흡연할 수 있다.

コメダ珈琲 코메다코-히- www.komeda.co.jp

1968년 창업한 약간 오래된 느낌의 커피 전문점이다. 카페라기보다는 옛 분위기의 커피숍이기 때문에 손님이 읽을 수 있는 신문이나 잡지 등을 준비해 두고 있다. 11시까지는 음료를 주문하면 간단한 토스트를 제공하고 있다. 그 이후에는 샌드위치를 제공한다. 커피는 다른 곳보다는 조금 진한 맛으로 100엔을 추가하면 1.5배의 커피를 받을 수 있다.

サンマルクカフェ 산마루쿠카훼 www.saint-marc-hd.com/saintmarccafe/

별도 회사로 빵 유통도 하는 1990년 문을 연 커피 전문점이다. 빵 유통도 하고 있기 때문에 카페에서는 다양한 빵과 먹거리를 제공하고 있다. 아이들을 둔 부모를 위해 키즈룸을 둔 곳도 있다. 11시까지는 모닝 세트를 제공하고 요일마다 종류가 다른 빵을 저렴한 가격에 제공한다. 빵뿐만 아니라 아이스크림에 다양한 재료를 올린 파르페도 인기가 있다.

プロント 푸론토 www.pronto.co.jp

낮에는 카페 밤에는 바 형태로 운영하는 독특한 카페다. 10시까지는 모닝 세트, 10시 30분부터 14시까지 런치 세트를 일부 점포에서 저렴하게 판매하고 있다. 모닝 세트는 토스트, 머핀 등 빵 위주이고, 런치 세트는 파스타가 중심이다. 보통 17시부터 바로 운영된다. 카페일 때는 셀프서비스지만, 바로 변경되었을 때는 점원이 서빙한다.

星乃珈琲店 호시노 코-히-텐 www.hoshinocoffee.com

2011년 창업해 매장을 확장해 가고 있는 커피 전문점이다. 새우튀김 카레, 오므라이스처럼 제대로 된 식사 메뉴를 제공하고 있다. 하지만 커피에도 상당히 신경을 쓰고 있어, 핸드 드립 커피를 선택할 수 있다. 약간 오래된 느낌의 커피 전문점으로 인테리어를 꾸미고 있다. 커피와 팬케이크가 가게의 대표 메뉴다.

珈琲館 코-히-칸 www.kohikan.jp

1970년 문을 연 커피 전문점이다. 커피에 상당히 신경을 쓰는 곳으로 커피콩의 품질뿐만 아니라 커피콩을 볶을 때도 숯을 사용해서 볶는다. 손님에게는 높은 품질의 커피를 제공하기 위해 사이펀 방식 등으로 커피를 내린다. 도심보다는 주차장이 있는 교외 점포가 많다. 모닝 세트는 토스트와 핫도그를 중심으로 판매하고 있다.

カフェ・ド・クリエ 카훼 도 쿠리에 www.pokkacreate.co.jp

1994년 문을 연 카페 체인이다. 11시까지 모닝 세트를 제공하고 있다. 토스트와 함께 달걀, 소시지 등을 제공한다. 가격대는 다른 곳보다 조금 높은 편이다. 모닝 세트를 제외하고는 샌드위치, 핫도그, 파스타 등 음식 메뉴와 함께 음료를 세트로 주문할 수 있다. 얼음을 갈아서 만든 'ソルベージュ 소루베-쥬'라는 차갑고 달콤한 음료가 인기 있다.

鳥貴族 토리키조쿠 www.torikizoku.co.jp

오사카에 본사를 둔 꼬치구이 전문점이다. 메뉴의 가격을 통일하여 손님이 주문하기 편하게 했다. 오사카에서 지점을 빠르게 확장했기에 쉽게 찾아갈 수 있는 곳이다. 저렴한 가격이지만 재료의 신선함과 맛도 모두 수준급이다. 독특한 점은 'お通し 오토오시(일본 술집에서는 주문하지 않아도 손님에게 간단한 안주를 주고 돈을 받는 메뉴)'를 주지 않는다.

養老乃瀧 요-로-노타키 www.yoronotaki.co.jp

1956년 문을 열어 누구나 부담 없이 즐길 수 있는 술집을 목표로 한다. 4개의 이자카야 브랜드를 추가로 운영하고 있다. 만두, 꼬치구이, 해산물, 고기, 파스타, 피자까지 정말 다양한 메뉴를 제공하고 있다. 가게에서는 소고기덮밥도 판매하고 있는데, 1980년대에는 요시노야와 함께 소고기덮밥 메뉴로 인기를 얻기도 했다. 이 메뉴는 낮에만 제공되었지만, 지금은 저녁에도 먹을 수 있다.

魚民 우오타미 www.monteroza.co.jp

가게 이름처럼 신선한 해산물 요리가 많은 술집이다. 1인분 양으로 저렴한 가격에 각종 해산물과 초밥 등을 제공한다. 다른 이자카야처럼 튀김, 꼬치구이, 소바, 덮밥 등 다양한 요리가 준비되어 있다. 'もつ鍋 모츠나베'는 가게의 대표 요리로 곱창과 양배추, 부추 등 다양한 채소가 들어간 요리다. 쌀쌀할 때 먹으면 몸을 따뜻하게 할 수 있다.

和民 와타미 watami-zawatami.com

1992년 문을 연 술집으로 콘셉트를 이자카야와 패밀리 레스토랑의 중간 정도로 잡고 있다. 시간제한으로 3시간 맘껏 마시는 코스와 80종의 음식을 뷔페로 먹을 수 있는 코스가 있기 때문에 가족과 함께 와서 즐길 수 있다. 마음껏 마실 수 있는 코스도 있기 때문에 '和民市場'처럼 이름을 약간 변형한 이자카야도 운영하고 있다.

庄や 쇼야 www.daisyo.co.jp

싱싱한 해산물 요리를 중심으로 술을 마실 수 있는 술집이다. 고급스러운 느낌을 주기 위해서 일본 전통 건축법으로 인테리어를 꾸며 일본 가정집에 있는 듯한 분위기를 연출하고 있다. 해산물 요리뿐만 아니라, たこ焼き 타코야키, 달걀말이, 꼬치구이, 소고깃국, 튀김 등 다양한 메뉴가 있다. 해물 요리, 대중 술집을 전문으로 하는 다른 브랜드 체인점도 운영하고 있다.

八剣伝 핫켄덴

숯불로 굽는 꼬치구이를 중심으로 메뉴를 구성한 술집 체인점이다. 1984년 직영점이 문을 연 뒤에 다양한 브랜드 체인점을 운영하고 있다. 가게의 대표 메뉴인 '炭火焼き鳥 스미비 야키토리'는 가게에서 만든 특제 양념을 발라 숯불에 구운 것이다. 'つくね 츠쿠네'는 고기를 핫도그 모양으로 만들어 숯불에 구운 것이다. 소스, 소금, 치즈 등 다양한 맛을 선택할 수 있다.

ガスト 가스토 www.skylark.co.jp/gusto/ ·····················

저렴한 가격의 양식점으로 일본의 대표적인 패밀리 레스토랑이다. 모닝 세트나 아침 정식 등 식당과 카페를 넘나드는 메뉴 덕분에 사람들은 언제나 편하게 들어와서 식사할 수 있다. 아침에는 연어구이, 죽, 달걀 프라이 등이 있고, 점심에는 햄버거, 덮밥, 파스타 등 다양한 메뉴를 제공하고 있다. 또 식사 메뉴 이외에도 다양한 디저트를 갖추고 있다. 기간 한정 디저트도 있어 다양한 맛을 즐길 수 있다.

가게의 인기 메뉴는 'チーズインハンバーグ 치-즈인 함바-구'로 동그랗게 만든 함박스테이크를 자르면 그 안에 치즈가 듬뿍 들어가 있다. 'ビーフカットステーキ비-후캇토 스테-키'는 뜨거운 철판 위에 부드럽게 익혀진 소고기를 잘라 올리고 완두콩, 감자 등을 곁들인 것이다. 일본식 메뉴로는 'まぐろのたたきご飯 마구로노 타타키 고한'이 있다. 잘게 다진 참치 회를 밥 위에 올리고 김과 파를 뿌려준다. 참마와 낫토를 올려 먹기도 한다. 된장국이 함께 나온다.

ジョイフル 죠이후루 www.joyfull.co.jp ·····················

햄버거, 석쇠에 구운 고기 등 고기 요리를 중심으로 한 패밀리 레스토랑이다. 다른 곳과는 달리 상권이 활발하지 않은 곳에 저렴한 메뉴로 영업하는 곳이다. 다른 곳과는 달리 24시간 영업하는 지점이 많다. 고기가 메인이기 때문에 런치 메뉴로 함박스테이크, 스테이크, 튀김 등과 함께 수프, 밥이 함께 나오는 세트가 대부분이다. 모닝 세트는 된장국, 생선구이 같은 일본식 메뉴도 준비되어 있다.

인기 메뉴로는 'レギュラーツインハンバーグ 레규라- 츠인함바구'로 함박스테이크가 2개가 있어 볼륨감 있는 식사를 하려는 사람에게 적당하다. 하나는 치즈로, 하나는 후추로 맛을 더하기 때문에 끝까지 먹을 수 있다. 함박스테이크는 토마토, 데리야키, 양파, 마늘 간장, 후추 등 5가지 소스를 제공하기 때문에 취향에 따라 선택할 수 있다. 'カットチキンステーキ 캇토치킨스테-키'는 한입 크기로 자른 닭고기를 마늘 간장 양념을 더 해 채소와 함께 구운 것이다. 가격에 비해 양이 많고, 마늘의 향이 식욕을 돋운다.

サイゼリヤ 사이제리야 www.saizeriya.co.jp ·····················

이탈리아 요리를 중심으로 하는 패밀리 레스토랑이다. 저렴한 가격으로 어필해 성장했기 때문에 다른 곳보다 가격이 저렴하다. 가게의 중심 메뉴는 파스타, 피자, ドリア 도리아(버터 볶음밥이나 필래프(pilaf) 위에 화이트소스나 치즈를 뿌려 오븐에 구운 일본 요리) 등이다. 저렴한 가격 때문에 다양한 이탈리아 요리를 맛볼 수 있어 사람들이 자주 찾는다. 일부 재료는 이탈리아산을 사용한다.

사이제리야의 인기 메뉴는 500엔 정도로 해결할 수 있는 평일 런치 메뉴다. 11시부터 15시까지 9종류의 음식을 샐러드와 수프를 곁들여 판매한다. '鶏肉のオーブン焼き 토리니쿠노오-분야키'는 바삭하게 튀긴 닭고기에 발사믹 식초를 사용했다. 'オニオンソースのハンバーグ 오니온소-스노 함바-구'는 소스의 짭조름한 맛, 양파의 단맛, 부드러운 육즙이 어우러진 함박스테이크다. 'ほうれん草のスパゲッティ 호-렌소-노 스파겟티'는 시금치, 베이컨이 들어간 담백한 스파게티다. 다진 김도 올려져 있고, 칼로리가 낮아 여성에게 인기 있는 요리다.

デニーズ 데니즈 www.dennys.jp ·····················

미국에서 건너온 패밀리 레스토랑이다. 미국에서는 연중무휴로 아침, 점심, 저녁을 제공하는 가족을 위한 진정한 패밀리 레스토랑이다. 일본에서 영업하는 것은 상표권을 매입한 별도의 회사다. 메뉴는 햄버거, 스테이크, 파스타, 카레, 덮밥 등 다양한 메뉴를 제공하고 있다. 일정 가격 이상을 주문하면 배달도 해준다. 일본 회사이기 때문에 일본 음식에 영향을 받은 다양한 계절 메뉴도 판매하고 있다.

데니즈는 평일뿐만 아니라 주말에도 11시부터 15시까지 저렴한 런치 메뉴를 판매하고 있다. 'ビーフハンバーグ 비-후함바-구'는 평일과 주말에 즐길 수 있는 점심 메뉴로 소고기로 만든 함박스테이크다. 데미글라스 소스, 간장 소스 등 소스 선택이 가능하다. 'ハンバーグカレードリア 함바구 카레-도리아'는 일본산 돼지고기로 만든 함박스테이크 위에 매콤한 카레와 치즈를 올려 다양한 맛과 식감을 느낄 수 있다. 'チキン南蛮 치킨난반'은 바삭하게 튀긴 닭고기에 흑초와 타르타르 소스를 사용한 것이다. 새콤하고 달콤하면서 부드러운 식감을 느낄 수 있는 독특한 요리다.

ココス 코코스 www.cocos-jpn.co.jp ·····················

1979년 문을 연 일본 패밀리 레스토랑이다. 미국의 체인점으로 시작했지만, 현재는 다양한 일본식 음식도 판매하는 체인점이 되었다. 미국 체인점으로 시작했기 때문에 함박스테이크와 스테이크 등 고기류 메뉴가 많다. 하지만 이후 일본식 메뉴를 추가하여 현재는 다양한 일본 메뉴를 제공하고 있다. 독특한 것은 오전에 뷔페를 제공한다는 점이다. 빵, 스크램블, 생선, 채소, 수프, 스파게티 등 다양한 메뉴를 구성을 바꿔가면서 저렴한 가격에 제공하고 있다.

'ビーフハンバーグステーキ 비-후함바-구스테-키'는 마치 스테이크와 같은 느낌을 주는 고기를 좋아하는 사람들에게 환영받는 메뉴다. 소스는 마늘 스테이크, 데미글라스, 고추냉이 간장 마요네즈 등 3가지 소스를 선택할 수 있다. 식사 메뉴는 아니지만 'カリカリポテト 카리카리 포테토'도 인기 메뉴다. 바삭한 식감을 살린 감자튀김은 끊임없이 먹게 된다.

びっくりドンキー 빅쿠리동키· www.bikkuri-donkey.com ·····················

1968년 햄버거 전문점으로 문을 열었다. 맥도날드의 영향으로 메뉴를 조정해 함박스테이크, 밥, 샐러드를 하나의 접시에 담아 제공하는 메뉴를 시작했다. 함박스테이크와 스테이크를 핵심으로 하므로 질 좋은 소고기를 구매해 판매하고 있다. 오사카에서는 폐공장을 개조한 듯한 독특한 외형 때문에 쉽게 찾을 수 있다. 평일, 주말 가릴 것 없이 함박스테이크를 즐기려는 사람들로 붐비는 체인점이다.

'チーズバーグディッシュ 치-즈바-구딧슈'는 자체 제조한 간장 소스로 조리한 함박스테이크 위에 치즈를 올린 것이다. 소스와 잘 어울리도록 개발한 치즈는 진한 향을 내고 밥과도 잘 어울린다. 'おろしそバーグディッシュ 오로시소 바-구딧슈'는 함박스테이크 위에 무를 갈아 올려 느끼하지 않고 깔끔한 맛을 즐길 수 있는 메뉴다. 단 차조기 잎의 향이 강하기 때문에 주의해야 한다.

ジョリーパスタ 죠리·파스타 www.jolly-pasta.co.jp ·····················

1971년 문을 연 파스타를 메인으로 하는 패밀리 레스토랑이다. 다양한 파스타와 피자를 신선한 재료를 활용해 저렴한 가격에 제공하고 있다. 이탈리아 파스타 메뉴에 충실하면서도 다양한 일본풍 파스타 메뉴도 개발해 여러 세대의 입맛을 사로잡았다.

'スモークサーモンといくらの明太子クリーム 스모-쿠사-몬토 이쿠라노 멘타이코 쿠리-무'는 훈제 연어와 명란젓이 들어간 크림 파스타다. 연어의 향과 명란젓의 감칠맛이 크림과 잘 어우러진다. 'モッツァトマト 못사토마토'는 짙은 향의 모짜렐라 치즈가 듬뿍 사용된 토마토 파스타다. 토마토 소스는 이탈리아 산을 사용한다. '濃厚うに 노-코-우니'는 성게가 듬뿍 들어간 토마토소스를 활용한 메뉴. 게, 가리비, 오징어, 홍합 등 해산물의 풍미를 제대로 느낄 수 있다.

ビッグボーイ 빗구보-이 www.bigboyjapan.co.jp ·····················

미국에서 시작된 레스토랑으로 스테이크와 햄버거를 주메뉴로 한다. 매장의 특징은 오픈 키친에서 스테이크를 굽는 과정을 볼 수 있다는 것이다. 조리 과정을 공개해 가족들이 안심하고 먹을 수 있게 한다. 샐러드, 수프, 음료, 카레 등은 뷔페식으로 제한 없이 골라 먹을 수 있는 메뉴도 있다.

대표 메뉴로는 '大俵ハンバーグ 오-타와라 함바-구'로 2개의 함박스테이크로 볼륨감 있는 메뉴다. 중간 정도 익혀서 나오기에 굽는 정도를 고객이 조절할 수 있다. 소스는 양파, 마늘, 그레이비 등 3종류의 소스를 제공한다. 또 'チーズinハンバーグランチ 치-즈 인 함바-구란치'는 함박 스테이크를 자르면 부드럽게 녹아내린 치즈를 볼 수 있는 메뉴다. 데미그라스, 토마토소스를 고를 수 있다. 'The Rock ステーキ 더 락 스테-키'는 정말 볼륨감 있는 스테이크를 원하는 사람에게 적당하다. 450g의 엄청난 양에 다양한 소스가 있어 맛을 바꿔가며 풍부한 육즙을 즐길 수 있다.

맛있는 오코노미야키

鶴橋風月 츠루하시후-게츠 fugetsu.jp

1950년 오사카에서 문을 연 대표적인 오코노미야키 체인점이다. 창업한 지 60년이 넘어가면서 오사카뿐만 아니라 해외에도 체인점을 내고 있다. 대표 메뉴로는 가게의 이름을 건 '風月焼き후-게츠야키'로 오징어, 새우, 소고기, 돼지고기, 채소 등 다양한 재료가 들어갔다. '豚玉豚玉 부타타마'는 기본 오코노미야키지만 돼지고기와 양배추의 맛이 섞이고 가게만의 소스로 맛을 살린 메뉴다.

ごっつい 곳츠이 www.gottsui.net

도쿄를 중심으로 매장을 확장해 가고 있는 체인점이다. 재료를 자르는 방법, 섞는 순서, 굽는 방법까지 철저하게 자신들의 방법으로 만든다. 철판에서 천천히 재료를 익힌 뒤, 가게에서 만든 특제 소스를 발라 깊은 맛을 낸다. 인기 메뉴의 하나인 'ごっつい焼 고츠이야키'는 오코노미야키 위에 참마를 올려 색다른 맛을 더했다. 가게의 '焼きそ 야키소바'는 가게만의 면의 굵기와 소스를 만들어 다른 곳에서는 맛볼 수 없는 쫄깃한 식감과 맛을 즐길 수 있다.

千房 치보- www.chibo.com

1973년 문을 열어 하와이에도 매장을 둔 대형 오코노미야키 체인점이다. '大阪焼き 오-사카야키'라고 불리는 음식의 원형을 만든 곳으로 알려졌다. 오사카야키는 현재 철판구이 메뉴의 한 종류로 일본 각지에서 판매되고 있다. 이곳의 오코노미야키는 반죽에 고기, 양배추, 달걀 등 재료를 잘 섞어서 굽는 것이 특징이다. 오코노미야키가 잘 구워지면 소스와 마요네즈를 발라 먹으면 된다. 면이 두껍고 진한 소스를 더한 '大阪焼きそば 오-사카야키소바'도 인기 메뉴다.

110

ぼてぢゅう 보테쥬- www.botejyu.co.jp

1946년 오사카에서 포장마차에 가까운 형태로 문을 열었다. 여성 손님들을 위해 'お好み焼き 오코노미야키' 양념에 마요네즈를 더하거나 오코노미야키와 야키소바를 결합한 메뉴(モダン焼 모단야키)를 최초로 선보였다. 가게의 대표 메뉴 이외에도 홋카이도에서 기른 돼지고기를 넣은 '究極の豚玉 큐-쿄쿠노부타타마', 야키소바를 달걀로 감싼 '豚入りオムそば 부타이리오무소바'도 추천 메뉴다.

錦わらい 니시키와라이 www.nishikiwarai.com

교토에서 시작해 점포를 확대해 가고 있는 가게다. 오코노미야키의 가장 중심이 되는 재료인 양배추를 가장 맛있는 상태로 내놓기 위해 항상 상태를 확인하고, 가게에서 사용하는 면은 직접 생산한다. 가게의 대표 메뉴인 오코노미야키는 반죽과 달걀을 섞고 육즙이 가득한 돼지고기를 사용하여 부드럽고 달콤하다. 또 소스를 붙이지 않는 '京天焼 쿄-텐야키'는 재료에 향신료를 더해 겉은 바삭하고 속은 부드러운 식감을 제대로 느낄 수 있다.

くれおーる 쿠래오-루 creo-ru.com

오사카를 중심으로 오코노미야키와 타코야키가 유명한 가게다. 가게의 메인은 타코야키이지만 오코노미야키도 그에 못지않다. 7종류의 분말을 배합해 만들기 때문에 다른 곳에서 맛볼 수 없는 식감을 제공한다. 가게에서 판매하는 요리들은 모두 술안주가 되기 때문에 가볍게 한잔하기 좋다. 기본이 되는 '豚玉豚玉 부타타마'와 함께 달걀과 파가 올려진 '半熟玉子とねぎたっぷり 한주쿠타마고토 네기 탓푸리'를 즐기면 좋다.

ドンク 동쿠 www.donq.co.jp

1951년 문을 연 일본의 대표적인 베이커리 체인점이다. 프랑스 빵 제품을 중심으로 다양한 빵을 판매하고 있다. 가게의 인기 메뉴는 바게트(baguette)로 1965년 출시해서 이듬해 굉장한 인기를 얻어 가게의 이름을 알렸다. 당시에는 매일 가게 앞에 긴 줄이 생길 정도로 사람들의 관심이 대단했다. 집밥을 먹듯이 매일 먹을 수 있는 빵을 만들기 때문에 단순하고 질리지 않는 맛을 추구한다.

神戸屋 코-베야 www.kobeya.co.jp

1975년 문을 연 베이커리 체인점으로 본사는 레스토랑뿐만 아니라 과자와 빵을 대량 생산하는 회사다. 갓 만든 빵을 손님에게 맛있는 상태로 제공한다는 목표로 하고 있다. 빵은 옛날 방식으로 유화제와 같은 첨가물을 넣지 않고 만든다. 가게의 인기 메뉴는 크림빵으로 프랑스 시리즈(フランスシリーズ 후란스 시리-즈)로 불린다. 우유, 초콜릿, 아몬드, 딸기 등 다양한 맛으로 사랑받고 있다.

アンデルセン 안데루센 www.andersen.co.jp

창업주가 덴마크에서 먹은 빵에 감동해 덴마크를 테마로 1967년 문을 열었다. 가게 이름을 덴마크의 동화작가 한스 크리스티안 안데르센에서 따온 것도 그 때문이다. 2008년에는 덴마크 코펜하겐에 가게를 개점하기까지 했다. 가게에서 주목할 메뉴는 덴마크식 페이스트리(Danish Pastry)다. 창업주가 바로 이 빵에 반해 빵집을 열었기 때문이다. 덴마크의 단단한 버터를 사용하여 과일, 치즈를 얹어 파이처럼 구운 덴마크식 빵이다.

112

ヴィ・ド・フランス 뷔 도 후란스 www.viedefrance.co.jp ·············

1983년 프랑스 기술을 들여와 문을 연 체인점이다. 단순히 베이커리만 하는 것이 아니라 빵 반죽도 급식 업체에 판매하고 있다. 기차역 상권에서 쉽게 찾을 수 있는 가게로 출퇴근하는 직장인들이 자주 이용하는 빵집이기도 하다. '塩バターフランス 시오바타-후란스'는 스위스산 발효 버터와 소금으로 바삭하게 구운 빵이다. 'チョコフランス 초코 후란스'는 프랑스 빵 반죽에 초콜릿 조각을 넣은 달콤한 빵이다.

ポンパドール 폰파도-루 www.pompadour.co.jp ·············

1969년 문을 연 가게로 특이하게 프랑스 왕 루이 15세의 정부였던 '퐁파두르 후작 부인'의 이름을 따서 가게 이름을 지었다. 밀가루와 재료를 수입해 다품종 소량 생산으로 고객에게 최고의 맛을 제공하려는 가게다. 점포에서 다양한 빵을 직접 만들어 손님에게 제공하기 때문에 항상 맛있는 제품을 맛볼 수 있다.

BAGEL & BAGEL 베이글 앤 베이글 bagelbagel.jp ·············

1997년 문을 연 베이글 전문점이다. 매장은 많지는 않지만 급식업체를 중심으로 매출을 올리고 있다. 베이글이 중심이기 때문에 가장 기본이 되는 맛부터 주기적으 새로운 맛을 출시하고 있다. 'メープルウォルナッツ 메-푸루워루낫츠'는 메이플 시럽의 달콤함과 호두의 고소함이 만난 베이글이다. '抹茶ホワイトチョコ 맛차호와이토초코'는 가루 녹차와 달콤한 화이트 초콜릿 칩을 넣어 연한 녹색을 띠는 베이글이다.

Tasty Road
OSAKA

오사카,
맛있는 오사카

오사카에서 만나는 최초의 맛, 최고의 맛

Tasty Road
OSAKA

―

나카노시마

ZONE
01

NORTHSHORE

노스쇼어

🌐 34.691781, 135.507175 (2층)
⊕ MGR4+PV 오사카시

🖥 northshore.jp 🍴 1,200~TWD 🕐 07:00~19:00(런치 11:30~14:00) 🏛 연중무휴 📞 06-4707-6668 🏠 大阪市中央 北浜1-1-28 ビルマビル2F 🚇 지하철 堺筋線 사카이스지센 北浜 키타하마(K14) 역 1번 출구에서 도보 2분(100m)

北浜 키타하마 역에서 얼마 떨어지지 않은 곳에 맛있는 샌드위치를 먹으러 갔다. 계획으로는 아침에 문을 열 때 와서 맛있는 아침을 먹고 움직이려고 했는데 늦게 일어나고 말았다. 오늘 가려는 中之島 나카노시마에 있는 NORTHSHORE 노스쇼어는 테라스가 있어 강을 바라보며 음식을 먹을 수 있는 곳이다. 일찍 가서 좋은 자리를 잡으려고 했는데, 정말 아쉬웠다.

가게에 도착하니 이른 아침이었지만, 자리는 만석이었다. 그래도 기다리는 사람이 없어 20분 정도 기다리니 안으로 들어갈 수 있었다. 가게는 2층에 있어 테라스에서 바라보는 풍경이 정말 예뻤을 텐데 아쉬웠다. 바로 뒤에 들어온 여성은 운 좋게도 좌석이 비어 테라스로 향했다. 인생이란 참 알 수가 없다.

가게 내부는 목재를 활용해 편안한 분위기를 연출했다. 많은 사람이 식사하고 있었는데, 대부분 외국인 관광객이었다. 이곳은 과일가게를 운영하는 회사가 자신들의 과일을 좀 더 많은 사람에게 맛보게 하기 위해서 문을 연 곳이다. 그래서 과일과 채소를 활용한 메뉴가 많다. 과일과 채소의 품질에 대해서는 걱정하지 않고 맛있는 메뉴를 주문하면 된다. 가게의 대표 메뉴는 정말 푸짐해 보이는 샌드위치와 과일이 함께 담겨 나오는 팬케이크다. 손님 대부분이 샌드위치와 팬케이크를 먹고 있었다. 유럽에서 온 듯 보이는 외국인 가족만이 커다란 フルーツボール

후루·츠보·루(신선한 과일을 큰 접시에 담아 내오는 메뉴)를 시켜 달콤한 과일을 맛보고 있었다.

오전 시간이라 좌석은 만석이지만 기다리는 사람이 없어서 한가했다. 점심시간이 되면 긴 줄이 늘어서고 좌석이 꽉 차서 복잡해진다. 입구 옆으로 대기하는 의자가 있는데, 그곳이 꽉 차고 서 있는 사람도 있다. 보통은 테이크 아웃으로 많이들 가져가기 때문에 가게에 앉아 있

어도 주문하고 음식이 나오기까지 꽤 시간이 걸린다. 만드는 데도 시간이 걸리는데 주문까지 많으니 이곳은 느긋하게 시간을 보내며 음식을 즐겨야 한다.

가게 안으로 들어가면 한쪽에 신선한 과일과 채소를 갈아 만든 주스가 준비되어 있다. 채소와 과일을 신선한 상태에서 추출한 것이기 때문에 혹시나 관심이 있다면 맛봐도 좋다. 점원이 갈색 종이에 인쇄된 깔끔한 메뉴판을 가져다주었다. 날짜에 따라 메뉴가 조금씩 달라지지만, 샌드위치와 팬케이크를 먹을 수 있는 시간이었다. 'Caramel Banana キャラメルバナナ 카라메루바나나'와 'Sprout grilled chicken sandwich スプラウトグリルチキンサンドイッチ 스루라우토 구리루치킨 산도잇치'를 시켰다.

キャラメルバナナ 카라메루바나나가 먼저 나왔다. 팬케이크는 넓적하고 얇은 것이 아니었다. 겉은 바삭하게 구워진 작고 두툼한 팬케이크였다. 겉은 달콤하면서 바삭하고 안은 촉촉했다. 그리고 팬케이크 위에는 달콤한 생크림이 있었고, 그 주위로는 바나나와 견과류가 놓여 있었다. 생크림 위에는 꽃 한 송이가 올려져 있는데, 그냥 보기만 해도 흐뭇해졌다. 달콤하면서 맛있고, 커피와 잘 어울렸다.

중간중간에 테이크아웃이 있었는지, 샌드위치는 더 기다려야 했다. 드디어 샌드위치가 나왔다. 커다랗고 정성이 꽉 들어찬 샌드위치를 보니 왜 이렇게 시간이 오래 걸렸는지 알게 되었다. 새싹, 당근, 파프리카, 오이, 적양배추, 토마토 등 정말 많은 채소가 가늘고 길게 썰어져 샌드

위치 안에 차곡차곡 들어차 있었다. 그냥 넣은 것이 아니라 창고 안에 차곡차곡 쌓은 것처럼 놓여 있었다. 그리고 그 안에 두툼한 치킨이 들어가 있었다. 이렇게 먹음직스럽고 예쁜 샌드위치는 처음이었다. 자르는 것은 기계가 잘랐을지도 모르지만, 이렇게 정성 들여 예쁘게 쌓는 것은 손으로 일일이 했을 텐데, 정말 손재주가 좋은 사람인 것 같다. 일단 시각적으로 굉장히 만족스러웠다. 기다림은 이미 완전히 잊어버렸다. 그런데 문제가 하나 있었다. 너무나 두툼한 샌드위치라서 입으로 베어 물기가 쉽지 않았다. 조심스레 조금씩 조금씩 먹어야 했다. 정말 신선하고, 아삭하며, 달콤했다. 양도 많아서 반 정도 먹으니 배가 불렀다. 더구나 팬케이크까지 있어서 나머지 절반은 다 먹을 수 없어 포장을 부탁했다. 다른 손님들도 샌드위치 절반은 포장해 달라고 하였다. 그래서 점원이 포장하는데 쓰는 시간도 많았다. 신선한 채소와 과일로 배를 가득 채웠더니 몸과 마음마저 신선해지는 기분이었다.

- Sprout grilled chicken sandwich スプラウトグリルチキンサンドイッチ 스푸라우토 구리루치킨 산도잇치 (그릴 치킨, 채소 샌드위치) 1,200엔

메뉴

샌드위치

- Sprout vegitables sandwich スプラウトサンドイッチ 스푸라우토 산도잇치 (신선한 새싹과 채소가 가득한 샌드위치) 1,000엔
- Sprout tuna egg sandwich スプラウトツナエッグサンドイッチ 스푸라우토츠나 엣구 산도잇치 (참치와 달걀, 채소가 가득한 샌드위치) 1,100엔
- Sprout shrimp sandwich スプラウトシュリンプエッグサンドイッチ 스푸라우토 슈린푸엣구 산도잇치 (새우와 달걀, 채소가 가득한 샌드위치) 1,300엔
- Sprout pastrami sandwich スプラウトパストラミエッグサンドイッチ 스푸라우토파스토라미엣구 산도잇치 (훈제 달걀, 채소 샌드위치) 1,400엔

팬케이크

- Caramel Banana キャラメルバナナ 캬라메루 바나나 (바삭하게 구운 팬케이크에 바나나와 캐러멜을 올린 것) 1,200엔
- Berry Berry ベリーベリー 베리-베리- (블루베리, 딸기 등 베리류가 들어간 팬케이크) 1,300엔
- Tropical トロピカル 토로피카루 (열대 과일이 올려진 팬케이크) 1,400엔

*카페로 운영될 때만 가능. 시간은 조금씩 다를 수 있음

기타

- Fruit Bowl フルーツボール 후루-츠보-루 (계절 과일과 메이플 시럽 요구르트 등이 들어가는 과일 바구니) 1,200엔
- Acai Bowl アサイーボール 아사이-보-루 (계절 과일, 마카다미아, 코코넛, 메이플 시럽, 요구르트 등이 들어간 것) 1,200엔
- Fruit Granola フルーツグラノーラ 후루-츠구라노-라 (오리지널 그라놀라, 과일, 요구르트, 우유, 메이플 시럽 등이 들어감) 1,200엔

コバトパン工場

코바토팡 코조

🌐 34.692723, 135.515764

⊕ MGV8+37 오사카시

🖥 batongroup.shop-pro.jp　📧 700~TWD　🕐 08:00~19:00 (주말, 공휴일 18시까지)　🗓 수요일　📞 06-6354-5810　🏠 大阪市北
天 3-4-22　🚇 지하철 堺筋線 사카이스지센 北浜 키타하마(K14) 역 3번 출구에서 도보 15분(1.2km)

오랜만에 벚꽃 나들이를 나왔다. 그동안 바빠서, 비가 와서, 기분이 좋지 않아서 등 다양한 변명으로 나들이를 하지 않았다. 하지만 오늘은 밀린 일도 끝났고, 벚꽃이 만개했다는 방송을 보니 기분도 전환할 겸 밖으로 나왔다. 어느 곳을 갈까 하다가 카페가 많은 **南天満** 미나미텐마 공원 부근으로 가기로 했다.

강을 건너는 다리 위에 공원에 활짝 핀 벚꽃을 찾을 수 있었다. 이렇게까지 만개한 벚꽃은 처음이었다. 오랜만에 보는 벚꽃에 맑은 날씨까지 더해지니 기분이 상쾌해졌다. 평일인데도 많은 사람이 자리를 잡고 사람들과 이야기하고 있었다. 회사에서 나온 사람들도 보이고, 관광객도 보이고, 가족끼리 나와 잠을 자는 사람도 있었다. 모두 한가한 오전 시간을 보내고 있었다. 공원 바로 옆은 시원한 강물이 흐르고 있으니 강과 벚꽃이 어우러지는 풍경이 상당히 좋았다. 이런 풍경을 보기 위해 외국에서 관광객이 몰려온다고 하니, 그 이유를 알겠다.

작은 벤치에 앉아 한참 시간을 보내니, 배가 출출해졌다. 가까운 곳에 빵으로 유명한 곳이 있다고 해서 찾아갔다. 공원에서 그리 멀지 않은 곳에 작고 아기자기한 입구가 보였다. 정문 앞에는 빵을 만드는 남자 제빵사의 캐리커처가 있었다. 코믹한 얼굴로 빵을 만드는 모습이 재미있다. 가게의 외관은 1960년대 미국 잡지의 사진을 보는 느낌이었다. 그림 분위기나 인테리어 디자인이 과거의 모습을 새롭게 해석하고 있었

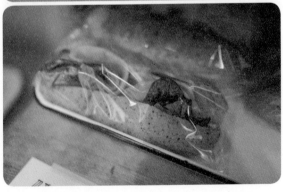

다. 그 독특한 외관에 사람들은 빵을 사기 전에 입구에서 기념사진을 찍었다. 2명이 앉을 수 있는 벤치가 있어, 그곳에서 사진을 찍으면 인상적인 기념사진을 남길 수 있다.

가게 입구는 1곳이지만 오른편에 손님에게 음료를 판매하는 곳이 한 곳 더 있었다.(안으로 들어갈 수는 없다) 빵을 먹고 싶은 사람은 왼쪽 문으로 들어가면 되고, 음료를 주문하고 싶은 사람은 오른쪽 입구에서 주문하면 된다. 왼편으로 들어가 보았다. 가게 내부는 굉장히 좁았다. 안쪽으로 빵을 만드는 공간은 넓게 두었는데, 실제 판매 공간은 굉장히 좁았다. 입구를 들어서면 한쪽 벽면을 가득 채운 핫도그들을 볼 수 있다. 소시지가 들어간 것이 핫도그라면 이곳은 자신들이 만든 소시지 빵에 다양한 재료를 채워 넣고 있었다. 같은 메뉴라도 크기가 2종류라서 다양한 메뉴를 먹어보고 싶은 사람들은 작은 크기의 핫도그를 살 수 있었다.

입구에 준비된 바구니를 들고 다양한 메뉴를 구경했다. 하지만 여유 있게 구경하기는 쉽지 않았다. 공간이 너무 좁고 손님들이 계속 들어왔다. 가게 안은 5명이면 공간이 꽉 찼다. 나머지 사람들은 밖에서 사람들이 빠져나오길 기다려야 했다. 기다리는 손님과 안에 있는 손님으로 북적이니 갑갑한 곳을 싫어하는 사람은 빨리 빠져나갈 수밖에 없었다. 사람이 없는 시간이었다면 천천히 구경할 수 있었을 텐데 아쉬웠다. 하지만 그런 시간대에는 이미 인기 있는 제품들이 다 팔리고 없기 때문에 그것은 그것 나름대로 문제가 있다.

메뉴에는 이름과 함께 제품에 대한 설명문이 붙어 있었다. 하지만 그냥 눈으로만 봐도 무엇이 들어갔는지 쉽게 확인할 수 있었다. 일단 あん塩バター 앙시오바타- (부드러운 빵에 버터와 달콤한 팥소가 들어간 빵), 純喫茶ドック 준킷사돗쿠 (카레 양배추와 소시지가 들어간 것), 白身タルタル 시로미타루타루 (흰살생선

튀김에 양배추와 타르타르 소스가 들어간 빵)을 골랐다.

밖으로 나와 오른편에서 커피 한잔을 주문해 다시 공원으로 향했다. 따뜻한 햇볕 아래 잘 포장된 핫도그 봉지를 열었다. 투명한 비닐봉지에 담겨 있기에 쉽게 꺼내 먹을 수 있었다. あん塩バター 앙시오바타 빼고는 모두 작은 크기였다. 아침을 먹지 않아서 3개를 먹어도 부담이 가지 않았다. 모두 맛이 좋았는데, 가장 인상적인 것은 あん塩バター 앙시오바타였다. 매우 부드러운 빵 안에 팥소와 버터가 들어가 있었다. 부드러운 버터가 녹으면서 달콤한 팥소와 만나 어우러지고, 그러면서 부드러운 빵이 느끼하거나 달콤한 맛이 강해지지 않도록 붙잡았다. 가게의 대표 메뉴라고 하더니 그 이유가 있었다. 다 먹고 나니 더 먹고 싶어져 タマゴサラダ 타마고사라다 (삶은 달걀을 마요네즈를 넣어 으깨 빵으로 감싼 것)를 더 사 왔다. 재료와 빵 모두 맛이 좋았다.

다 먹고 나니 이곳이 왜 이렇게 맛이 좋은지 깨달았다. 이곳은 재료도 신선하고 맛있지만, 그 이상으로 빵이 맛있었다. 빵의 맛이 재료의 맛을 기본 이상으로 끌어올려 주고 있었다. 재료의 궁합이라는 것이 이렇게 중요하다는 것을 깨달았다. 그리고 이곳은 빵을 홍보하기 위해 핫도그를 만든 것이 아닐까?

맛있는 빵과 즐거운 벚꽃 구경 그 모두를 즐긴 즐거운 산책이었다.

- あん塩バター 앙시오바타- (부드러운 빵에 버터와 달콤한 팥소가 들어간 빵) 130엔

메뉴

- タマゴサラダ 타마고사라다 (삶은 달걀을 마요네즈를 넣어 으깨 빵으로 감싼 것) 160엔
- イチゴ大福コッペ 이치고다이후쿠콧페 (딸기와 생크림을 넣은 빵) 350엔
- ミックスベリー チーズ 밋쿠스베리-치-즈 (치즈가 듬뿍 넣고 베리 잼을 넣은 것) 230엔
- カスタードチョコ 카스타-도쵸코 (커스터드 크림과 초콜릿이 들어간 것) 230엔
- 白身タルタル 시로미타루타루 (흰살생선 튀김에 양배추와 타르타르 소스가 들어간 빵) 190엔
- タマ助 타마 스케 (앙증맞은 소시지가 들어간 캐릭터 모양의 핫도그) 180엔
- お団子コッペ 오단고콧페 (녹차 크림과 팥소를 바른 빵 사이에 떡 경단을 넣은 것) 200엔
- カレーコロッケ 카레-고롯케 (카레와 크로켓이 들어간 것) 140엔
- 純喫茶ドック 준킷사독쿠 (카레 양배추와 소시지가 들어간 것) 190엔
- フルゴギ 부루고기 (한국식 불고기가 들어간 것) 250엔
- たまご焼そば 타마고야키소바 (삶은 달걀과 볶은 면이 들어간 것)

*크기에 따라 가격이 달라짐

음료

- ブレンド珈琲 부렌도코-히- (커피) 250엔
- アイス珈琲 아이스코-히- (아이스 커피) 300엔
- クリーンティー 구린-티- (녹차) 200엔
- ひやしあめ 히야시 아메 (칸사이에서 유명한 음료로 물엿이 들어간 달콤한 음료) 200엔

ZONE 01

AWAKE

어웨이크

34.693384, 135.504081
MGV3+CJ 오사카시

1,300 ~ TWD 11:30~15:00(런치 주말, 공휴일에는 11시부터) 15:00~17:00 (카페) 17:30~22:00(디너) 4번째 화요일 050-5589-6233 大阪市北 中之島1-1-27 大阪市中央公 堂 B1F 지하철 堺筋線 사카이스지센 北浜 키타하마(K14) 역 2번 출구에서 도보 6분(450m) 大阪市中央公 堂의 빨간 건물 정문을 끼고 왼쪽으로 돌면 지하로 내려가는 입구가 있다 건물 안으로 들어가서 바로 왼쪽에 입구가 있다. 건물 외부에 있는 출입구는 사용하지 않는다.

봄이라 그런지 날이 계속 쾌청했다. 오사카의 번화가가 있는 JR 오사카 역과 난바 사이에 있는 中之島 나카노시마는 평일에 산책하기 좋은 곳이다. 이 주변은 주로 회사원들이 일하는 비즈니스 건물들이 모여 있기 때문에 점심시간만 피한다면 정말 한가한 시간을 보낼 수 있다. 관광객들은 번화한 곳을 찾지 이런 한적한 곳을 찾지 않는다.

오랜만에 사자 동상이 인상적인 難波橋 나니와바시를 건너 中之島 나카노시마로 들어갔다. 나카노시마는 말 그대로 강 중간에 있는 조그마한 섬이다. 하지만 이제는 수많은 다리로 연결되었기 때문에 섬이란 느낌이 들지 않는다. 다리를 건너니 이제 봄을 준비하는 작은 공원이 보였다. 꽃을 심은 것 같은데, 아직 꽃봉오리는 보이지 않아 조금은 황량한 느낌이었다. 꽃나무 중간에 있는 벤치에는 책을 보는 사람들이 보였다. 화창한 날을 즐기는 그들을 보니 꽃이 피지 않아 황량한 공원이 조금은 활기차 보였다.

공원을 지나 大阪市中央公会堂 오-사카시 추-오-코-카이도-(오사카시 중앙공회당)이 보였다. 정말 예전에 방문했던 곳인데, 지금도 변함없이 그 자리를 지키고 있다. 이곳은 1909년 미국을 방문한 岩本栄之助 이와모토에이노스케라는 사람이 미국 부자들이 재산을 기부하는 것을 보고 감동하여 100만 엔을 오사카에 기부하면서 지어진 것이다. 1918년 완성되어 지금은 다양한 공연이 열리는 곳으로 사용되고 있다. 오랜만에 내부 모

습도 관람할 겸 안으로 들어섰다.

가장 밑에서 위로 구경하기 위해 정문 왼쪽으로 가서 지하로 내려갔다. 안으로 들어가니 돈을 기부한 사람의 흉상과 함께 오사카에 있는 다양한 건축물에 대한 설명이 있었다. 1900년대 초에 지어진 다양한 건물들에 대한 설명과 함께 당시 사진들은 쏠쏠한 재미가 있었다. 그리고 한쪽에 조그마한 상점이 있는데, 다양한 서적을 판매하고 있었다.

구경하다 보니 배가 고파서 식당을 찾았다. 정말 오래전에 이곳을 방문했던 기억이 있다. 오므라이스가 유명한 곳이었는데, 그 분위기가 상당히 독특했다. 드라마에 나오는 부잣집의 식사 시간 같았다. 서빙을 담당하는 남성분은 정장을 입고 움직임에도 절도가 있었다. 깔끔하게 정돈된 모습의 오므라이스를 절도 있게 테이블에 올려 주었다. 낯선 분위기에 상당히 긴장하고 먹었던 기억이 있다. 오므라이스는 정말 맛있었다.

그 기억으로 식당을 방문했는데, 메뉴판을 보다 당황했다. 이전의 그 식당이 아니었다. 이전 식당은 폐업하고 이제는 식당과 바를 겸하는 새로운 곳이었다. 런치 메뉴를 보니 적당한 가격이었다. 저녁 메뉴는 가격대가 있어서 여행객에게는 좀 부담스럽지만 런치는 괜찮았다. 런치의 메뉴는 2개 그리고 나머지는 코스요리였다. 코스도 괜찮지만, 이전에 먹었던 오므라이스가 생각나서 코스요리는 제외했다.

名物オムライス 메·부츠 오무라이스, **贅沢魚介のAWAKEカレー ライス** 제·타쿠교카이노 어웨이크 카레·라이스 이렇게 2개의 메뉴가 있어서 고민하다가 2개를 모두 다 시켰다. 과거의 맛과 어떻게 달라졌는지도 궁금했고, 카레도 먹고 싶었다. 이런 곳은 양이 적으니 2개를 먹어도 괜찮을 것 같았다.

음식이 나오는 것은 오래 걸리지 않았다. 오므라이스는 커다란 소고기 덩어리가 올려져 있었고, 부드러운 달걀 오믈렛 위에 향긋한 데미글라스 소스가 있었다. 데미글라스 소스는 은은한 토마토 향과 다양한 향신료가 섞인 복잡한 맛이었다. 부드러운 달걀과 잘 어울렸다. 소고기는 부드럽게 익어 입안에 들어

가면 그대로 풀어졌다. 소고기만 먹어도 맛이 있었다. 카레라이스는 신선한 채소와 해산물이 들어가 있었는데, 강하지 않고 부드러운 맛이었다. 채소의 단맛과 해산물의 쫄깃한 식감이 카레와 잘 어우러졌다.

밥을 먹으며 사람들이 들어오는 것을 보니 공연이 있던 것 같았다. 나이가 지긋하신 분들이 대부분이었다. 가게의 인기 메뉴는 오므라이스인지 모두 오므라이스를 시켜 맛있다고 감탄했다. 함께 나이를 먹고 공연을 보며 즐겁게 식사를 하는 그 모습이 정말 행복해 보였다. 오랜만에 맛있는 식사를 행복하게 했다.

- 名物オムライス 메-부츠 오무라이스 (큰 덩어리의 소고기가 들어간 데미글라스 소스 오므라이스) 1,250엔

- 贅沢魚介のAWAKEカレー ライス 제-타쿠교카이노 어웨이크 카레-라이스 (해산물을 듬뿍 사용한 카레) 1,250엔

음료 : 메뉴에서 200엔을 추가함
- コーヒー 코-히- (커피)   • 紅茶 코-차 (홍차)
- オレンジジュース 오렌지주-스 (오렌지 주스)
- グレープフルーツジュース 구레-후루-츠주-스 (그레이프프루트 주스)

런치 코스   1,600엔
*에피타이저 4종류에서 1개 선택
- 魚介類のサラダ仕立て 교카이루이노 사라다시타테 (낙지, 오징어, 감자, 토마토, 멸치, 달걀이 들어간 샐러드)
- パテド カンパーニュ 파테 도 칸파아뉴 (돼지고기를 잘게 썰어 익힌 요리)
- 季節のポタージュ 키세츠노 포타-주 (요리사 추천 걸쭉한 수프인 포타주)
- マグロとアボカドのタルタル 마구로토 아보카도노 타루타루 (참치와 아보카도에 마요네즈 소스) 500엔 추가

*메인 4종류에서 1개 선택
- 淡路島産鶏もも肉のコンフィディジョンマスタードのソース 아와지토오산 니와토리모모니쿠노 콘휘디존마스타-도노 소-스 (닭가슴살에 겨자 소스와 함께 감자, 녹두, 버섯 샐러드가 추가된 것)
- 的鯛のポワレ 마토오다이노 포와레 (조개류와 김 소스)
- 鴨ロース肉のロティ リンゴとの一皿 카모로-스니쿠노 로티 린고토노 히토사라 (푸아그라를 넣은 프랑스 찜 요리 테린과 사과) 600엔 추가
- 三重県産特選黒毛和牛のグリル 미에켄산 토쿠센쿠로게와규우노 구리루 (일본산 흑소를 구워 요리사 추천 소스를 추가한 것) 1,500엔 추가

포크를 떨어뜨렸어요.
フォークを落としてしまいました。 포-쿠오 오토시테 시마이마시타.

포크를 하나 더 받을 수 있을까요?
フォークをもう1本いただけますか? 포-쿠오 모- 입뽕 이타다케마스카?

一山

이치야마

🌐 34.690178, 135.503602
⊕ MGR3+3C 오사카시

🖥 www.ichiyama.jp 🍴 700~TWD ⏰ 11:00~18:20 📅 주말, 공휴일 📞 06-6231-6059 🏠 大阪市中央 高麗橋3丁目1-1 🚗 지하
철 堺筋線 사카이스지센 北浜 키타하마(K14) 역 2번 출구에서 도보 5분(400m)

어제 먹은 음식이 부담되었는지 속이 편하지 않았다. 아침에 나와서 산책하며 속을 진정시키려 했는데 생각처럼 되지 않았다. 한참을 걷다가 친구와 약속한 장소로 향했다. 아직 11시가 되려면 시간이 남아서 그런지 길가에는 사람들이 보이지 않았다. 中之島 _{나카노시마}는 평일에는 한적하다. 하지만 조금 있다가 친구와 만나 점심을 하려고 한다면 아마 점심을 먹으러 나온 회사원들의 엄청난 인파를 만나게 될 것이다. 지금은 사람이 없으니 이 도시에 혼자 살아남은 것 같다.

약속 장소로 가니 커다란 비즈니스빌딩 사이에 다소곳하니 숨어 있는 3층 건물이 보였다. 1층 입구에는 검은색 のれん _{노렌}이 걸려 있었다. 하지만 아직 문을 연 것은 아니었다. 가게 앞에서 친구를 기다리며 찬찬히 살펴보았다. 1926년 창업한 소바집이라고 하는데, 새로 지은 건물 때문인지 오래된 느낌이 없었다. 하지만 새롭게 꾸몄다고 해도 오래된 그 시간은 지울 수가 없는 것 같다. 새것인데 오래된 느낌이 든다.

친구가 와서 이야기하다 보니 가게 안에서 주인아주머니가 나와 선 간판을 치우고 문을 열었다. 문을 열자마자 들어가기가 어색해서 조금 더 밖에 있다가 안에 들어갔다. 내부는 말 그대로 깔끔했다. 하지만 무언가 오래된 디자인의 테이블과 의자였다. 테이블이 조금 낮아 보였지만, 앉으니 편안했다. 아무도 없는 가게에 앉아 메뉴를 보고 있으니 아주머니가 따뜻한 차 한잔을 내주셨다. 친구와 고민하다가 메뉴 3개를 시켰다. 차가운 소바는 바람이 쌀쌀한 오늘 같은 날씨에 좋지 않을 것 같아 따뜻한 소바로 시켰다. 天ぷらそば _{텐푸라소바}, たぬきとじ _{타누키토지}, 親子丼 _{오야코동}이었다.

たぬきとじ _{타누키토지}라는 메뉴는 소바집에서 처음 보는 메뉴라서 물어보니 속이 불편한 사람이 먹어도 편하게 먹을 수 있을 거라고 했다. 음식이 나온 것을 보니 그 이유를 알 수 있었다. 따뜻한 국물에 커다란 유부 2개가 올려져 있고, 국물

에 부드럽게 푼 달걀이 표면을 덮고 있었다. 수저로 떠먹어보니 달콤한 국물과 부드러운 달걀의 느낌에 정말 기분 좋아졌다. 국물과 소바는 또 얼마나 잘 어울리는지. 지금까지 불편했던 속이 그대로 풀려버렸다. 친구의 天ぷらそば 텐푸라소바는 따뜻하지만 달콤한 맛보다는 감칠맛이 더 강했다. 촉촉하게 국물에 젖은 새우튀김은 생각보다 괜찮았고, 소바도 맛이 좋았다.

그리고 친구가 먹으려고 시킨 親子丼 오야코동은 색달랐다. 사실 속이 불편해서 たぬきとじ 타누키토지로 만족하려고 했다. 하지만 한 숟갈만 먹어보라는 말에 먹어보고 오야코동에 반하고 말았다. 밥도 맛있었지만, 그 위에 올려진 달걀이 닭고기와 정말 잘 어우러졌다. 달걀을 익혔는데도 이렇게까지 부드럽게 만들어 밥과 어우러지게 한 것은 정말 오랜만이었다. 소스도 음식과 잘 어울렸다. 3개의 음식을 다 먹는 데 그리 오랜 시간이 걸리지 않았다. 그래서 그런지 음식을 다 먹고 나올 때가 되니 회사원들이 단체로 몰려오기 시작했다.

다들 쌀쌀한 날씨 때문인지 따뜻한 국물이 있는 소바를 주문했다. 90년 넘게 한 곳에서 사람들에게 사랑받는 식당은 다 그 이유가 있었다. 질 좋은 가다랑어포와 다시마로 국물을 만들고 주문이 들어오면 소바를 삶아 맛이 변하기 전에 손님에게 내는 작은 행동 하나하나가 모여 이런 오랜 역사를 만들었다고 생각한다. 잠시 여행객이 아닌 이곳 주민이 되어 그 맛을 즐기고 나가는 것도 재미있다.

- たぬきとじ 타누키토지 (두꺼운 유부와 부드럽게 푼 달걀이 들어간 소바) 680엔
- 親子丼 오야코동 (부드럽게 풀어진 달걀, 닭고기에 양념을 더해 밥 위에 올린 것) 700엔

메뉴

- おろしそば 오로시소바 (국물에 무즙과 깨를 넣어 먹는 메밀국수) 650엔
- おろしそば 納豆入り 오로시소바낫토오이리 (오로시소바에 낫토를 올린 것) 820엔
- 田舎そば 天ぷら入り 이나카소바텐푸라이리 (시골 메밀국수에 새우튀김을 올린 것) 900엔
- 田舎そば 天ぷら 納豆入り 이나카소바텐푸라 낫토오이리 (이나카소바텐푸라이리에 낫토를 올린 것) 1,020엔
- ざるそば 자루소바 (일반적인 장국에 찍어 먹는 메밀국수) 620엔
- 天ざる 텐자루 (자루소바에 새우튀김을 올린 것) 870엔
- 敦盛そば 아츠모리 소바 (따뜻하게 데워진 메밀국수) 620엔
- たぬきそば 타누키 (잘게썬 파와 튀김부스러기를 올린 메밀국수) 620엔
- せいろそば 세에로소바 (메밀 장국에 달걀을 넣은 것) 680엔
- とりなんば 토리난바 (국물에 닭고기를 넣어 고기의 단맛이 느껴지는 메밀국수) 650엔
- 天ぷらそば 텐푸라소바 (따뜻한 메밀국수 국물에 새우튀김을 넣은 것) 700엔
- 玉子丼 타마고동 (닭고기 없이 달걀을 풀어 올린 덮밥) 950엔
- ごはん 고한 (가게에서 만든 밥으로 위에 뿌려 먹는 후리카케 같은 것을 올려 준다) 200엔

モトコーヒー

<u>모토 커피</u>

🌐 34.692074, 135.506501
⊕ MGR4+RH 오사카시

🖥 shelf-keybridge.com 💴 500~TWD ⏰ 12:00~19:00 📅 부정기 📞 06-4706-3788 🏠 大阪府大阪市中央 北浜 2 丁目 1 1 北浜
ライオンビル 🚗 지하철 堺筋線 사카이스지센 北浜 키타하마(K14) 역 2번 출구에서 도보 2분(110m)

오늘은 한가한 시간을 보내고 싶어 강이 바라다보이는 커피숍으로 향했다. 천천히 길을 걷다 보니 なにわ橋 ^{나니와바시}가 나왔다. 이 다리는 704년에 만들어졌다고 한다. 오랜 역사를 지닌 다리인 것 같지만 1915년에 이곳으로 옮겨져 새로운 모습이 되었다. 다리의 각 모서리에는 커다란 사자상이 있어, 보기만 해도 웅장해 보이는 다리다. 이 주변에는 수많은 다리가 있지만, 이 다리만큼 인상적인 다리는 없다. 다리 위에서 바라보는 도시의 야경도 아름답다.

なにわ橋 ^{나니와바시}를 건너기 전 창문이 하나 없이 벽만 있는 단순한 건물이 보였다. 도로 쪽으로는 창문도 없고 1층에만 조그만 문이 있는 이 하얀 건물이 오늘 가려는 モトコーヒー ^{모토 커피}다. 모토커피의 특징은 모든 창문이 건물 바로 옆을 흐르고 있는 강을 바라보고 있다는 점이다. 1층(실제로는 2층)에는 테라스도 있어 선선한 강바람을 맞으며 시간을 보낼 수 있다. 또 해 질 녘에는 강과 건물이 어우러져 붉게 물드는 아름다운 풍경을 바라볼 수 있다.

가게 앞에는 이미 많은 사람이 순서를 기다리고 있었다. 안에 들어가서 물어보니 대기표에 이름을 올려두고 1시간 이상 기다려야 했다. 오늘은 이후로 다른 계획이 없었기에 대기표에 이름을 올렸다. 지하(실제로는 1층)는 강은 보이지 않지만, 자리가 있다고 했다. 오늘은 커피의 향을 음미하기보다는 강을 바라보며 시간을 보내고 싶었기에 지하는 사양하고 자리가 나기를 기다렸다. 날씨가 쌀쌀했기 때문에 굳이 테라스 석을 요청하지는 않았다.

가게 앞에 화단이 있어 그곳에 앉아 시간을 보냈다. 하늘이 어두워지기 시작할 무렵 순서가 되었다. 1층으로 들어가 커피와 티라미수를 주문했다. 티라미수는 럼주가 들어가 알코올이 남아 있다고 하니, 술이 약한 사람은 주의해야 한다. 곧 직원이 자리를 안내해 준다고 하면서 밖으로 나갔다. 따라가니 바로 옆에 있는 위로 올라가는 좁은 계단을 올라갔다.

직원은 3층으로 안내했는데, 테이블은 2개였다. 이미 3명의 일본 여성이 한쪽에 자리를 잡고 있었다. 안내받은 자리는 커다란 유리창 바로 옆에 있는 테이블이었다. 밖에 있는 나니와바시와 빠르게 흐르는 강이 보였다. 그리고 저녁놀에 물드는 여러 건물을 볼 수 있었다.

자리에 앉아 밖 풍경을 바라보고 있으니 안내한 직원이 커피와 케이크를 가져왔다. 그런데 갑자기 한국어가 들렸다. 직원이 한국어를 굉장

히 잘해 티라미수에 대한 설명과 커피에 대한 설명, 그리고 나갈 때 해야 할 일을 설명했다. 요즘 오사카에 한국어를 할 수 있는 직원이 많아져 편

할 때가 있다. 이 직원도 한국에 관심이 많아 한국어를 배웠다고 한다.

그런데 자세히 보니 직원은 손님을 안내하고 음료를 내오고, 손님이 나오면 그릇을 치우는 등 최소 3번은 계단을 올라와야 했다. 정말 피곤할 것 같았다. 긍정적으로 본다면 강제로 운동이 된다고 할까? 모토 커피는 1층에서 계산하고 올라오기 때문에 직원이 손님이 언제 나가는지 확인할 수가 없다. 그래서 테이블에 조그마한 나무 조각을 주는데, 이것을 나갈 때 1층에 가져다주어야 한다. 그러면 직원은 다음 손님을 받을 준비를 한다. 그리고 대기 손님이 많을 때는 직원이 손님에게 자리를 비워달라고 요청할 수 있다. 강제로 나가라는 것은 아니고 다른 손님에게 자리를 양보해 달라고 이야기한다. (실제로는 오래 있었으니 자리를 비워달라는 이야기지만 말투와 내용은 부드럽다) 옆에 있던 일본 여성 3명에게 직원이 부드럽게 이야기하는 것을 실제로 들었다. 강을 바라보며 느긋한 시간을 보내고 싶다면 가게가 마감할 때 오면 괜찮다. 하지만 기다리는 사람이 많다면 아예 입장하지 못할 수도 있다.

커피와 티라미수는 맛이 좋았다. 커피 그릇이 굉장히 독특해 눈이 갔는데, 알아보니 도예가가 만든 것을 사용한다고 한다. 이곳에서 만드는 커피는 커피콩부터 품질을 관리하는 스페셜 커피라고 한다. 그런 커피를 마시며 창밖의 풍경을 바라보는 그 느낌이 좋았다. 조금 아쉬운 것은 옆 테이블이 너무 열정이 넘쳤다.

일본 여성 3명은 한국을 여행한 이야기를 하며 한국에 다시 가고 싶다고 하였다. 각자 자신의 경험을 이야기하고 있었는데, 모두 좋은 경험뿐이었다. 요즘 일본 여성에게 한국은 정말 가고 싶은 곳이라는 소문을 들었는데, 실제로 그런 이야기를 들으니 뭔가 낯설었다. 한국이 정말 외국인에 그렇게 매력적인가? 한국하고 일본은 정치적으로는 사이가 정말 나쁘고, 실제로 한국인에게 싫다고 소리치는 사람도 있다. 하지만 또 한쪽을 보면 한국을 정말 좋아하고, 그 문화를 사랑해 주는 사람도 있다. 사람도 그렇지만, 한 나라의 한쪽 면만 보고 판단하는 것은 정말 어리석은 것 같다. 한국이 좋다는 이야기를 실제로 들으니 기분은 나쁘지 않았다. 한국에 대한 애정이 넘쳐 목소리 톤이 조금 높아서 아쉬울 뿐이었다. 부디 다음 여행에도 즐거운 추억만 가득하길 기원해 주며 가게를 나왔다.

- 커피 한 잔

메뉴

커피

- HIGH ROAST 浅煎り (산뜻한 맛의 커피) 450엔
- CITY ROAST 中煎り (곡물 향의 아련한 맛의 커피) 450엔
- FRENCH ROAST 深煎り (씁쓰레한 맛의 커피) 450엔
- FRENCH ROAST ビター (조금 쓴맛을 강조한 커피) 450엔
- ITALIAN ROAST フォルテ (산미가 없는 쓴맛이 강한 커피) 450엔
- SINGLE ORICIN (매주 바뀌는 커피) 500엔
- ESPRESSO エスプレッソ (커피콩에 증기를 쐬어 만드는 커피) 350엔
- AMERICANO アメリカーノ (에스프레소에 물을 넣은 것) 450엔
- CAFFE LATTE カフェラテ (에스프레소에 우유를 넣은 것) 550엔
- CAPPUCCINO カプチーノ (에스프레소에 우유 거품을 얹은 커피) 550엔
- CAPPUCCINO CON CACAO カプチーノ・コン・カカオ (카푸치노에 코코아 파우더를 뿌린 것) 550엔
- CAFFE MOCHA カフェモカ (우유에 초콜릿 시럽을 넣은 커피) 600엔
- EXTRA SHOT of ESPRESSO (샷 추가) 100엔

허브차

- CHAMOMILE (부드러운 단맛의 카모마일) 600엔
- GINGER LEMON MINT (생강, 레몬, 박하가 들어간 싱그러운 맛의 차) 600엔
- ROSEHIP LEMON (비타민이 풍부한 레몬 차) 600엔

차

- SPECIAL EARL GREY (얼그레이) 600엔
- ICED TEA (아이스티) 500엔
- CREAM ORANGE (루이보스차를 기본으로 바닐라와 오렌지 향을 더한 것) 600엔

음료

- APPLE JUICE りんごジュース (사과 100% 주스) 500엔
- BROWN RICE COFFEE 玄米珈琲 (현미를 볶아서 만든 디카페인 음료) 500엔

ZONE
01

Elmers Green Cafe

엘머즈 그린 카페

🌐 34.689256, 135.506860

⊕ MGQ4+PP 오사카시

🖥 elmersgreen.com 🍴 1,300~TWD 🕐 10:00~20:00 📅 부정기 📞 06-6223-5560 🏠 大阪市中央 高麗橋 1丁目 7-3 北浜プラザ 1階 🚇 지하철 堺筋線 사카이스지센 北浜 키타하마(K14) 역 4번 출구에서 도보 1분(20m)

난바 파크스

🌐 34.660699, 135.502161 (3층) ⊕ MG62+7V 오사카시

🕐 11:00~21:00 📅 부정기 📞 06-6567-9281 🏠 大阪市浪速 難波中2-10-70 なんばパークス 3階 🚇 지하철 御堂筋線 미도스지센 なんば 난바(M20, Y15, S16) 역 4번 출구에서 도보 8분(600m)

'Elmers Green Cafe 엘머즈 그린 카페'를 처음 방문했던 것은 난바 파크스에 있는 지점이었다. エッグサンド 엣구산도(달걀 샌드위치)에 빠져 있을 때였다. 오사카, 교토에 있는 유명한 달걀 샌드위치 가게는 다 찾아갔다. 부드러운 식빵 안에 든 보드랍고 폭신한 달걀이 으깨질 때 느껴지는 식감과 달콤하거나 짭조름하거나 매콤한 맛이 느껴지는 다양한 달걀 샌드위치가 주는 즐거움에 한동안 빠져 지냈다. 그렇게 다양한 달걀 샌드위치를 먹으러 다닐 때 엘머즈 그린 카페에 두툼한 달걀 샌드위치가 있다는 이야기를 듣고 방문했다.

번화가 난바에 있기 때문인지 가게는 매우 깔끔했다. 매장이 끝날 시간에 가서 사람들이 별로 없었기 때문에 쉽게 주문할 수 있었다. 'エッグサンド 엣구산도(달걀 샌드위치)'와 'キャロットケーキ 카롯토케-키(당근 케이크)'를 시켰다. 사실 당근 케이크는 달걀 샌드위치만 시키기 아쉬워 시킨 메뉴였다. 당근 케이크는 폭신한 케이크 주위를 부드럽고 달콤한 크림치즈가 감싸고 있었다. 굉장히 달콤해 커피와 잘 어울린다. 달걀 샌드위치는 달걀말이가 아닌 오믈렛 형식으로 만들어진 모양이다. 부드럽게 부서지는 달걀에 거슬리는 느낌이 없었다. 달걀은 굉장히 두꺼워 한 개만 먹어도 든든했다. 정말 맛있다는 감탄이 나오는 맛이었다.

이렇게 이전 기억을 되살리며 가게 문을 열고 들어갔다. 이곳은 中之島 나카노시마에 엘머즈 그린 카페다. 천장이 높고 벽 3곳이 유리문으로 되어 있기 때문에 채광이 좋다. 쾌청한 날 방문하면 세상을 아름답게 만드는 햇살이 가게 내부를 영화의 한 장면처럼 만든다. 가게 내부에 있는

빨간 벽돌 기둥은 그런 분위기를 더욱 살렸다. 안으로 들어서니 직원이 바쁘게 움직이며 손님에게 내갈 음식을 만들고 있었다. 그리고 그 앞 테이블에는 여러 빵, 과자, 디저트 등이 놓여 있었다.

점심 시간 전이어서 자리에 여유가 있었다. 가장 안쪽에 밖을 바라볼 수 있는 자리로 안내받았다. 테이블은 오래된 느낌을 주려고 한 것인지 나무 위에 발라 놓았던 스테인이 모두 벗겨져 있었다. 가장자리는 아직 스테인이 남아 있어 반질거렸지만, 중심부는 아주 오래된 초등학생이 쓰던 책상 느낌이었다. 가게 메뉴판은 사진이 함께 있어 쉽게 주문할 수 있다.

오늘은 햇살과 잘 어울리는 ツナ&チェダーサンド 츠나 체다-산도(레드와인으로 만든 참치, 치즈, 레터스, 토마토를 넣은 샌드위치)와 バナナケーキ 바나나케-키(바나나와 아몬드를 넣어 만든 케이크)를 주문했다. 음식과 함께 음료를 저렴한 가격에 마실 수 있어 커피를 주문했다. 이곳은 음식이 난바 지점과 달리 하얀색 접시에 담겨 나왔다. 난바 지점은 나무 판자를 접시 대신 사용해 독특한 분위기가 있었다. 하얀 접시는 유리창으로 들어오는 빛을 반사해 음식을 더 빛나게 했다. 음식을 내오며 가게에서는 계절 한정 디저트도 판매하고 있다고 점원이 이야기해 줘 추가로 주문했다.

샌드위치는 양상추가 두둑하게 들어가 있어 아삭한 식감이 있었다. 빵은 잘 구워졌고, 안에 든 재료도 좋았다. 식사 대용으로 가볍게 먹기 좋았다. 바나나가 들어간 디저트는 왜 이곳이 여성에게 인기 있는지 알 수 있을 만큼 수준이 높았다. 부드러운 맛에 은은한 단맛이 기분 좋게 다가온다. 달콤한 디저트와 차가운 커피를 마시며 따뜻한 햇볕을 맞으며 기분 좋은 시간을 보낼 수 있는 곳이다.

- Omelette sandwich エッグサンド 엣구산도 (부드럽고 폭신하게 만들어진 두툼한 오믈렛이 들어간 달걀 샌드위치) 700엔

메뉴

핸드 드립 커피

- Elmers green original blend エルマーズブレンド 에루 마-즈부렌도 (견과류나 초콜릿 같은 은은한 단맛의 커피) 450엔
- Single origin 本日のシングルオリジン 혼지츠노 신구루오리진 (콩을 볶는 사람의 추천 커피) 500엔
- Iced coffee アイスコーヒー 아이스코-히 (커피를 내리고 물에서 급랭한 차가운 커피) 450엔
- Café au lait カフェオレ 카훼오레 (진한 커피에 우유를 넣은 커피. 카페오레) 500엔
- Cafe au lait cream カフェオレクリーム 카훼오레쿠리-무 (카페오레에 크림을 올린 것) 550엔
- Viennese coffee ウインナーコーヒー 우인나-코-히- (커피에 휘핑크림을 듬뿍 올린 것. 비엔나커피) 500엔
- Coffee float コーヒーフロート 코-히-후로-토 (커피에 설탕을 넣고 바닐라 아이스크림을 넣은 것. 커피 플로트) 550엔
- Affogato アッフォガート 앗훠가아토 (바닐라 아이스크림에 커피를 넣는 이탈리아 디저트 아포가토) 550엔

음식

- Elmer's keema curry エルマーズキーマカレー 에루마-즈키-마카레- (채소와 돼지갈비를 이용한 카레로 마지막에 잘게 썬 쪽파를 대량으로 올림) 900엔
- Croque madame クロックマダム 쿠롯쿠마다무 (햄, 치즈, 소스 위에 반숙 달걀을 올린 토스트) 900엔
- Tuna & cheddar sandwich ツナ&チェダーサンド 츠나 체다-산도 (레드와인으로 만든 참치, 치즈, 레터스, 토마토를 넣은 샌드위치)
- Green salad グリーンサラダ 구린-사라다 (제철 채소로 만든 새콤한 샐러드) 300엔
- Pickles ピクルス 피쿠루스 (여러 채소로 만든 가게 맛 피클) 300엔
- Vegetable tart 本日の野菜タルト 혼지츠노 야사이타루토 (제철 채소를 사용한 타르트) 800엔
- Toast トースト 토-스토 (가게에서 만든 잼, 발효 버터를 올린 토스트) 400엔
- Granola グラノーラ 구라노-라 (아몬드, 마카다미아 등이 들어간 그래놀라) 550엔

디저트

- Granola cheese cake グラノーラチーズケーキ 구라노-라치-즈케-키 (가게에서 만든 그래놀라가 올려진 치즈 케이크) 520엔

- Carrot cake with cream cheese icing キャロットケーキ 캐롯토케-키 (당근 케이크에 부드러운 크림치즈를 감싼 케이크) 480엔
- Pudding キャラメルカスタード 캬라메루카스타-도 (씁쓸한 캐러멜이 들어간 푸딩) 520엔
- Plain scone プレーンスコーン 푸레-인스콘- (통밀을 사용한 가장 기본 스콘) 220엔
- Raisin scone レーズンスコーン 레-즌스콘- (건포도를 넣은 스콘) 280엔
- Banana cake バナナケーキ 바나나케-키 (바나나와 아몬드를 넣어 만든 케이크) 480엔
- Lemon butter cake ウイークエンド 위-쿠엔도 (레몬이 들어간 버터케이크) 480엔

음료

- Ginger ale ジンジャーエール 진쟈-에-루 (생강, 레몬, 설탕 등으로 만든 시럽에 탄산을 넣은 것) 550엔
- Hot ginger ホットジンジャー 홋토진쟈- (가게에서 만든 생강 시럽을 사용해 만든 따뜻한 음료) 500엔
- Honey lemonade ハニーレモネード 하니-레모네-도 (레몬즙과 꿀이 들어간 레모네이드) 500엔
- Apple juice りんごジュース 링고쥬-스 (부드러움과 달콤함이 가득한 사과 주스) 500엔
- Red wine from Chile グラスワイン 白リ 구라스와인 시로리 (약간 매콤함이 있는 화이트 와인) 500엔
- White Chili from Chile グラスワイン 赤チリ 구라스와인 세키치리 (과실의 맛이 가득한 레드 와인) 500엔
- Moretti モレッティ イタリア 모렛티 이타리아 (쓴맛이 강한 맥주) 600엔

ZONE
01

玄三庵

겐미안

🌐 34.690992, 135.500475 (B1)
⊕ MGR2+C5 오사카시

🖥 www.genmian.lunch-box.jp 📖 1,100~TWD 🕐 11:30~22:00 🗓 연중무휴 📞 06-6221-5539 🏠 大阪市中央 今橋4-1-1 淀
屋橋odona B1F 🚇 지하철 御堂筋線 미도스지센 淀屋橋 요도야바시(M17) 역 3번 출구에서 도보 3분(240m)

잡지, 신문, 방송 등 다양한 매체에서 건강에 관해 이야기하는 사람들을 쉽게 찾아볼 수 있다. 건강을 챙기는 일은 이제 너무나 당연하고 자연스러운 일이 되었다. 일본에서도 많은 사람이 건강을 챙기는데, 가장 쉽게 할 수 있는 것이 바로 음식으로 건강을 챙기는 일이다.

일하다 보면 스트레스로 굉장히 피곤할 때가 많다. 이럴 때는 건강한 음식으로 몸과 마음을 치유하고 싶다. 그래서 오늘은 신선한 재료로 건강한 식사를 만드는 식당에서 점심을 먹기로 했다. 가게는 淀屋橋 odona 요도야바시 오도나라는 건물 지하에 있다. 1층에서 지하로 내려가는 입구를 찾는 것이 힘들었지만, 입구만 찾으면 지하 1층으로 내려가 쉽게 가게를 찾을 수 있다. 가게는 공간이 굉장히 좁았다. 임대료가 비싼 中之島 나카노시마에서 자리를 잡기 위해 이런 곳에 있는 것일까? 가게 입구는 식당이라기보다는 아이들 공부를 시키는 학원 같았다. 입구에는 조그만 선간판에 커다란 사진이 붙어 있었다. 가게의 대표 메뉴인 39品目の健康定食 산주·큐·힌모쿠노 켄코·테·쇼쿠였다.

가게 안으로 들어가니 이미 좌석이 꽉 차 있었다. 조그마한 공간도 모두 활용하기 위해 정말 최적의 작은 테이블이 준비되어 있었다. 밖에서 잠시 기다리니 곧 자리가 나서 들어갈 수 있었다. 가게 안에서는 메뉴판과 함께 작은 녹색 주스를 가져다주었다. 정말 달콤하고 시원한 느낌이 드는 채소 주스였다. 가게에서 판매하고 있는' 飲む野菜サラダ 노무 야사이사라다라는 주스'였다. 박하, 바질, 파슬리 등의 허브와 제철 채소를 사용해 사과 주스와 함께 만든 채소 주스다. 사과의 달콤함과 허브, 채소가 만드는 향이 좋았다. 가격대가 조금 높지만, 건강을 생각한다면 한잔 마시고 싶은 주스였다.

玄三庵 ^{겐미안}은 런치와 디너의 가격이 다르다. 그래서 런치에 더 사람이 몰리는 것인지도 모르겠다. 런치 메뉴에 카페에서 판매하는 음료 및 디저트도 준비되어 있기 때문에 런치 시간 이외에는 가게에서 만든 디저트를 맛보는 것도 좋다.

대표 메뉴인 39品目の健康定食 ^{산주-큐-힌모쿠노 켄코-테-쇼쿠}는 제철 채소를 중심으로 39개가 넘는 재료로 만드는 신선하고 몸에 좋은 식사다. 현미밥, 제철 채소 반찬 3종, 보리 된장국, 샐러드 등이 나온다. 그리고 런치 메뉴에서는 가게에서 만든 두유 푸딩이 디저트로 나온다. 오늘은 돼지고기와 톳, 절임 채소 등이 나왔다. 음식은 모두 간이 세지 않고 현미밥과 잘 어울렸다. 단순히 재료만 좋은 것이 아니라 당근, 토마토, 브로콜리, 양상추 등 여러 재료를 통해 색깔도 잘 어우러졌다. 밥과 된장국은 리필이 가능하기 때문에 든든하게 먹을 수 있다. 메인 요리는 계획을 짜 매일 다르게 구성하고 있다. 홈페이지에서는 이를 공지하고 있기에 혹시 피하고 싶은 요리라면 사전에 확인할 수 있다.

가게의 메인 요리만 먹기 아쉬워 다른 메뉴도 시켰다. 地鷄の甘辛玄米丼 ^{지도리노 아마카라겐마이동}이라는 메뉴는 토종닭을 튀겨 신선한 채소와 함께 덮밥으로 만든 것이다. 사전에 밥양을 설정할 수 있는데, 곱빼기로 해도 가격이 추가되지 않는다. 따로 나오는 반찬과 된장국은 가게의 다른 메뉴와 같다.

밥을 모두 먹고 부드럽고 고소한 두유 푸딩까지 먹으니 그동안 일 때문에 받았던 스트레스가 조금이나마 가시는 기분이다. 건강을 챙긴다면 제일 먼저 먹는 음식부터 챙겨야겠다.

추천 메뉴

- 39品目の健康定食 산주-큐-힌모쿠노 켄코-테-쇼쿠 (제철 채소로 39품목 이상의 재료를 사용한 정식) 1,080엔

메뉴

런치

- 地鶏の甘辛玄米丼 지도리노 아마카라겐마이동 (닭고기를 튀겨 현미밥에 올린 메뉴) 980엔
- 野菜たっぷり玄米カレー 야사이 탓푸리 겐마이카레- (채소를 듬뿍 사용한 매운맛 카레) 980엔
- 野菜たっぷりビビン丼 야사이 탓푸리 비빈동 (다양한 채소를 사용해 고추장으로 마무리한 비빔밥) 890엔
- ★점심시간에는 두유 푸딩을 서비스 함
- ★시간대에 따라 가격이 달라짐. 런치 기준 가격

카페

- アフタヌーンセット 아후타눈-셋토 (케이크 2종과 두유 푸딩, 채소 칩 등이 나옴) 980엔
- ドリンクセット 도링크셋토 (애프터눈 세트에 음료가 붙은 것) 1,330円
- 玄米タルト 겐마이타루토 (바삭한 타르트 반죽에 제철 채소와 과일을 올린 디저트) 480엔
- 玄米パウンドケーキ 겐마이파운도케-키 (부드러운 파운드 케이크) 420엔
- 玄米パフェ 겐마이파훼 (현미 플레이크와 아이스크림, 튀김 떡 등을 올린 파르페) 610엔
- ガトーショコラ 가토-쇼코라 (우엉, 무화과 초콜릿을 사용한 케이크) 450엔
- カマンベールチーズケーキ 카만베-루 치-즈케-키 (프랑스산 카망베르 치즈를 사용한 케이크) 520엔

음료

- 飲む野菜サラダ 노무 야사이사라다 (박하, 바질, 파슬리 등의 허브와 제철 채소를 사용한 채소 주스) 610엔
- 有機栽培コーヒー 유우키사이바이코-히- (유기농 커피) 440엔
- 有機栽培紅茶 유우키사이바이코-차 (유기농 홍차) 440엔
- 奈良たんぽぽ堂さんのたんぽぽコーヒー 나라 탄포포 도오산노 탄포포코-히- (나라 지역의 커피) 500엔
- 豆乳オーレ 토-뉴-오-레 (두유에 우유를 넣은 것) 480엔

なにわ翁

나니와오키나

🌐 34.696286, 135.505944

⊕ MGW4+f9 오사카시

🖥 naniwa-okina.co.jp 💴 1,000~TWD ⏰ 11:30~20:00 📅 월요일, 일요일 📞 06-6361-5457 🏠 大阪市北 西天 4-1-18 🚇 지하철 堺筋線 사카이스지센 北浜 키타하마(K14) 역 2번 출구에서 도보 9분(650m)

자기 일을 사랑하는 사람은 얼마나 있을까? 얼마 전에 읽은 책에서 사람들이 돈을 버는 것보다 지금의 삶에 만족하며 할 수 있는 일을 찾는 다는 내용을 읽었다. 자신이 사랑하는 일을 하며 돈까지 벌 수 있다면 그 사람은 정말 전생에 나라를 구할만큼 큰일을 했다고 생각한다. 그만 큼 자신이 사랑하는 일을 하며 돈을 번다는 것은 쉬운 일이 아니다. 자신이 사랑했던 혹은 취미로 했던 일이 돈과 얽히게 되면 그동안 보이지 않았던 일들이 보이고 작은 일에도 민감해진다. 돈이란 인생에서 결코 작은 부분이 아니기 때문이다. 이런저런 이야기를 하더라도 자신이 하고 싶은 일을 즐겁게 하며 돈까지 벌 수 있다면 참 행복할 것이다. 오사카에는 수많은 식당이 있고, 그곳에서 많은 사람이 일한다. 그들은 식당 일을 정말 좋아하며 일을 하는 것일까? 그 누구도 알 수가 없다. 하지만 손님에게 음식을 내가는 모든 과정을 자기 손으로 해결하려는 사람이 있다면 그는 요리를 즐기며 일을 하는 것이라 생각한다.

오늘 찾아가는 소바집은 1930년에 오픈해서 유명한 가이드북에도 소개가 되었다는 집이다. 소바의 맛을 위해 직접 메밀을 가는 제분소까지 차려 그날 사용할 소바를 직접 가루로 만들고 그 가루로 면을 뽑아 손님에게 접대한다. 물은 지하수 혹은 정수한 물을 사용하고 모든 재료는 주인이 만족한 품질의 것을 사용한다. 누구는 말할 것이다. 모든 것을 자기가 하려고 한다면 효율적이지 못하다. 하지만 자신이 만족할만한 제품을 내놓고 싶을 때는 가끔 무모한 행동이라도 밀고 나갈 수밖에 없다. 자신이 즐겁고 돈을 벌 수 있다면 된 것이 아닐까? 단지 그렇게 정성 들여 만든 제품이 제대로 사용되지 않았을 때 슬플 뿐이다.

가게 입구는 새롭게 지어졌는지 매우 깔끔하다. 가게 입구에는 가게의 대표 메뉴인 ざるそば 자루소바가 모형으로 전시되어 있다. 일단 깔끔한 외형에 만족스럽다. 조심스럽게 문을 열고 안으로

들어갔다. 점심시간을 피했더니 손님은 2팀밖에 없었다. 나이가 많으신 어르신이 가족들과 함께 소바를 맛보기 위해 방문한 모양이었다. 주인이 나와 인사하며 이야기를 나누고 있었다.

메뉴판은 밖에서 훑어봤지만, 테이블에 놓은 것을 다시 보았다. 테이블은 커다란 원목을 사용한 테이블이었다. 가게 분위기와 잘 어울렸다. 테이블은 몇 개 없어 많은 손님을 받기 어려웠다.

아마 소바 하나하나를 제대로 만들기 위해 받는 손님의 수를 제한한 것 같았다.

메뉴를 보고 ざるそば ^{자루소바}와 にしんそば ^{니신소바}를 시켰다. ざるそば ^{자루소바}는 가게의 대표 메뉴이기 때문에 시켰고, にしんそば ^{니신소바}는 전에 교토에서 먹은 것이 맛있어 다시 먹고 싶은 생각에 시켰다. 주문하고 앉으니 짙은 갈색의 차를 점원이 내왔다. 어떤 차인지는 모르겠지만, 쌀쌀한 날씨에 굳어진 몸을 따뜻하게 풀어 주었다.

곧 ざるそば ^{자루소바}가 나왔다. 겉모습만 봐서는 다른 소바집과 다른 것을 느끼지 못하겠다. 조그만 호리병에 담긴 장국을 그릇에 붓고 잘게 채를 썰어 나온 파를 넣고 고추냉이를 조금 넣었다. 그리고 소바를 떠서

찍어 먹었다. 매우 부드럽게 넘어간다. 그리고 맛있다. 자극적인 맛은 일절 없다. 딱히 부족한 것도 없다. 그냥 맛있다. 그리고 계속 먹고 싶어진다. 아마 예전에는 이 맛이 왜 좋은지 몰랐을 것 같다. 음식에 대해 다양한 경험이 쌓이고, 입맛이 변하면서 이제는 이런 맛이 좋다. 심플하지만 끌어당기는 맛. 기본이 되어야만 이룰 수 있는 맛이다. 언제 어느 상황에 먹어도 맛있게 먹을 수 있는 맛이다.

자루 소바를 그대로 다 먹을 때쯤 にしんそば ^{닌신소바}가 나왔다. 가게에서 만든 청어찜을 따뜻한 국물과 소바 위에 올렸다. 일단 청어만 먹어보았다. 달콤하고 부드러웠다. 어떻게 만들었는지 모르겠지만, 이곳의 청어도 맛있었다. 소바는 ざるそば ^{자루소바} 때와 달리 따뜻했지만, 그래도 식감은 살아 있었다. にしんそば ^{닌신소바}는 ざるそば ^{자루소바}보다 맛이 강해 밋밋한 맛을 싫어하는 사람은 좋아할 것 같다. 생선의 고소한 향과 양념의 달콤함이 잘 어우러졌다. 따뜻한 국물에 풀어지는 양념은 국물의 맛을 변화하게 해 먹을 때마다 즐겁게 했다. 먹다가 느끼하다고 느꼈지만, 쟁반 한쪽에 놓인 七味 ^{시치미}를 뿌리면 좋다. 산초를 포함한 향신료가 매콤한 자극을 주어 느끼한 맛을 잡아준다.

なにわ翁 ^{나니와오키나}는 심심하다. 기본을 지키기에 심심하고, 맛에 자극이 없어 심심하다. 하지만 그 심심함이 얼마나 어려운 것인지를 알아주었으면 좋겠다. 텔레비전에 나왔다고 다 맛있는 것은 아니고, 또 다 맛없는 것은 아니다. 가끔은 진짜도 등장하니까 말이다.

- ざるそば 자루소바 (탄력 있는 메밀국수) 900

메뉴

수타 메밀국수

- ざるそば 자루소바 (탄력 있는 메밀국수) 900엔
- かけそば 카케소바 (메밀의 맛을 느낄 수 있는 국물이 있는 메밀국수) 850엔
- 太打ちの十割そば 후토 우치노 주우와리소바 (메밀가루로만 만든 메밀국수로 부드러운 느낌과 맛과 향이 강함) 1,100엔
- 釜揚げそば 카마아게소바 (메밀국수를 메밀 물과 함께 담아 나온 것) 900엔
- 太打ちの十割そば 후토 우치노 주우와리소바 (메밀만으로 만든 굵고 검은색의 메밀국수) 1,100엔

차가운 메밀국수

- 辛味大根 おろしそば 카라미다이콘 오로시소바 (매운맛과 상쾌함을 주는 무를 넣어 먹는 메밀국수) 1,130엔
- 山かけそば 야마카케소바 (메밀국수 위에 참마를 갈아 올린 것) 1,340엔
- 鴨ざるそば 카모자루소바 (껍질째 구운 오리를 장국에 넣어 오리의 향을 더한 메밀국수) 1,700엔
- にしんざるそば 니신자루소바 (가게에서 만든 부드러운 청어찜을 장국에 담궈 메밀국수와 함께 먹는 것) 1,700엔
- 冷にしんそば 히야시 니신소바 (국물 없이 차가운 면 위에 청어찜을 올린 것) 1,650엔

따뜻한 메밀국수

- ゆばそば 유바소바 (부드러운 유바를 올린 메밀국수) 1,230엔
- 鴨なんば 카모 난바 (부드러운 오리의 맛이 배어 나온 국물의 메밀국수) 1,540엔
- とろろおろしそば 토로로오로시소바 (참마를 갈아 올리고 김을 뿌리고 고추냉이를 올린 메밀국수) 1,340엔
- にしんそば 니신소바 (그릇을 가득 채우는 청어찜을 넣은 국물이 있는 따뜻한 소바) 1,540엔
- 花巻そば 하나마키소바 (고급 김을 올리고 고추냉이를 올린 메밀국수) 1,230엔
- そばがき 소바가키 (면이 아닌 메밀가루를 반죽해 만든 심플한 것) 1,130엔

기타

- やきみそ 야키미소 (나무 주걱 위에 바른 된장을 불에 구운 것) 310엔
- 板わさ 이타와사 (얇게 썬 어묵에 고추냉이를 둔 것) 460엔
- 自家製にしん棒煮 지카세에 니신보오니 (청어찜) 770엔
- なめこ辛味大根 나메코카라미다이콘 (매콤한 무 위에 버섯 조림을 올린 것) 460엔

- 鴨のうま煮 카모노 우마니 (오리찜) 620엔
- 焼き海苔 야키노리 (김구이) 620엔

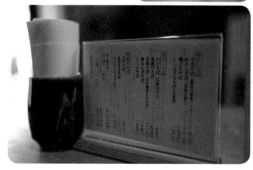

モンシェール

몬 쉐르

🌐 34.694863, 135.495402
⊕ MFVW+W5 오사카시

💻 www.mon-cher.com 📧 700~TWD 🕐 09:00~21:00 (토·일·공휴일 20시까지) 🏧 부정기 📞 06-6136-8003 🏠 大阪市北 堂島
浜2-1-2 🚗 지하철 四つ橋線 요쓰바시센 西梅田 니시우메다(Y11) 역 9번 출구에서 도보 6분(약 450m)

생크림은 하얗고 점성이 강한 식품이다. 자세하게 이야기하면 우유에서 비중이 적은 지방분(유지방)을 분리한 것인데, 지방의 함량에 따라 더 세밀하게 분류된다. 제품에 따라서는 유통기한을 늘리기 위해 식물성 경화유를 섞은 것도 있어 생크림마다 맛이 천차만별이다. 일본에서도 마찬가지로 가게마다 생크림을 만드는 법이 달라서 제품의 맛이 달라지고 그 맛에 따라 인기가 결정된다. 가게마다 생크림 만드는 비법은 당연히 비밀이다.

이렇게 다양한 생크림이 있기에 생크림 맛에 대한 평가 또한 사람마다 다르다. 하지만 생크림을 부담스러워 하는 사람은 제대로 된 생크림을 먹어보지 못해서 그럴 거로 생각한다. 제대로 만든 맛있는 생크림은 많은 양을 먹어도 전혀 부담스럽지 않다. 오히려 솜털처럼 가볍고 입안에서 은은한 단맛이 나면서 목으로 넘어가는 그 느낌에 빠질 수밖에 없다.

일본 먹거리의 중심, 오사카에서는 맛있는 생크림 제품을 파는 곳이 많다. 그렇다고 그 가게들이 전부 맛있냐고 묻는다면 대답하기 어렵다. 개인차가 있기 때문이다. 하지만 이미 수많은 사람에게서 인정받은 가게라면 괜찮은 가게라고 말할 수 있지 않을까?

몬쉐르는 그런 맛있는 생크림 제품을 파는 곳이다. 아니, 가게의 이름은 맛있는 생크림 제품의 이름에 가려서 사실 잘 알려지지 않았다. 오히려 제품 이름인 '堂島ロール 도지마롤'이 더 널리 알려져 있고, 사람들도 가게 이름보다 도지마롤이라는 이름을 기억하고 가게를 찾아온다. 하지만 도지마롤이란 것은 도지마 지역의 롤케이크이기 때문에 다른 가게에서도 비슷한 제품을 판매한다. 도지마롤로 가게를 찾는다면 몬 쉐르를 찾기가 쉽지 않다.

도지마롤은 겉으로 보면 정말 단순한 제품이다. 가운데 생크림이 있고 겉을 빵으로 둘러싼, 그야말로 평범한 롤케이크이다. 하지만 그 맛은 절대 평범하지 않다. 가게의 창업주는 유럽을 여행할 때 사람들이 스위트를 즐기는 모습을 보고

성인도 즐겁게 즐길 수 있는 스위트를 만들고 싶다고 생각해 가게를 개
점했다고 한다. 가게를 **堂島** ᵈᵒᶻᶤᵐᵃ 지역에 오픈한 것은 이전까지 오사카,
아니 일본 상업의 중심지가 바로 도지마였기 때문이다. 그래서 도지마
는 '일본의 뉴욕'이라고까지 불렸다. 이런 상업의 중심지는 상류층 활동
의 중심지였고, 몬쉐르는 바로 이곳을 공략했다. 도지마롤의 인기는 정
말 말로 표현할 수 없을 정도로 대성공이었다. 수많은 지점이 있지만 지
금도 본점의 맛을 보기 위해 사람들은 줄을 서서 도지마롤을 사 간다.
본점에서 먹어야 진정한 맛을 느낄 수 있다고 생각하기 때문이다.

　도지마롤 안에 들어간 생크림은 일반 생크림과는 달리 매우 가볍다.
솜털처럼 가볍고 촉촉하며 입안을 부드럽게 휘감는 생크림은 겉을 둘

러싼 빵과 함께 진정한 롤케이크의 맛
은 바로 이런 거라고 알려주는 듯하다.
겉을 둘러싼 빵도 촉촉하게 젖어 있어
혼자서 하나를 다 먹어도 전혀 부담스
럽지 않고 기분 좋게 다 먹을 수 있다.
도지마롤은 절반만 팔기도 하니, 하프
사이즈를 사고 푸딩을 같이 사는 것도
괜찮다. 푸딩도 다른 가게에서 맛보기
어려운 부드럽게 휘감기는 달콤함이
있어 쉽게 잊을 수 없다.

• 堂島ロール 도-지마로-루 (도지마롤) 1,296엔

메뉴

• 堂島ロール ほっそり 도-지마로-루 홋소리 (도지마롤 미니 사이즈) 1,296엔
• 堂島ロール フルーツ入り 도-지마로-루 후루-츠이리 (딸기, 키위, 오렌지, 바나나, 배가 들어간 도지마 롤) 1,782엔
• 堂島フロマージュ 도-지마후로마-쥬 (구운 치즈를 통해 부드럽게 부서지는 치즈 케이크) 1,296엔
• 幸せ包み 시아와세츠츠미 (치즈케이크를 바닐라 향이 나는 크레프 반죽에 감싼 것) 351엔
• 苺の幸せ包み 이치고노 시아와세츠츠미 (딸기를 안에 넣고 딸기 소스로 물든 크레프 반죽에 감싼 것) 432엔
• ハッピーポーチ 핫피- 포-치 (크레프로 도지마롤의 크림과 치즈 케이크 커스터드 크림을 감싼 것) 1,500엔
• クッキーシュー 쿳키-슈- (바삭바삭한 껍질 안에 바닐라 커스터드 크림을 채운 것) 250엔
• バニラプリン 바니라푸링 (우유, 달걀, 바닐라를 끓여 만든 부드러운 푸딩) 324엔
• 苺ショート 이치고쇼-토 (부드러운 빵 사이에 딸기와 생크림을 넣은 딸기 케이크) 540엔
• ミカトモンブラン 미카도몬부랑 (녹차로 만든 빵 위에 고소한 밤 크림을 올린 몽블랑 케이크) 540엔
• ミルクレープ 미루쿠레-푸 (얇게 구운 크레프 반죽에 딸기, 키위, 오렌지, 바나나를 넣은 케이크) 590엔
• ベイクドチーズケーキ 베이쿠도치-즈케-키 (크림치즈와 우유를 넣어 구운 부드러운 치즈 케이크) 432엔
• シャンティパフェ 샨티 파훼 (도지마롤을 넣어 만든 독특한 파르페) 486엔
• パルフェプリンアラモード 파루훼푸린아라모-도 (부드러운 크림과 푸딩, 다양한 과일이 곁들여진 파르페) 496엔

간단 일본어

이걸로 주세요.
これをください。 코레오 쿠다사이.

어떤 게 가장 인기가 많죠?
一番人気があるのはどれですか？ 이치방 닌키가 아루노와 도레 데스카?

Tasty Road
OSAKA

JR 오사카 역 부근

蜜香屋

미츠코우야

🌐 34.707408, 135.506659
⊕ PG44+WM 오사카시

💻 mikkouya.com 📧 700~TWD 🕐 12:00~19:00 📅 화요일 📞 06-6147-9320 🏠 大阪市北 中崎1-6-20 🚗 지하철 谷町線 타니
마치센 中崎町 나카자키쵸(T19) 역 1번출구에서 도보 1분(40m)

오랜만에 **中崎町** 나카자키쵸 역 부근을 찾았다. 이곳은 소규모 카페를 비롯해 다양한 물품을 파는 상점들이 모여 있어 관광객이 많이 찾는 곳이다. 소규모로 운영하기 때문에 외국인 관광객보다는 일본인을 주로 상대한다. 그래서 일본어를 하지 못하는 관광객을 거부하는 곳도 있어 이 지역에 대한 평은 극과 극을 달린다. (물론 개인적으로 외국인을 싫어해 받지 않는 경우도 있는 모양이다) 어쨌든 오랜만에 다양한 가게를 방문해 구경하고 커피도 한잔하며 여유 있는 시간을 보냈다. 그리고 길건너편에 있는 시장 골목으로 들어섰다. 일본은 시장이라고 해도 골목 전체를 감싸고 있는 지붕이 있어 덥거나 비가 와도 걱정 없이 거닐 수 있어 좋다.

골목길 안으로 들어서니 가게 앞에서 길게 줄을 서 있는 사람들을 만날 수 있었다. 마주 보고 있는 가게에 모두 긴 줄이 있어 상당히 궁금했다. 자세히 살펴보니 두 곳 모두 하나의 가게였다. 한쪽 줄은 포장해가는 줄이었고, 한쪽은 매장에서 먹을 사람들이 기다리는 줄이었다. 매장에서 먹는 것과 포장해 가는 것을 보니 포장해 가는 것도 나쁘지 않을 것 같았다. 하지만 바쁜 일도 없으니 매장에 앉아서 차분히 음식을 즐기고 싶어졌다. 정확하게 어떤 것을 파는지도 모르지만, 사람이 이렇게 기다리니 괜찮을 것 같았다. 가게 앞에 메뉴판이 있었지만, 사람들이 서 있는 줄이 길어서 메뉴는 나중에 보고 줄을 서서 기다리기로 했다.

20분 정도 지나 자리가 났다. 생각보다 쉽게 자리가 나왔다. 가게가 2곳이나 되다 보니 생각보다 빨리 자리가 나온 것 같았다. 가게 안으로 들어가 드디어 가게 메뉴판을 볼 수 있었다. 가게의 메뉴는 모두 고구마를 활용한 디저트였다. 고구마 자체만을 판매하기도 했는데, 무게에 따라 판매하고 있었다. 이야기를 들어보니 가게에서는 토지 개량을 통해 달콤한 고구마를 재배하고 재배 상황에 따라 판매하는 고구마가

다르다고 했다. 일단은 3종류의 고구마가 있다고 들었다. 安納芋 ^{안노-}이모(동그란 모양의 고구마로 촉촉하고 부드러운 식감에 달콤함이 있음. 짙은 노란색), シルクスイート ^{시루쿠스이-토}(굉장히 촉촉하고 단맛도 강하면서 모양은 길쭉함. 옅은 노란색) , 鳴門金時 ^{나루토킨토키}(부드럽지만 다른 것보다 수분이 조금 적은 느낌. 연한 노란색으로 길쭉함) 이런 고구마 들인데, 고구마만 주문할 때는 종류를 선택할 수 있다.

가게에서 판매하는 고구마는 1시간이 넘는 시간 동안 오븐에 천천히 굽기 때문에 진한 단맛을 느낄 수 있다. 그리고 가게에서 판매하는 다양한 고구마 디저트들도 그냥 넘길 수 없다. 일단 사진에서 가장 인상적인 'やきいもサンデー ^{야키이모산데-}'와 'おいもとアイス ^{오이모토 아이스}' 2가지 메뉴를 시켰다. やきいもサンデー ^{야키이모산데-}는 가장 밑에 호지차 혹은 커피 젤리를 넣고 그 위에 아이스크림을 올렸다. 그리고 中崎ポテト ^{나카자키 포테토}(얇게 자른 고구마를 튀겨 꿀을 더한 것) 2장을 아이스크림에 꽂아 인상적인 디저트를 완성하였다. 부드러운 아이스크림과 고구마튀김은 의외로 잘 어울렸다.

하지만 제대로 된 진미는 바로 おいもとアイス ^{오이모토 아이스}였다. 1시간 넘게 오븐에서 지긋이 구운 달콤한 군고구마 위에 2종류의 차가운 아이스크림을 올렸다. 따뜻한 군고구마와 차가운 아이스가 만나 천천히 녹으며 융합되는 그 모습이 정말 멋졌다. 그냥 봐도 예뻤다. 어떻게 이런 생각을 했는지 정말 궁금했다. 맛은 달콤함과 시원함 그리고 색다른 달콤함이 만나 절로 감탄이 흘러나왔다. 왜 이렇게 많은 사람이 이곳에서

줄을 서서 먹는지 알 수 있었다. 아이스크림과 군고구마는 진짜 하나도 남기지 않고 다 먹었다. 이렇게 맛있는 군고구마를 더 먹고 싶었지만, 이미 다른 곳에서 식사하고 온 터라 더는 음식을 채울 공간이 없었다.

오랜만에 더 못 먹어서 아쉬운 디저트를 만났다. 오사카에 오면 꼭 먹어보라고 추천하고 싶은 가게다.

추천 메뉴

- おいもとアイス 오이모토 아이스 (군고구마 위에 2종류의 차가운 아이스크림을 올린 것) 700엔

메뉴

- 焼き芋 야키이모 (군고구마) 200g 440엔
- 焼き芋 야키이모 (군고구마) 300g 660엔
- 中崎ポテト 나카자키 포테토 (얇게 자른 고구마를 튀겨 꿀을 더한 것) 540엔
- ポテト大學 포테토다이가쿠 (2번 튀긴 두툼한 고구마에 꿀을 더한 것) 540엔
- 蜜芋ぜんざい 미츠이모젠자이 (고구마로 만든 팥죽) 600엔
- やきいもサンデー 야키이모산데- (아이스크림에 고구마튀김과 과일을 올린 것. 호지차 혹은 커피 젤리가 들어감) 700엔
- 焼き芋まるごとシフォン 야키이모마루고토시원 (고구마를 사용한 부드러운 케이크) 1조각 400엔

음료

- お芋と合う珈琲 오이모토 아우 코-히- (고구마와 어울리는 커피)
- 蜜香紅茶 미츠코오쿠레나이 (꿀 향이 나는 홍차)
- ほじ茶 호지차 (녹차의 찻잎을 볶아서 만든 차. 호지차)
- お芋のための牛乳 오이모노 타메노 규-뉴- (고구마에 어울리는 우유)
- いも蜜しょうが 이모미츠쇼-가 (고구마 꿀 생강차)
- りんごジュース 링고쥬-스 (사과 주스)

*함께 주문하면 400엔 단품은 450엔

がるる氷

카루루 코오리

 🌐 34.707492, 135.508631
⊕ PG45+XF 오사카시

📟 900~TWD 🕐 12:00~18:00 📅 부정기(월요일) 📞 06-6147-3606 🏠 大阪市北 崎町5-15 🚗 지하철 谷町線 타니마치센 中崎町 나카자키쵸(T19) 역 1번출구에서 도보 3분(180m)

'와!'

커다란 벚꽃 나무에서 떨어지는 꽃잎이 사람들 사이로 흩날렸다. 옛날 어디선가 애니메이션에서 본 듯한 장면이 눈앞에 펼쳐졌다. 이렇게 활짝 벚꽃이 피고 그 꽃잎들이 화려하게 날아다니는 모습은 실제로 처음 보았다. 일본 애니메이션에서 과장된 표현이라고 생각했는데, 일본 사람들은 이런 장면을 보고 그것을 애니메이션에 그대로 재현한 것이었다. 아름다웠다. 꽃잎 하나하나가 바람을 타고 이리저리 날아다니는 모습은 시간이 멈춘 듯 천천히 흘러갔다. 이곳은 우연히 빙숫집을 방문하려다 찾은 공원이었다. 사람들이 벚꽃 구경을 하고 집에 돌아가려는지 나무 밑에 펼쳐둔 돗자리를 정리하고 있었다. 한참을 벚꽃을 바라보며 시간을 보내다가 빙숫집으로 향했다.

がるる氷 카루루 코오리는 공원 바로 옆에 위치한 빙숫집으로 2016년 4월에 문을 연 곳이다. 카페를 운영하는 주인이 이 지역이 마음에 들어 빙숫집을 냈다고 한다. 맛있는 빙수로 각종 매체에 소개되어 많은 사람이 방문하는 곳이다. 더운 날에는 1시간 이상이 아니라 최대 3시간을 기다려 먹기도 한다니, 여름 말고 다른 계절에 방문하기를 추천한다. 아직 쌀쌀한 바람이 불어서인지 가게에는 사람들이 별로 없어 쉽게 자리를 잡을 수 있었다.

가게는 그리 크지 않았다. 좁은 공간에 최대한 자리를 만들었지만, 그래도 많아 봐야 7~8팀 정도를 받을 수 있었다. 사람이 몰리면 오래 기다려야 할 것 같았다. 운이 좋았던 건지 창가 자리를 잡을 수 있었다. 아까 공원에서 바라본 벚꽃을 감상할 수 있는 자리로 벚꽃 구경을 하며 빙수를 먹는 즐거움이 있었다. 만약 벚꽃 시즌이라면 창가 자리를 맡길 추천한다.

가게에는 다양한 메뉴가 있고, 제철 과일을 활용한 빙수들이 많았다. 그래서 방문하는 계절에 따라 메뉴가 달라진다. 가게의 대표 메뉴

는 '珈琲屋のティラミスVer.2 코·히·야노 티라미스'다. 얼음으로 만든 티라미수는 참 먹음직스러워 보인다. 치즈와 우유 맛이 나고, 직접 운영하는 카페에서 내린 커피를 뿌려 완성했다. 커피의 향이 좋다. 그리고 마지막으로 그 위에 휘핑크림과 코코아 파우더를 뿌려 완성했다.

가게의 인기 메뉴지만 커피보다는 빙수에 집중하고 싶어서 がるるミルク 카루루미루쿠와 塩キャラメルミルク 시오카라메루미루쿠를 시켰다. 주문은 자리를 먼저 잡고 카운터에서 주문하며 계산한다. 자리에서 기다리면 빙수는 가져다준다. 물이나 잡다한 것은 직접 가져와야 한다. 가게 내부에 자리가 없다면 가게 밖에서 기다려야 한다.

がるるミルク 카루루미루쿠는 빙수와 우유의 달콤함에 앙증맞은 과자 두 개를 꽂아 인형처럼 만들었다. 이왕이면 눈까지 만들면 더 귀여웠을 것 같다. 빙수는 정말 부드러웠다. 그리고 우유와 빙수의 맛이 잘 어울렸다. 시원한 기본 맛이었다. 질리지 않으면서 끝까지 맛있게 먹을 수 있는 맛이다. 가격도 저렴하고 시원한 것을 먹고 싶을 때 다른 맛이 첨가되지 않은 순수한 맛이 끌릴 때 딱 어울린다.

塩キャラメルミルク 시오카라메루미루쿠는 우유 빙수에 소금이 첨가된 캐러멜을 두른 것이다. 맨 위에는 잘게 부순 견과류를 올려 색다른 식감을 느낄 수 있다. 우유 빙수는 부드럽고 달콤한데 짭조름한 캐러멜이 가끔 입에 들어오면서 재미난 맛을 주었다. 감자튀김을 먹는 데 밍밍해서 소금을 뿌리니 정말 맛있어지는 느낌이랄까? 달콤하면서 살짝 짠맛이 더

해졌고, 견과류의 식감이 추가되니 맛있는 빙수가 되었다.

겨울만 아니라면 그렇게 춥지 않으니 2개 정도는 혼자서도 먹을 수 있을 것 같다. 하지만 몸에 좋지 않으니 1개만 먹어야 해서 아쉽다. 제철 과일을 활용한 메뉴가 많으니 자신에게 가장 맞는 메뉴를 시키는 것이 좋다. 어떤 메뉴를 시켜도 후회하지 않는다.

• 자신의 취향에 맞는 빙수

메뉴

• 塩キャラメルミルク 시오카라메루미루쿠 (부드러운 우유 빙수에 소금이 들어간 짭조름한 캐러멜을 올린 것) 850엔

• 珈琲屋のティラミスVer.2 코-히-야노 티라미스 (얼음으로 만든 티라미스로 커피, 얼음, 치즈가 잘 어울림. 커피는 가게에서 직접 내린 커피를 사용하는 가게에서 가장 인기 있는 메뉴) 900엔

• 桜ミルク 사쿠라미루쿠 (벚꽃 우유. 봄 한정 메뉴로 체리 맛과 우유의 맛이 잘 조합되어 있음) 950엔

• がるるミルク 카루루미루쿠 (빙수와 우유가 만난 담백한 맛의 빙수) 650엔

• 抹茶ミルク 맛차미루쿠 (녹차와 우유를 빙수와 조합한 것으로 단맛과 쓴맛을 함께 느낄 수 있음) 750엔

• ストロベリーフロマージュ 스토로베리-후로마-주 (나라에서 재배한 딸기로 만든 시럽이 듬뿍 뿌려진 시럽에 예쁜 모양과 함께 달콤함도 전함) 900엔

• 美腸活氷 비쵸오 카츠코오리 (올리고당을 사용해 달콤함을 더하고 콩가루와 건조한 낫토를 더한 빙수) 900엔

• 生いちごミルク 나마이치고미루쿠 (시원한 빙수 위에 신선한 딸기와 달콤한 딸기 시럽을 뿌려 먹는 메뉴) 1,100엔

• がるるのモカチーノ 가루루노모카치-노 (가게에서 직접 내린 커피를 사용해 얼음에 넣고 그 위에 휘핑크림과 초콜릿을 더한 빙수) 900엔

• ほうじ茶豆乳ラテとミルクエスプーマ 호오지차ટーー뉴-라테토 미루쿠에스푸-마 (빙수에 호지차와 두유를 혼합한 부드러운 맛의 시럽을 뿌린 것으로 그 위에 우유로 만든 부드러운 거품 에스푸마를 올린 것)

• 桃氷 모모코오리 (달콤한 복숭아를 즐길 수 있는 빙수. 복숭아잼과 복숭아 과육이 들어감)

• ゴールデンキウイ 고오루덴키위 (키위를 갈아 요구르트와 함께 뿌린 새콤하고 달콤한 빙수)

• ブルーベリーレアチーズ 부루-베리-레아치-즈 (블루베리 레어 치즈를 올려 베리의 달콤함과 치즈의 고소함이 있는 빙수)

*계절에 따라 메뉴와 가격에 변동이 있습니다.

LeBRESSO

레브레소

 🌐 34.703541, 135.494943
⊕ PF3V+CX 오사카시

🖥 lebresso.com 🏷 400 ~ TWD 🕙 10:00~22:00 📅 부정기 📞 06-6292-5460 🏠 大阪市北 大深町 4-1 グランフロント大阪うめきた 棟 B1F 🚈 JR 오사카 역에서 도보 2분(110m)

본점
🌐 34.668322, 135.529368 ⊕ MG9H+8Q 오사카시
🕙 09:00~19:00 📅 부정기 📞 06-6765-8005 🏠 大阪市天王寺 味原町1-1 🚈 長堀鶴見 地線 나가호리쓰루미료쿠치센 玉造 타마쓰쿠리(N19) 역 1번 출구에서 도보 9분(750m)

"바삭!"

맛있는 소리가 났다. 고소하고 향긋한 버터 향이 코끝을 스치며 식욕을 자극했고, 잘 구워진 빵을 한 입 베어 물으니 입안 가득 침이 고였다. 바삭하게 구워진 표면과 달리 그 속은 촉촉하고 부드러웠다. 빠르게 구워냈기 때문인 걸까, 마치 수분을 머금고 있는 것 같다.

종업원이 내온 토스트를 보고 첫눈에 '참 호화스러운 토스트구나'라고 생각했다. 그리고 한 입 크게 물고 바로 확신했다. 이곳이야말로 정말 맛집이라고 말이다. 두툼한 나무판 위에 다소곳이 올려져 나온 토스트는 눈코입 전부를 만족시키기에 충분했다.

오사카는 일본 내에서 빵 소비가 많은 도시로 알려져 있다. 그중에서도 식빵의 판매가 많은데, 바로 이곳에 토스트 300개가 매일 완판된다는 레브레소가 있다. 2014년 문을 연 레브레소는 오사카 사람들의 식생활에 맞춰 식빵은 빵이 아니라 밥이라는 생각으로 사업을 시작했다. 엄선한 재료를 사용해 누구나 안심하고 먹을 수 있게 만들었다. 그래서인지 흔히 먹던 식빵과는 다르게 이곳 토스트는 촉촉하고 쫀득쫀득한 맛이 일품이며 씹을수록 고소하고 단맛이 우러난다. 그래서인지 가게에서 토스트를 먹는 사람만큼이나 매장 곳곳에 전시된 식빵만 구매해 가는 사람들도 있다.

가게는 약 14종의 토스트를 제공한다. 오픈 샌드위치 형태로 바삭하게 구워 두툼한 식빵에 버터만 올리기도 하고, 잼을 바르기도 하며, 초콜릿 시럽이나 과일 등 각종 토핑을 얹기도 한다. 샐러드를 곁들여 가볍게 한 끼 식사를 해결할 수도 있고, 달콤하게 만들어 디저트처럼 먹을 수도 있다. 평범한 식빵의 화려한 변신이 놀라운 곳이다.

레브레소는 토스트에 가장 잘 어울리는 커피를 제공하기 위해 원두를 직접 블렌딩해서 사용한다. 지금

까지 토스트는 커피를 마실 때 허전하면 시
키는 메뉴였다. 하지만 이곳에서만큼은 토
스트가 메인이다. 커피는 오직 토스트를 돋
보이게 하기 위해 제공될 뿐이다.

　가게는 본점과 2호점이 있다. (지금은 다
른 지역에도 지점을 냈다) 본점은 빨간 벽
돌이 인상적인 곳으로 차분하고 조용한 분
위기다. 비교적 한적한 곳에 있어 외지인보
다는 마을 주민들이 주로 찾아 담소를 나눈
다. 2호점은 유동인구가 많은 오사카 역에 인접해 있다. 그랜드 프론트
오사카의 푸드 코트같은 곳에 자리하고 있기 때문에 가게 내부는 조금
어수선한 편이지만, 분위기만큼은 본점에 뒤지지 않으며 접근이 쉽다.
간단하게 음식을 즐긴다면 2호점이 좋고, 차분하게 여행과 산책을 즐
긴다면 본점을 추천한다.

　모든 메뉴는 사진이 함께 있어 음식을 고르고 주문하는 데 어려움은
없다. 어느 것을 시켜도 실패할 확률은 낮으므로 마음이 끌리는 대로 골
라도 좋다. 다만 이곳에서 사용하는 식빵의 두께는 한국인이 생각하는
두께의 2배 정도 된다. 다른 지역에 비해 식빵을 두툼하게 썰어 한 장만
먹어도 배부른 것을 선호하는 오사카 사람들의 취향 때문이다. 만약 두
꺼운 토스트(厚切りバタートースト)를 주문한다면 배가 부를 정도로
아주 두툼한 4cm 두께의 토스트를 받게 되니 주의해야 한다.

- Butter Toast バタートースト 바타-토-스토 (버터 토스트) 290엔

메뉴

- Thick Sticed Butter Tost 厚切りバタートースト 아츠기리바타-토-스토 (오사카식으로 굉장히 두껍게 자른 빵을 사용한 버터 토스트) 330엔
- Strawberry jam あまおういちごジャム 아마오우이치고자무 (딸기잼을 바른 토스트) 330엔
- Cinnamon & Suger シナモンシュガー 시나몬슈가- (계피와 설탕을 사용한 토스트) 330엔

오리지널

- Peanut & Honey ピーナッツ&ハニー 피-낫츠 하니- (땅콩과 꿀을 사용한 토스트) 350엔
- Cream Cheese & Granola クリームチーズ&グラノーラ 쿠리-무치-즈 구라노-라 (크림치즈, 말린 과일이 섞인 시리얼 그라놀라 토스트) 380엔
- Pistachio & Mascarpone ピスタチオ&マスカルポーネ 피스타치오 마스카루포-네 (견과류 피스타치오와 부드러운 크림치즈를 사용한 토스트) 430엔
- Salt Butter Milk Jam & Almond 塩バターミルクジャム&アーモンド 시오바타-미루쿠자무 아-몬도 (소금 버터를 사용한 잼과 아몬드) 380엔
- Maple Cocoa & Mascarpone メープルココア&マスカルポーネ 메-푸루코코아 마스카루포-네 (메이플 코코아와 부드러운 크림치즈) 430엔
- Sour Cream & Honey Butter Apple サワークリーム&ハニーバターアップル 사와-쿠리-무 하니-바타-앗푸루 (꿀에 절여 얇게 썬 사과와 사워크림) 450엔
- Chocolate Banana & Almond チョコバナナ&アーモンド 초코바나나 아-몬도 (초콜릿을 바르고 그 위에 바나나와 아몬드를 올린 토스트) 450엔
- Pepper Quattro Folder Mudge ペッパークアトロフォルマッジ 펫파-쿠아토로훠루맛지 (치즈를 올리고 소금 후추를 뿌려 구운 토스트) 480엔

샌드위치

- Tuna & Fresh Mushroom ツナ&フレッシュマッシュルーム 츠나 후렛슈맛슈루-무 (참치와 버섯을 사용한 오픈 샌드위치) 530엔
- Avocado & Bacon Caesar Salad アボカド&ベーコンシーザーサラダ 아보카도 베-콘시-자-사라다 (아보카도와 베이컨을 올린 오픈 샌드위치) 530엔
- B.L.T. Sandwich ベーコンレタスサトマト 베-콘레타사토마토 (베이컨, 채소, 토마토를 넣은 샌드위치) 580엔

음료

- アメリカーノ 아메리카-노 (아메리카노) 380엔

- エスプレッソ 에스푸렛소 (에스프레소) 300엔
- アイスティー 아이스티- (아이스티) 380엔
- アールグレイ 아루 그레- (얼 그레이) 400엔

간단 일본어

메뉴판 좀 보여주세요.
メニューを見せてください。
메뉴-오 미세테 쿠다사이.

아직 못 정했어요. 조금만 더 기다려 주시겠어요?
まだ決めてません。もう少し待っていただけますか？
마다 키메테마셍, 모- 스코시 맛테 이타다케마스카?

The Grand Cafe

<u>더 그랜드 카페</u>

 🌐 34.700177, 135.495483(6층)
⊕ PF2W+24 오사카시

🖥 www.the-grandcafe.com 📧 1,500~TWD ⏰ 11:00~23:00(런치는 14시까지) 🏧 부정기 📞 06-6342-0022 🏠 大阪市北梅田 2丁目2番2（ヒルトンプラザウエスト6F）🚇 지하철 御堂筋線 미도스지센 梅田 우메다(M16) 역 지하 연결통로로 도보 5분. 四つ橋線 요 쓰바시센 西梅田 니시우메다(Y11) 역에서 도보 3분(약 50m)

JR 오사카 역 부근은 오사카에서 보통 'キタ 키타(북쪽)'라고 불린다. 이곳은 難波 난바 역 주변의 ミナミ 미나미(남쪽) 지역과 달리 오피스 시설이 많다. 회사원들이 주로 이용하기 때문인지 깔끔하고 고급스러운 시설들이 많이 모인 곳이다. 역 주변 건물들도 새로 지어지거나 확장 공사를 통해 시원하고 깔끔한 모습으로 변했다. 그런 기타 지역에서 가장 대표적인 건물은 2011년 오픈한 OSAKA STATION CITY 오사카 스테이션 시티로 오사카 역을 중심으로 북쪽과 남쪽 두 개의 빌딩이 연결된 대규모의 복합시설이다. JR大阪三越伊勢丹 오사카 미쓰코시 이세탄 백화점, 大丸 다이마루 백화점, 쇼핑몰 LUCUA 루쿠아 같은 쇼핑 공간을 비롯해 복합 상영관, 호텔 GRANVIA 그랑비아 등이 있어 매일 이곳을 즐기기 위해 수많은 사람이 찾는 키타의 중심지다. 더욱이 2013년 4월 GRAND FRONT OSAKA 그랜드 프런트 오사카가 오픈하면서 이전보다 더욱더 많은 사람이 찾는 명소가 되었다.

번화한 중심지답게 이곳은 밤이 되면 낮보다 더 아름다운 빛을 뿌린다. 이런 아름다운 야경을 즐길 수 최고의 장소가 있다. 무려 7.3m의 천장으로 탁 트인 시야를 제공하는 더 그랜드 카페다. 더 그랜드 카페는 오사카 스테이션 시티 맞은편에 있는 HILTON PLAZA OSAKA 힐튼 플라자 오사카에 있다. 힐튼 플라자 오사카는 이스트와 웨스트로 나뉘어 있는 고급 상업 시설로, 더 그랜드 카페는 명품 매장이 즐비한 웨스트 쪽 6층에 자리하고 있다.

높은 천장과 두 면이 전부 유리로 되어 있어 낮에는 밝은 햇살이 들어오고 밤에는 황홀한 야경을 즐길 수 있는 더 그랜드 카페는 파티시에가 직접 만든 수제 과자와 케이크를 비롯해 밤에는 칵테일도 즐길 수 있는 분위기 있는 카페다. 여행하다 잠시 쉬고 싶을 때, 늦은 밤 조용하고 근사한 분위기를 즐기고 싶을 때 추천할 만한 곳이다. 번화가에 자리한 가게에서 들릴 법한 소음은 일절 들리지 않는다. 모든 소음이 사라진 공간에서 은은하게 들리는 음악과 함께하는 음식은 바쁜 현대인에게 오랜만에 느긋한 시간을 선사한다. 본격적인 음악을 즐기고 싶다면 저녁에 라이브 공연도 있으니 홈페이지를 참고해 방문하면 좋다.

여성들에게 인기 있는 메뉴는 'サンド イッチランチ A 산도잇치 란치 에이'다. 8가지의 샌드위치 가운데 선택할 수 있고, 디저트와 음료가 함께 나온다. 두 명이 함께 간다면 アフタヌーンティーセット 아후타눈- 티- 셋트를 추천한다. 샌드위치, 샐러드, 디저트와 음료가 붙어 있어 두 사람이 브런치로 즐기기에 알맞다. 더욱더 간단한 디저트를 즐기고 싶다면 '케이크 세트 A'를 추천한다. 케이크와 함께 먹는 음료로는 아이스 홍차가 좋다. 동그란 얼음이 4~5개 들어간 유리잔과 미니 주전자에 홍차가 따로 나와 고객이 온도를 조절할 수 있다. 얼음과 컵이 조화를 이루어 아기자기한 모습에 일본 여성들에게서 호평을 받고 있다.

특히 여성들에게 인기 있는 메뉴로는 아이스크림과 부드러운 크레프가 어우러진 크레프 세트와 영국 전통 과자의 풍미를 느낄 수 있는 스콘 세트 등이 있다. 저녁에는 피자와 스파게티도 주문할 수 있기에 멋진 야경과 함께하는 저녁 식사 시간을 가질 수 있다.

• アフタヌーンティーセット 아후타눈- 티- 셋토 (애프터눈티 세트) 2,700엔

메뉴

런치 세트

• サンドイッチランチ A 산도잇치 란치 에이 (샌드위치 택1, 음료, 아이스크림)
1,000엔

* 런치 메뉴 11:00~14:00 샌드위치 7종 중 택1

• ① ハンバーグとベーコンとチーズのサンド 함바-구토 베-콘토 치-즈노 산도 (햄버거와 베이컨 치즈 샌드위치)

• ② タマゴサラダとロースハムとチーズのサンド 타마고 사라다토 로-스 하무토 치-즈노 산도 (달걀 샐러드와 햄 치즈 샌드위치)

• ③ パストラミビーフとルッコラのサンド 파스토라미 비-후토 룻코라노 산도 (파스트라미 소고기와 루콜라 샌드위치)

• ④ サーモンとアボカドとクリームチーズのサンド 사-몬토 아보카도토 쿠리-무치-즈노 산도 (연어와 아보카도와 크림치즈 샌드위치)

• ⑤ ハーフチキンとラタトゥイユのサンド 하-후 치킨토 라타투이유노 산도 (허브 치킨과 라타투유의 샌드위치)

• ⑥ エビとアボカドのサンド 에비토 아보카도노 산도 (새우와 아보카도의 샌드위치)

• ⑦ 月替わりサンド 츠키가와리 산도 (이달의 샌드위치)

디저트

• ケーキセット B 케-키 셋토 B (케이크, 과일, 아이스크림, 크렘 브륄레, 음료) 1,650엔

• 手作りホワイトシフォン季節のフルーツ 테즈쿠리 호와이토 시혼키세츠노 후루-츠 (화이트 시폰과 바닐라 아이스크림, 계절 과일) 1,800엔

• 手作りホワイトシフォン 和風 테즈쿠리 호와이토 시혼 와후- (일본풍 수제 화이트 시폰) 1,600엔

• スコーンセット 스콘- 셋토 (2종류의 스콘과 딸기잼 세트) 1,300엔

간단 일본어

창가 자리로 앉을 수 있을까요?
窓側の席にしていただけか？ 마도가와노 세키니 시테 이타다케마스카?

라이브 공연은 몇 시에 있나요?
ライブは何時にありますか？ 라이브와 난지니 아리마스카?

ig cafe

이구 카페

🌐 34.700177, 135.495483(3층)
⊕ MFXW+V4 오사카시

💻 www.igcafe.jp 📖 1,500~TWD 🕐 11:00~22:00 🏧 부정기 📞 06-6452-1919 🏠 大阪市北 梅田2-2-2 ヒルトンプラザウエスト 3F 🚇 지하철 四つ橋線 요쓰바시센 西梅田 니시우메다(Y11) 역과 연결된 힐튼 플라자 웨스트 지하 3층(약 100m)

카페는 언제는 가벼운 차와 시간의 느긋함을 즐길 수 있는 곳이다. 하지만 그런 분위기 있는 카페에 맛있는 음식까지 즐길 수 있다면 더욱 더 좋지 않을까?

힐튼 프라자 웨스트 3층에는 소규모 럭셔리 호텔 협회에서 세계 최고라고 인정받은 KOBE KITANO HOTEL 고베 기타노 호텔에서 만든 커피숍이 있다. 고베 기타노 호텔은 아침 식사로 유명한 곳으로, 그 요리를 총괄하는 총주방장 山口浩 야마구치 히로시가 프로듀스 한 카페가 바로 이구 카페다.

이구 카페는 유럽 스타일을 추구하기 때문에 세련되고 고급스러운 느낌이 든다. 프렌치 스타일 카페라고 보면 된다. 인테리어의 색감이나 벽에 전시된 사진들도 세련되어 저절로 시선이 간다. 통유리로 된 창을 통해 오사카 키타 지역의 독특한 비즈니스 빌딩들이 눈에 들어온다. 이처럼 분위기가 좋고 음식까지 맛있어서인지 카페는 언제나 만석이다. 가게가 개점하기 전부터 사람들이 줄을 서서 기다리기 때문에 점심때를 피하고 조금은 기다릴 각오로 찾아가야 한다. 시간이 부족하다면 음료나 케이크를 테이크아웃 하는 방법도 있지만, 카페의 분위기를 만끽해야 이구 카페를 제대로 즐겼다고 말할 수 있다.

카페는 고베 기타노 호텔에서 아침 식사 때 제공하는 빵을 낸다는 점때문에 여러 가이드북에 소개되었다. 하지만 그뿐만 아니라 전문 바리스타가 있어 향기로운 커피도 즐길 수 있다. 바리스타는 손님의 분위기에 맞춰 카푸치노 메뉴에 라테 아트를 선보인다. 하트나 나뭇잎 등 다양한 문양과 동물 그림은 마음을 한층 즐겁게 한다.

가게에서 인기 있는 디저트로는 타르트(계절에 따라 변동)가 있다. 카페의 농후한 치즈 케이크를 기본으로 계절 과일을 이용한 타르트가 있고, 그 이외에도 다양한 타르

트 메뉴가 있다. 오븐에 직접 구워 나오기 때문에 다소 시간이 걸린다. 타르트와 함께 이탈리아 아이스크림 젤라토가 오르기 때문에 따스함과 차가움을 동시에 느낄 수 있다. 계절에 따라 과일이 달라지는데 특히 봄에 나오는 딸기가 훌륭하다. 그 외에 케이크 세트도 할인된 금액으로 젤라토를 추가할 수 있어 추천할 만하다. 케이크 옆에는 초콜릿, 캐러멜, 과일 소스 등으로 동물 그림을 그려준다.

식사 메뉴로는 'ハンバーガーセレクション 한바-가-세레쿠숀'이 있다. 샐러드와 함께 미니 햄버거 3종류가 나온다. 프랑스 요리인 라타투유(프로방스풍의 채소 찜)에 모차렐라 치즈를 올린 햄버거, 소고기 패티와

토마토와 양상추가 들어간 햄버거, 훈연한 칠면조 고기를 넣은 햄버거가 나와 다양한 맛을 느낄 수 있는 메뉴다.

'パスタセレクション 파스타세레쿠숀'은 파스타 5종류를 한 접시에 앙증맞게 담아 재미난 식사를 할 수 있는 메뉴다. 디저트와 음료도 함께 나오기 때문에 한 끼 식사로는 재미있지만, 가격이 좀 높은 것이 단점이다.

- タルト タルト 타르토 (타르트와 과일 아이스크림이 합쳐진 메뉴) 1,500엔

메뉴

- パスタセレクション 파스타세레쿠숀 (파스타 5종류, 디저트, 음료 포함) 3,500엔
- ハンバーガーセレクション 한바-가-세레쿠숀 (귀여운 햄버거 3종과 음료) 2,300엔
- 本日のパスタセット 혼지츠노 파스타 셋토 (오늘의 파스타 세트) 1,800엔
- チーズセレクション 치-즈세레쿠숀 (치즈 모음) 1,600엔
- フレンチフライ トリュフ塩 후렌치후라이 토류후시오 (감자튀김에 트뤼프 소금을 뿌린 것) 750엔

디저트

- ケーキセット 케-키 셋토 (케이크 세트) 1,500엔
- タルトエキゾチック 타루토 에키조칫쿠 (타르트 위에 망고를 올린 메뉴) 1,500엔
- オペラヴェール 오페라베-루 (녹차 가루가 들어간 빵과 크림을 사용한 케이크) 1,500엔
- タルトショコラ 타루토쇼코라 (카카오 70%를 사용한 성인을 위한 초콜릿 타르트) 1,500엔
- タルトフロマージュ 타루토후로마아주 (홋카이도산 크림치즈를 사용한 치즈 케이크) 1,500엔
- ルージュ 루-주 (라즈베를 사용해 빨간색의 이미지와 새콤한 맛을 내는 케이크) 1,500엔

음료

- オリジナルブレンド コーヒー 오리지나루 부렌도 코-히- (오리지널 커피) 750엔
- カプチーノ 카푸치-노 (카푸치노) 800엔
- エスプレッソ 에스푸렛소 (에스프레소) 800엔
- カフェ·ラテ 카훼 라테 (라테) 800엔

* 세금 별도

어느 정도 기다려야 하나요?
待ち時間は何れぐらいですか？ 마치지캉와 도레 구라이 데스카?

선물 코너는 어디에 있습니까?
ギフトコーナーはどこですか？ 기후토 코-나-와 도코 데스카?

西洋茶館

세요사칸

🌐 34.703175, 135.511516
⊕ PG36+7J 오사카시

🖥 seiyosakan.com 🏷 1,700~TWD 🕙 10:00~22:00 🗓 연중무휴 📞 06-6357-9780 🏠 大阪市北 天神橋4-6-14 🚇 지하철 堺筋線 사카이스지센 扇町 오기마치(K12) 역 4번 출구에서 도보 2분(약 30m)

일본에서 영국이라는 나라는 문화적으로 고급스러운 나라로 여겨진다. 우리에게 잘 알려진 이토 히로부미도 영국 유학을 했던 사람이다. 비록 6개월이라는 짧은 시간이었지만, 당시로써는 밀항이라는 방법까지 동원해 영국으로 건너갔다. 물론 이토 히로부미가 영국에서 유학해서는 아니지만, 기본적으로 일본 사람들은 영국 물품을 고급품으로 생각한다.

일본에서 'BURBERRY 버버리'가 최고급 브랜드로 여겨지고 세계 최고의 매출을 내는 곳 중 하나인 이유도 여기에 있다. 일본에서 영국이라는 나라가 어떤 의미가 있는지 장황하게 설명한 것은 바로 일본에서 즐기는 afternoon tea 애프터눈 티에 관해 이야기하려 하기 때문이다.

애프터눈 티는 홍차와 함께 가볍게 즐길 수 있는 케이크, 샌드위치, 과자 등을 곁들이는 것으로 브런치와 비슷한 개념으로 보면 된다. 영국의 대표적인 문화인 애프터눈 티 문화 역시 일본에서 큰 사랑을 받고 있다. 영국식으로 블렌딩한 홍차를 판매하는 곳에서는 애프터눈 티 세트가 꼭 붙어 있다. 그 가운데 유명한 홍차 브랜드로는 2005년 선풍적인 인기를 끌었던 소설 『전차남(電車男)』에 소개되었던 'Benoist 베노아'가 있다. 베노아는 영국의 홍차 브랜드로 19세기 프랑스인 요리사 베노아가 귀족들을 상대로 만든 상점이다. 영국 왕실 식료품 조달자라는 상징을 사용하는 가게로 유명하다.

天神橋筋 텐진바시스지 상점가. 600개 가게가 들어선 일본에서 가장 긴

상점가에는 독특한 상점이 많은데, 영국의 분위기를 그대로 느낄 수 있는 세요사칸도 이곳에 있다. 세요사칸은 한국말로 하면 '서양 찻집'이다. 가게는 말 그대로 외관부터 영국 분위기가 물씬 풍긴다.

1988년에 오픈한 이 티룸은 인테리어 소품 하나 가구 하나도 소홀히 하지 않았다. 가구는 영국에서 수입한 것들이고, 장식 소품들 역시 영국 시골 마을에서 산 것들로 꾸며졌다. 이렇게 영국 분위기를 내기 위해 인테리어 소품 하나까지 신경을 썼으니 이곳에서 마시는 '애프터눈 티 세트'를 빼놓을 수 없다.

西洋茶館 세요사칸의 인기 메뉴는 당연히 애프터눈 티 세트다.(14시부터) 진저브레드, 스콘, 머랭, 가토 쇼콜라, 귀여운 케이크, 샌드위치 등을 선보인다. 오후 2시, 영국의 전통 과자인 스콘과 함께 나오는 블루베리 잼과 Clotted Cream 클로티드 크림(영국 남서부 지방에서 우유로 만든 크림으로 스콘이나 빵에 발라 먹음)을 따뜻한 스콘에 발라 먹으면 정말 행복한 티타임을 즐길 수 있다. 모두 18종류가 있는 홍차는 전문가의 손길을 거쳐서 그런지 쓴맛이 적고 스콘과 잘 어울린다. 특이한 것은 밀크티와 함께 집에 가져갈 수도 있는 병에 담긴 잼이 나온다. 가게에서 사용해도 좋고 집으로 가져가도 된다. 집에서도 조금이나마 카페에서 즐겼던 기분을 느낄 수 있도록 하는 가게의 배려다. 그릇은 모두 영국 제품으로 카페의 인테리어와 잘 어울린다.

이곳의 가장 대중적인 메뉴는 스콘이지만 가게 앞에 진열된 케이크도 정말 먹음직스럽다. 신선한 과일을 넣은 다양한 케이크는 한 조각에 600엔 정도로 홍차와 함께 먹으면 입안을 즐겁게 한다. 식사 후 달콤한 것이 먹고 싶어질 때 찾을 만한 최고의 장소로 항상 여성들로 가득하다.

- アフタヌーン ティー 아후타누-운 티- (Afternoon tea 애프터눈 티 세트) 1,890엔

메뉴

- フルーツロールケーキ 후루-츠로-루케-키 (계절 과일을 넣은 부드러운 생크림이 들어간 롤케이크) 604엔
- チョコバナナケーキ 초코바나나케-키 (바나나에 코코아 크림을 넣고 초콜릿 시폰으로 감싼 케이크) 595엔
- 苺 のシフォンケーキ 이치고노 시퐁케-키 (부드러운 시폰에 딸기와 크림으로 꾸민 케이크) 621엔
- マロンシフォンケーキ 마론 시퐁케-키 (시폰에 밤 크림과 삶은 밤과 호두로 꾸민 케이크) 621엔
- ベリーのタルト 베리-노 타루토 (반죽 위에 바닐라 크림을 올리고 6종류의 베리를 올린 타르트) 621엔

음료

- ミルクティブレンド 미루쿠티 부렌도 (Milk Tea Blend 밀크티 블렌드) 550엔
- レモンティブレンド 레몬티 부렌도 (레몬티 블렌드) 550엔
- ヴィンテージウバ 비인테-지 우바 (스리랑카 우바에서 재배한 홍차) 680엔
- タージリン 다-지린 (인도의 대표적인 홍차 다즐링) 658엔
- アッサム 앗사무 (인도 아삼주에서 만든 홍차) 658엔
- オレンジペコ 오렌지 페코 (인도산으로 향이 강한 홍차. 오렌지와는 관련이 없음) 604엔
- アールグレイ 아-루 구레이 (얼그레이. 홍차에 식물 베르가모트 향을 입힌 것) 604엔
- ラブサンスーチョン 라푸산 스-촌 (랍상소우총. 중국 푸젠성에서 재배하는 차. 소나무 향이 들어감) 604엔
- アップル クイーン 앗푸루 쿠이-인 (인도산 홍차에 사과 향을 입힌 것) 604엔
- スペシャルブレンド 스페샤루 부렌도 (커피 스페셜 블렌드) 450엔
- ミックスジュース 밋쿠스주우스 (혼합 주스) 540엔

사이드 메뉴

- トースト 토-스토 (토스트) 378엔
- フレンチトースト 후렌치 토-스토 (프렌치토스트) 496엔
- タマゴトースト 타마고 토-스토 (달걀 토스트) 756엔
- サンドイッチ 산도잇치 (샌드위치) 864엔
- ランチセット 란치셋토 (샌드위치, 파이 등에서 고를 수 있고, 음료가 함께 나옴) 1,080엔

- キッシュ 킷슈 (달걀, 우유에 고기, 채소를 올린 파이. 닭고기 혹은 채소를 올린 것이 있음) 1,188엔

간단 일본어

가게에서 추천하는 홍차는 무엇입니까?

オススメの紅茶は何ですか？

오스스메노 코-차와 난 데스카?

HONOLULU COFFEE

호놀룰루 커피

🌐 34.703615, 135.495059 (7F)
⊕ PF3V+JX 오사카시

🖥 honolulucoffee.co.jp 🍴 1,000~TWD 🕐 11:00~23:00 📅 연중무휴 📞 06-6359-2828 🏠 大阪市北 大深町4 -25 グランフロ
ント 大阪南館 7F 🚃 JR 오사카 역에서 도보 1분(약 50m)

도톤보리점 가게 정보
🌐 34.668763, 135.501724 ⊕ MG92+GM 오사카시
🕐 08:00~23:00 📅 연중무휴 📞 06-6212-3030 🏠 大阪市中央 道頓堀1 -6 -15 ドウトンビル 1F 🚃 지하철 御堂筋線 미도스지센,
四つ橋線 요쓰바시센, 千日前線 센니치마에센 なんば 난바(M20, Y15, S16) 역 14번 출구에서 도보 2분(약 200m)

커피를 단어로 간단하게 표현할 수는 있다. 하지만 그 커피를 재배하고 그 맛을 표현하는 것은 절대 한 단어로 표현할 수 없다. 한때 인스턴트커피가 커피의 모든 것이라 말해질 때도 있었지만, 사실 커피는 재배지와 커피를 만드는 바리스타의 수만큼이나 다양하다. 그 가운데 하와이 코나(Kona)에서 재배되는 커피는 특별한 취급을 받는다. 코나는 미국 하와이 빅아일랜드(Big Island) 서쪽 지역의 활화산 섬으로, 무역풍까지 불어 커피를 재배하는 데 최고의 생산지라고 평가받고 있다. 이런 재배지 덕분일까, 코나 커피는 가볍고 산뜻하기보다는 뜨거운 용암처럼 묵직한 향으로 유명하다.

우리나라에서도 손쉽게 마실 수 있는 커피지만 대부분 소량이 들어간 블렌딩 커피이다. 블렌딩이라 해도 향이 사라지는 것은 아니지만 혹시 코나 커피를 즐기고 싶은 사람은 커피를 살 때 함량을 살펴야 한다. 그런 하와이 코나 커피를 메인으로 한 커피 전문점이 오사카에 들어왔다. 2013년에 문을 연 GRAND FRONT OSAKA 그랜드 프론트 오사카 건물에 들어선 HONOLULU COFFEE 호놀룰루 커피. 먼저 그랜드 프론트 오사카는 오사카 역 바로 옆에 うめきたSHIP 우메다 쉽, 南館 미나미칸, 北館 키타칸으로 나뉘어져 있는 종합 쇼핑몰이다. 그동안 오사카를 포함한 関西 칸사이 지역에서 볼 수 없었던 상점들이 다수 들어와 이목을 집중시킨 곳이기도 하다. 약 260개의 점포가 들어선 가운데 호놀룰루 커피는 남관 7층에 자리하고 있다.

하와이의 작은 간이 커피 전문점에서 시작한 호놀룰루 커피는 하와이를 사랑하는 일본인들 덕분인지 성공적으로 일본에 상륙해 지점을 확대하고 있다. 메인이 되는 코나 커피 외에도 하와이 팬케이크와 'マラサダ 마라사다'로 사람들의 시선을 사로잡았다. 마라사다는 밀가루 반죽을 발효시킨 뒤 반죽을 튀긴 후 설탕을 묻혀 만든 것이다. 하와이의

대표 디저트로 폭신하며 쫄깃한 식감이 일품이다. 본래는 포르투갈의 도넛의 일종인데 1878년 포르투갈에서 이민 온 사람들 때문에 하와이에 전역에 퍼졌다고 한다.

오리지널 팬케이크는 두툼한 두께에 쫀득한 식감이 잘 살아 있다. 또 메이플과 코코넛시럽으로 달콤함을 더해 하와이 팬케이크만의 특징이 어떤 것인지 알 수 있다. 팬케이크 가운데 코나 커피 크림 팬케이크는 생크림 위에 코나 커피 가루가 뿌려져 있고, 안에는 시원한 바닐라 아이스크림이 들어 있어 색다른 식감을 제공한다.

커피와 디저트 모두 만족스러운데 단 하나 아쉬운 점은 자리가 불편한 것이다. 좁고 주변 사람들의 이야기가 그대로 들리기 때문에 조금은 시끄러운 편이다. 도톤보리점도 오사카에서 관광객이 가장 몰리는 도톤보리 거리에 있기 때문에 조금 번잡하다. 커피만 즐기고 싶다면 가볍게 테이크아웃하는 것이 좋다.

- オリジナルパンケーキ 오리지나루 판케-키 (오리지널 팬케이크) 680엔

- マカダミアナッツフレーバーコーヒー 마카다미아낫츠 후레-바-코-히- (마카다미아 풍미를 더한 커피) 380엔
- コナブレンドコーヒー 코나 부렌도 코-히- (가게에서 블렌딩한 커피) 380엔
- アイスコーヒー 아이스 코-히- (아이스커피) 380엔
- 100%コナコーヒーフレンチプレス 코나코-히- 후렌치푸레스 (침출식으로 커피를 추출하는 프렌치프레스를 사용하는 코나 커피) 800엔
- ナッティハワイアン 낫티 하와이안 (에스프레소에 마카다미아 향을 입힌 라테) 520엔
- カフェモカ 카훼모카 (에스프레소에 우유와 초콜릿을 첨가하여 초콜릿 향을 강조한 카페모카) 460엔
- カフェラテ 카훼라테 (뜨거운 우유를 곁들인 카페 라테) 400엔
- ソイラテ 소이라테 (두유 라테) 400엔
- カプチーノ 카푸치-노 (우유를 섞은 커피에 계핏가루를 뿌린 커피) 400엔
- アメリカーノ 아메리카-노 (아메리카노) 400엔
- エスプレッソ 에스푸렛소 (에스프레소) 300엔
- アイスティー 아이스티- (아이스티) 300엔

디저트

- コナコーヒークリームパンケーキ 코나코-히-쿠리-무판케-키 (크림 팬케이크) 1,050엔
- フルーツレインボーパンケーキ 후루-추레인보-판케-키 (다양한 과일이 올라간 팬케이크) 1,250엔
- マカダミアナッツクリームパンケーキ 마카다미아낫츠 쿠리-무판케-키 (마카다미아 크림 팬케이크) 880엔
- マラサダ 마라사다 (발효된 밀가루 반죽을 튀겨 설탕을 묻힌 하와이 디저트) 200엔
- 季節のシフォンケーキ 키세츠노 시훤케-키 (계절 시폰 케이크) 480엔
- ダブルレアチーズケーキ 다부루레아치-즈케-키 (레어 치즈 케이크) 500엔
- シブースト 시부-스토 (부드럽고 달콤한 '크렘 파티시에'에 머랭을 섞은 크림) 500엔

* 매장별 취급 메뉴와 가격 상이

커피는 테이크아웃으로 부탁합니다.
コナブレンドコーヒーをテイクアウトでお願いします。
코나 브렌도 코-히-오 테이쿠아우토데 오네가이시마스.

メゾンカイザー

메종 카이저

🌐 34.703315, 135.496436 (B1)
⊕PF3W+8H 오사카시

🖥 maisonkayser.co.jp 🍽 800~TWD 🕐 08:00~21:00(카페) 10:00~21:00(빵) 🏧 부정기 📞 06-6151-1296 🏠 大阪府大阪市北
梅田3-1-3 ルクア B1F 🚗 JR 오사카 역에서 도보 1분(약 50m)

2014년 일본에서 3번째로 높고, 関西 칸사이 지역에서는 가장 높은 건물 'あべのハルカス 아베노 하루카스'가 들어섰다. 이곳에는 높이 300m 공중에서 오사카를 한눈에 볼 수 있는 전망대가 있다. 아베노 하루카스는 이 멋진 전망으로 유명한데, 그 외에도 또 유명한 것이 있다. 그동안 오사카에서 볼 수 없었던 가게들이 아베노 하루카스에 들어온 것이다. 그 가운데 하나가 바로 'メゾンカイザー 메종 카이저'다. 이곳에 있는 메종 카이저는 넓은 공간이 아닌 길게 늘어선 구조로 좁은 공간을 최대한 활용했다. 초기에 정말 많은 사람이 방문했는데, 도대체 왜? 문을 닫았는지 모르겠다.

메종 카이저는 프랑스 빵집으로 전통 효모 제조법을 복원한 것을 강조하고 있다. 빵은 효모로 부풀어 오르는데, 이 효모의 종류는 상당히 다양하다. 특색 있는 빵집은 자신만의 효모 숙성법을 가지고 있다는데, 메종 카이저는 1800년 이전 자연적으로 효모를 사용하던 프랑스 빵 제조법을 복원했다고 한다. 먹는 사람이야 그게 어떤 방법인지 잘 알 수 없지만, 이 효모가 메종 카이저만의 향기를 만들어 낸 것은 확실하다.

프랑스 효모 기술과 밀을 가져와 일본에서 제분했기에 신선한 밀가루를 사용해 프랑스 빵집의 맛을 그대로 살릴 수 있었다. 이미 15세에 제빵 자격을 얻은 창업자 카이저가 만든 바게트 몬쥬는 프랑스에서 그의 가게를 널리 알린 일등 공신이다. 파리 신문에도 소개된 크루아상은 자체 제작한 발효 버터를 사용해 더욱더 부드럽고 바삭한 식감을 제공한다.

이렇게 맛있는 빵을 제공하던 칸사이 최초의 메종 카이저는 문을 닫았다. 그리고 2018년 11월 18일 JR 오사카 역에 있는 'ルクア 루쿠아' 건물 지하 1층에 새롭게 문을 열었다. (다른 지점도 있다) 이곳은 이전의 세련된 모습보다는 손님들이 편하게 들어와 빵을 즐길 수 있게 공

간을 꾸몄다. 입구로 들어서면 갓 구운 빵 냄새를 맡을 수 있게 빵을 진열해 두었다. 빵을 매장에서 먹기를 원한다면 음료를 별도로 주문할 수 있다. 카페처럼 여러 테이블을 두어 편하게 빵과 음료를 즐길 수 있다.

식사를 원한다면 여러 종류의 샌드위치, 토스트를 즐길 수 있다. 가장 기본이 되는 빵이 메종 카이저의 빵이기 때문에 다른 곳에서는 맛볼 수 없는 맛이다. 매장에는 항상 사람들이 많기 때문에 조금은 좁고 복잡하게 느껴진다. 하지만 직원들은 친절하고 빵이나 음료는 모두 만족스럽다.

이곳에는 수많은 빵이 있지만, 개인적으로 추천하는 것은 '*クロワッサン・オ・ザマンド* 쿠로왓상 오 자만도'다. 가게의 대표 메뉴인 크루아상이 발전된 메뉴로, 특제 버터로 만든 크루아상을 시럽에 적셔 향기를 담고 아몬드 크림을 더해 풍미를 살렸다. 살짝 구웠기 때문에 겉은 바삭하고 속은 부드러운 식감이 잘 살아 있다.

바쁜 아침 향기로운 빵과 커피를 즐기기에 더없이 좋은 곳이다.

- クロワッサン・オ・ザマンド 쿠로왓상 오 자만도 (크루아상을 시럽에 적시고 아몬드 크림을 더한 것) 330엔

- トゥルト 투루토 (호밀과 통밀을 이용한 파이처럼 생긴 둥근 빵) 240엔
- パンダアサス 판다아사스 (독자적인 밀가루로 만든 전통 빵) 305엔
- バゲットモンジュ 바겟토몬주 (바게트) 280엔
- バタール 바타-루 (바게트보다 두껍고 짧은 원통 모양의 프랑스 빵) 280엔
- さつまいものパン 사츠마이모노 판 (고구마를 넣은 둥근 빵) 250엔
- イチジクのパン 이치지쿠노 판 (말린 무화과를 넣은 빵) 260엔
- パンオフロマージュ 판오후로마-쥬 (스위스산 에멘탈 치즈를 넣은 부드러운 빵) 400엔
- チャバタ 차바타 (겉껍질은 바삭하며 쫄깃한 이탈리아 빵 치아바타) 215엔
- トッサードトマト 톳사-도토마토 (허브에 절인 말린 토마토를 넣은 치아바타) 280엔
- ヴィエノワーズショコラ 비에노와-즈쇼코라 (생크림과 초콜릿 칩을 넣은 쫄깃한 빵) 205엔
- ヴィエノワーズナチュール 비에노와-즈나츄-루 (생크림을 사용한 쫄깃한 빵) 180엔
- パン オ ショコラ 판 오 쇼코라 (초콜릿이 들어간 크루아상) 220엔
- キュルキュマ 큐루큐마 (헤이즐넛과 호두를 강황과 함께 넣은 빵) 280엔
- パンオ ノワ 판오노와 (호두를 가다듬은 달콤한 빵) 260엔
- カンパーニュ 칸파아뉴 (호밀가루, 밀가루, 통밀을 사용해 만든 프랑스 빵) 335엔
- バゲット カンパーニュ 바겟토칸파-뉴 (호밀가루, 밀가루, 통밀을 사용한 바게트) 335엔
- コンプレのパン 콘푸레노 판 (밀을 통째로 갈아 만든 빵) 200엔
- エクメック 에쿠멧쿠 (꿀과 올리브유를 넣은 빵) 330엔
- リヴィエラ 리비에라 (거친 밀가루가 들어간 빵에 참깨를 붙이고 올리브 오일을 바른 것) 309엔
- クロワッサン 쿠로왓상 (발효 버터를 사용한 크루아상) 200엔
- パン オ レザン 판 오 레잔 (건포도와 커스터드 크림을 넣은 둥근 빵) 260엔
- プリエ オ ショコラ 푸리에 오 쇼코라 (커스터드 크림과 초콜릿 칩을 채운 네모난 빵) 280엔
- キャラメルパイ 카라메루파이 (캐러멜 크림과 서양 배를 넣고 파이로 감싼 것) 280엔
- ショソン オ ポム 쇼손 오 포무 (애플파이) 280엔
- レモンパイ 레몬파이 (레몬파이) 280엔
- プチ ブリオッシュ シュクル 푸치 부리옷슈 슈쿠루 (발효 버터와 달걀을 넣어 고소하고 단맛이 있는 프랑스빵) 180엔
- ブレッサンヌシュクル 부렛산누슈쿠루 (브리오슈에 설탕과 버터를 올려 구운 것) 245엔

샌드위치
- ハムとハムとチーズ (이탈리아산 모르타델라 햄, 스위스산 이멘탈 치즈를 사용한 샌드위치) 580엔
- たっぷり卵サラダとキャベツとリュフの香り 탓푸리 타마고사라다토 캬베츠토류후노 카오리 (달걀 샐러드에 트러프 오일을 첨가한 것) 480엔
- 燻しサーモンとアボカド 이부시사-몬토 아보카도 (구운 연어에 허브와 훗카이도산 후추로 강조한 샌드위치) 680엔

데니시 토스트 : 버터를 발라 재료를 빵 위에 올린 덴마크식 토스트
- エメンタールチーズとミックスペッパー 에멘타-루치-즈토 밋쿠스펫파- (엄선한 치즈에 검은색, 흰색, 붉은색 후추를 입힌 것) 580엔
- トーストエッグベネディクト 토-스토엣구베네디쿠토 (구운 베이컨, 포치드 에그에 치즈를 올린 것) 680엔
- 北海道産カレーポテサラと大山ベーコン 홋카이도-산 카레-포테사라토 타이잔베-콘 (베이컨과 매콤한 카레가 들어간 감자 샐러드) 680엔

데니시 디저트
- 厳選した発酵バターとメープルシロップ 겐센시타 핫코-바타-토 메-푸루시롯푸 (발효 버터와 메이플 시럽을 올린 것) 480엔
- 焼きバナナとマシュマロチョコレート 야키바나나토 마슈마로초코레-토 (바나나와 마시멜로를 올리고 살짝 구워낸 뒤 초콜릿 시럽을 올린 것) 480엔
- カイザーのザマントクリームとヴァニラアイス 카이자-노 자만도쿠리-무토 바니라아이스 (뜨거운 빵 위에 메이플 시럽과 카카오닙스를 올린 것) 580엔
- ミックスベリーとヴァニラアイス 밋쿠스베리이토 바니라아이스 (베리 아이스크림에 프랑스산 블루베리 잼을 올린 것) 580엔

음료
- アンドコーヒーブレンド 안도코-히-부렌도 (부드러운 맛 커피) 330엔
- MKブレンド 부렌도 (쓴맛이 강한 커피) 330엔
- カフェラテ 카훼라테 (카페라테) 390엔
- カフェモカ 카훼모카 (카페모카) 420엔
- カフェ・キャラメル 카훼 캬라메루 (카페라테에 캐러멜 소스를 넣고 휘핑크림을 올린 커피) 420엔
- カフェ・アメリカーノ 카훼 아메리카노 (아메리카노) 350엔
- ダージリ 다-지리 (다즐링 홍차) 400엔

 name="img_1">ZONE 02

de tout Painduce

데 토와토 팡듀스

🌐 34.701770, 135.495406 (1F)
⊕ PF2W+P5 오사카시

🖥 www.painduce.com 🍞 600~TWD ⏰ 07:30~22:00 📅 연중무휴 📞 06-4797-7770 🏠 大阪市北 梅田3 -1 -1 エキマルシェ大阪 1F 🚇 JR 오사카(大阪) 역 사쿠라바시(橋) 출구 옆, 지하철 미도스지센(御堂筋線) 우메다(梅田, M16) 역 18번 출구에서 도보 3분(약 300m)

PAINDUCE 팡듀스 가게 정보
🌐 34.686799, 135.499136(1F) ⊕ MFPX+MM 오사카시 ⏰ 08:00~19:00 (토요일 18시까지) 📅 일요일 📞 06-6205-7720 🏠 大阪市中央 淡路町4-3-1FOBOSビル1F 🚇 지하철 御堂筋線 미도스지센 本町 혼마치(M18) 역 2번 출구에서 도보 4분(약 350m)

갓 구워진 빵, 그 향기의 즐거움. 그것은 맡아본 사람만이 알 수 있는 즐거움이다. 빵의 역사를 살피면 무려 6천 년이란 시간을 거슬러 올라가야 한다. 그만큼 인류에게 빵이란 절대 가볍지 않은 존재로 인류의 역사와 함께했다고 해도 과언이 아니다. 그러나 그것은 서양의 역사일 뿐이고, 사실 일본에 전해진 것은 고작해야 400년이다. 그런데 일본인들은 그 짧은 역사를 뛰어넘는 맛을 즐기고 있다. 마치 일본의 전통 음식인 것처럼 마을마다 고유한 맛을 만들고 있는 빵집들을 쉽게 찾아볼 수 있다.

선교사들이 일본에 전해준 빵을 최초로 만들었다는 빵의 시조 江川太郎左衛門 에가와 다로자에몬 이후 다양한 일본 빵이만들어졌다. 대표적인 것으로는 건빵, 다마고빵(달걀빵), 미소빵(된장빵), 미쓰빵(벌꿀을 바른 빵), 소이브레드(반죽에 콩 단백질 분말 첨가한 빵), 잼빵, 메론빵, 카레빵 등이 있다. 일본에서는 독특한 빵을 만든 빵집들이 치열하게 경쟁하고, 맛이 없으면 가게를 연 지 3개월도 되지 않아 문을 닫는다. 웬만한 맛으로는 오랜 기간 가게를 유지하기 어렵다. 일본에서 라멘 가게만큼 치열한 곳이 바로 빵집이다. 2004년 오픈한 'PAINDUCE 팡듀스'는 이런 경쟁 속에서 두각을 드러냈는데, 바로 제철 채소를 사용한 고유의 빵을 전면에 내세웠기 때문이다.

어떤 음식이든 제철에 먹는 것이 가장 맛있다. 일본 음식의 경우 특히나 음식 재료 본연의 맛을 끌어내는 데 집중한다. 재료 본연의 맛을 가장 잘 끌어내는 조리법이 바로 가장 좋은 조리법이다. 그러니 당연히 제철 음식을 중요하게 여긴다. 이런 일본 음식의 특징을 제대로 살린 빵을 볼 수 있는 곳이 바로 팡듀스다. 그런 팡듀스에서 2014년 오사카 역에 새로운 빵집을 냈다. '모두의 빵'이라는 뜻의 '데 토와토 팡듀스'는 출퇴근을 하는 직장인들을 대상

으로 몸에 좋은 다양한 빵을 판매하고 있다. 채소, 과일, 견과류 등을 사용하여 새로운 메뉴와 전통적인 빵까지 다양한 종류를 만들기 때문에 다양한 연령층에 인기가 있다. 시간별로 계속 빵을 구워내기 때문에 따끈한 빵을 맛볼 수 있다.

데 토와토 팡듀스의 빵은 제철 채소와 과일을 활용한 것이 특징이기 때문에 특정 빵을 추천하기는 쉽지 않다. 그래도 굳이 꼽자면 빵집의 가장 기본인 '크루아상'과 '바게트'가 있다. 바게트는 종류가 다양하고, 크루아상은 겹겹이 겹쳐진 얇은 면이 부드럽게 갈라지면서 입안에서 풀어지는 느낌이 일품이다. 식빵은 촉촉한 식감을 살리기 위해 우유와 꿀을 첨가하여 구웠기 때문에 오사카식으로 두껍게 잘라 토스트 한 뒤 버터를 발라 먹으면 좋다.

그 외에 인기 있는 메뉴는 계절 한정 桜ブリオッシュ ^{사쿠라부리오슈} (벚꽃 브리오체)다. 크랜베리와 벚꽃 잎을 넣은 빵으로 꽃봉오리를 형상화한 모양이 귀엽다. 따뜻하게 먹으면 폭신폭신하고 가볍게 잘린다. 벚꽃의 풍미와 빵의 풍미가 잘 어우러진 빵이다. 이 외에도 제철 한정으로 나오는 빵이 많으니 꼭 가게에서 물어보고 맛보길 추천한다.

- クロワッサン 쿠로왓상 (크루아상) 160엔

메뉴

- 栗とゆずのリュスティック 쿠리토 유즈노 류스틱쿠 (밤과 유자 스틱) 200엔
- ほうれん草と黒ごまチーズのフォカッチャ 호-렌소-토 쿠로고마 치-즈노 포캇챠 (시금치가 듬뿍 들어간 치즈 맛의 빵) 200엔
- 黒豆緑茶クランデ 쿠로마메 료쿠챠 구란데 (녹차 가루가 들어간 빵에 검은 콩을 넣은 빵) 160엔
- 大きな丸パン 오-키나 마루판 (버터를 넣어 구운 식빵처럼 부드럽고 심플한 둥근 빵) 210엔
- 黒ごまあんぱん 쿠로고마안판 (통밀 100%를 사용한 팥빵으로 검은 참깨를 넣어 고소한 맛을 살렸음) 210엔
- ハートのミルクパン 하-토노 미루쿠판 (우유를 넣어 부드럽게 만든 하트 모양의 빵) 100엔
- さくらのバゲットのイベリコベーコンエビ 사쿠라노 바겟토노 이베리코베-콘에피 (벚꽃잎, 크랜베리, 베이컨을 작은 바게트 안에 넣고 산초로 맛의 포인트를 준 빵)
- 原木しいたけパン 겐보쿠시-타케판 (표고버섯을 통째로 넣은 빵에 치즈와 후추를 올린 빵)
- オレンジのブリオッシュ 오렌지노 부리옷슈 (브리오슈 반죽에 오렌지 껍질 반죽을 넣고 구운 빵)
- 菜花とクリエールチーズのパン 나노하나토 구리에-루치-즈노판 (통밀과 호밀 반죽에 유채와 치즈를 넣은 빵)
- 北海道産カマンベール入り胚芽フランスパン 홋카이도오산 카만베-루이리하이리 하이가 후란스판 (홋카이도산 카망베르 치즈를 감싼 빵)
- 無添加クリームチーズとブルーベリーの田舎パン 무텐카쿠리-무치-즈토 부루-베리-노 이나카판 (크림치즈와 블루베리를 넣은 빵)

*가격은 저렴한 가격이 기준

간단 일본어

이 빵을 전부 반으로 잘라주시겠어요?
これらのパンを半分ずつカットしてもらえますか?
코레라노 팡오 한분 즈츠 캇토시터 모라에마스카?

계절 한정 빵은 어떤 것인가요?
季節限定のパンは何ですか?
키세츠겐테이노 팡와 난 데스카?

ねぎ焼 やまもと

네기야키 야마모토

🌐 34.704619, 135.501073

⊕ PG32+VC 오사카시

🖥 www.negiyaki-yamamoto.com 🍴 1,200~TWD 🕐 11:30~22:00 📅 부정기 📞 06-6131-0118 🏠 大阪市北 角田町3-25 エ
スト E 27 🚗 지하철 御堂筋線 미도스지센 梅田 우메다(M16) 역 2번 출구에서 도보 5분(약 400m)

여행을 마친 후 추억을 되돌아볼 때 여행지에 대한 평가를 좌우하는 데 있어 큰 비중을 차지하는 것이 바로 음식이다. 여행지에서의 첫 식사는 그 도시의 첫인상이 될 것이고,

마지막으로 먹은 맛있는 음식은 좋은 작별인사가 될 것이다. 그런 까닭에 대부분의 오사카 가이드북이 이 도시의 대표 음식들과 맛있는 음식들이 가득한 식당을 잔뜩 소개하고 있다. 여행지의 유명한 맛집, 누가 먹어도 고개를 끄덕일 만한 메뉴. 하지만 여행객들이 많이 찾지 않는 독특한 음식, 그러나 오사카에서만 맛볼 수 있는 음식을 먹는다면 그 또한 좋지 않을까? 그 가운데 가장 대표적인 음식이 바로 'ねぎ焼 네기야키'다.

ねぎ 네기는 말 그대로 '파', 焼 야키는 '굽다'라는 뜻이다. 네기야키는 1965년 오사카 淀川 요도가와의 작은 가게에서 시작되어 오사카의 향토 요리로 자리 잡은 음식이다. 그 인기가 널리 퍼져 이제는 오사카의 여러 가게에서 만날 수 있다. 가게마다 재료가 조금씩 다르다는 점도 재미있다. 그래도 오사카에서 네기야키를 처음 만든 가게에서 오리지널의 맛을 봐야겠다고 결심했다면 네기야키 야마모토로 가자. 오사카에 본점

외에 3개의 지점을 두고 있는데, 그 가운데 가장 교통이 편한 우메다 에스토 지점(梅田エスト店)을 소개한다. 사람들이 많이 찾기 때문에 회전이 빠르고 만드는 사람의 기술도 좋은 곳이다.

운이 좋다면 쉽게 좌석을 차지할 수 있겠지만, 가게 영업을 시작하고 얼마 지나지 않아 문밖으로 길게 늘어선 줄을 발견할 수 있는 곳이다. 내부는 카운터 석이 중심이기 때문

에 테이블은 많지 않다. 기다리면서 먼저 주문해 둔다면 좌석에 앉자마자 바로 음식을 받을 수 있다. 가게가 바쁠 때는 추가 주문을 받지 않을 수도 있으니 처음 주문할 때 잘 생각해서 주문하는 것이 좋다.

네기야키는 기본적으로 오코노미야키와 비슷하지만, 오코노미에서 사용하는 양배추 대신에 파를 대량으로 쓴다. 들어가는 재료로는 오징어, 소고기, 돼지고기, 소 힘줄, 새우, 가리비, 굴 등이 있다. 여기에 곤약이 들어 있어 식감을 더욱 살리고 있다.

네기야키 야마모토는 다른 가게와는 좀 다른 시스템으로 운영하고 있는데, 바로 모든 양념은 만드는 사람이 결정한다는 것이다. 다른 오코노미야키 가게에서는 소스, 마요네즈, 가다랑어포 등을 손님이 알아서 추가하는데, 이곳에서 소스라는 것은 손님하고는 전혀 상관없이 자체적으로 결정된다. 하지만 실제로 먹으면 간도 딱 적당하고, 겉은 바삭하게 구워져 식감도 훌륭하다. 파는 알맞게 구워진 덕분에 향이 강하게 느껴지지 않고 부드럽게 씹히면서 적당한 단맛만 느껴진다. 만약 네기야키만으로는 조금 부족하다면 焼そば ^{야키소바}나 とん平 ^{톤페이}를 추천한다. 네기야키와는 다른 가게만의 맛을 느낄 수 있다.

추천 메뉴

- すじねぎ 스지 네기 (소 힘줄 네기야키) 1,190엔

메뉴

네기야키 ねぎ焼

- いかねぎ 이카네기 (오징어) 980엔
- 牛肉ねぎ 규니쿠네기 (소고기) 980엔
- 豚肉ねぎ 부타니쿠네기 (돼지고기) 980엔
- えびねぎ 에비네기 (새우) 1,190엔
- 帆立貝ねぎ 호타테카이 네기 (가리비) 1,190엔
- かきねぎ 카키네기 (굴. 계절 한정 메뉴) 1,190엔
- デラックスねぎ 데랏쿠스네기 (디럭스 메뉴로 오징어, 소고기, 돼지고기) 1,400엔
- 海鮮デラックスねぎ 카이센 데랏쿠스네기 (해산물 메뉴로 오징어, 새우, 가리비) 1,400엔
- ハイデラックスねぎ 하이 데랏쿠스네기 (오징어, 소고기, 돼지고기, 소 힘줄) 1,800엔

오코노미야키 お好焼

- いか玉 이카타마 (오징어) 780엔
- 牛肉玉 규니쿠타마 (소고기) 780엔
- 豚玉 부타타마 (돼지고기) 780엔
- すじ玉 스지타마 (소 힘줄) 990엔
- えび玉 에비타마 (새우) 990엔
- 帆立貝玉 호타테타마 (가리비) 990엔
- かき玉 카키타마 (굴) 990엔
- デラックス玉 데랏쿠스타마 (디럭스 메뉴로 오징어, 소고기, 돼지고기) 1,200엔
- 海鮮デラックス玉 카이센 데랏쿠스타마 (해산물 메뉴로 오징어, 새우, 가리비) 1,200엔
- ハイデラックス玉 하이 데랏쿠스타마 (오징어, 소고기, 돼지고기, 소 힘줄) 1,600엔

철판구이 메뉴

- とん平 톤페- (달걀로 감싼 돼지고기 철판구이) 680엔
- いか塩焼 이카시오야키 (오징어 소금구이) 980엔
- 帆立貝塩焼 호타테카이시오야키 (가리비 소금구이) 1,030엔
- 豚バラ塩焼 부타바라시오야키 (돼지갈비 소금구이) 980엔
- ソーセージ鉄板焼 소-세-지텟판야키 (소시지 3개) 980엔

야키소바 메뉴

- 焼そば 야키소바 (소스와 함께 볶은 면 요리) 680엔
- オムそば 오무소바 (야키소바를 달걀로 감싼 것) 830엔

- デラックス焼そば 데랏쿠스야키소바 (오징어, 소고기, 돼지고기가 들어간 면 요리)
  1,190엔
- デラックスオムそば 데랏쿠스오무소바 (디럭스 야키소바를 달걀로 감싼 것) 1,290엔
- フリージンクハイボール 후리-진구하이보-루 (위스키에 소다수를 탄 술) 490엔
- ノンアルコール 논아루코오루 (무알코올 음료) 430엔
- ソフトドリンク 소후토도린쿠 (탄산음료) 230엔

기타

- おつまみきゅうり・キムチ 오츠마미큐-리 키무치 (안주 오이, 김치) 각 300엔
- スーパードライエクストラコールド 스-파-도라이에쿠스토라코-루도 (아사히 맥주)
  590엔
- 生ビール 나마비-루 (생맥주) 450엔

테이블 석이 나올 때까지 기다려도 될까요?
テーブル席が空くまで待ってもいいですか？
테-부루세키가 아쿠마데 맛테모 이- 데스카?

네기야키와 야키소바 하나씩 주세요.
ねぎ焼と焼きそばを一つずつお願いします。
네기야키토 야키소바오 히토츠 즈츠 오네가이시마스.

スエヒロ

스에히로

🌐 34.698011, 135.498319

⊕ MFXX+58 오사카시

🖥 www.e-suehiro.com 🍴 4,000~TWD ⏰ 11:30~14:00(점심) / 17:00~22:00(저녁) 📅 일요일, 12월 31일, 1월 1~4일 📞 06-6341-1638 🏠 大阪市北 根崎新地1-11-11 🚇 지하철 四つ橋線 요쓰바시센 西梅田 니시우메다(Y11) 역 7번 출구에서 도보 4분(약 300m)

오사카에는 도쿄 銀座 ^{긴자}에 비견되는 번화가가 있다. 회사원을 주요 손님으로 하는 가게들이 대부분인 이 오사카의 긴자는 '北新地 ^{키타신치}'라고 불린다. 오사카의 회사원들이 저녁에 접대를 위해 이용하던 가게들이 몰려 있어 한때는 하룻밤에 1,000만 엔을 쓰기도 했다는 전설 같은 이야기가 전해지기도 한다. 지금도 그런 곳들이 있어 여행객들이 찾기에는 좀 부담스러운 가격대의 가게들이 많다. 가격대가 높은 만큼 그에 걸맞은 접대가 있어야 하기에 인테리어나 서비스는 모두 수준이 높다. 하지만 그 높은 수준을 유지하기 위해 노력하는 사람들의 이야기는 쉽게 알 수가 없다.

이렇듯 수준 높은 재료와 요리사의 기술을 보고 싶다면 北新地 ^{키타신치}를 찾으면 된다. 1910년 고급 소고기 요리점으로 문을 연 스에히로는 그곳에서도 상위권에 속하는 가게다. 더구나 우리에게 익숙한 しゃぶしゃぶ ^{샤부샤부}라는 음식을 고안해낸 사람이 바로 이곳 사장이었다고 하니 더욱 궁금해진다.

스에히로는 붉은색 벽돌이 인상적인 4층 건물에 자리하고 있다. 저녁 접대를 하는 곳으로 사용되기 때문인지 저녁 식사는 가격대가 높고 개인실과 회의실도 준비되어 있다. 따라서 여행자들에게는 가게의 분위기와 고급스러운 요리를 저렴하게 즐길 수 있는 런치 메뉴가 좋다.

스에히로는 고급 소고기(검은 소)로 시작했기 때문에 고기 요리가 대부분이다. 스테이크, すき焼き ^{스키야키}, しゃぶしゃぶ ^{샤부샤부} 등이 주 메뉴이다. 특이하게도 스에히로가 샤부샤부를 처음 개발한 곳이지만 이곳의 주메뉴는 샤부샤부가 아니다. 여행자들이 원조 샤부샤부를 먹기 위해 들리는 것일 뿐, 실제로는 스테이크가 가장 인기가 좋다. 하지만 우리에게 중요한 것은 바로 샤부샤부다. 원조의 샤부샤부는 어떤 맛인지 궁금하고, 얼마나 좋은 고기를

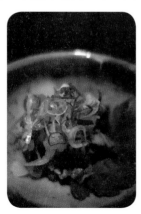

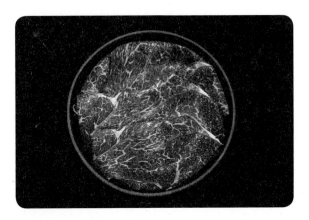

쓰기에 인기 점이 되었는지도 알고 싶다.

스에히로는 런치 메뉴(11:30~14:000)로 3종류의 샤부샤부를 제공한다. 흑돼지 샤부샤부 (黒豚とんしゃぶ), 샤부샤부 런치(しゃぶしゃぶランチ), 일본 흑우 샤부샤부 런치(黒毛和牛しゃぶしゃぶランチ)다. 개인적으로는 그중 가격대가 괜찮은 샤부샤부 런치를 추천한다. 서빙되는 모양은 다른 곳과 크게 다르지 않다. 다만 고기가 얇고 넓적하게 나오는 것만 다를 뿐이다. 하지만 고기는 명성에 걸맞게 부드럽고 쫄깃하며 풍부한 향을 낸다. 고기를 육수에 담갔다가 참깨 소스(ごま酢)에 찍어 먹는데, 스에히로의 소스는 2가지 참깨를 갈아 만드는데 그 맛이 깔끔하면서 고소해 고기의 맛을 잘 살려준다.

스에히로의 すき焼き 스키야키는 간장을 기본으로 하는 양념에 고기를 구워 달걀을 찍어 먹는다. 매우 달콤하고 푸딩처럼 탱탱한 노른자가 있는 달걀에 찍어 먹으면 달콤하면서도 짭짤한 맛이 밥을 술술 넘어가게 한다. 참고로 스에히로에서 사용하는 그릇과 냄비 등은 일본에서 유명한 장인이 만들었다고 한다. 사용할 때 조심~~

추천 메뉴

- しゃぶしゃぶランチ 샤부샤부 란치 (샤부샤 런치) 3,200엔

메뉴

- 黒豚とんしゃぶ 쿠로부타 톤샤부 (흑돼지 샤부샤부) 2,300엔
- 黒毛和牛しゃぶしゃぶランチ 쿠로게 와규- 샤부샤부 란치 (일본 흑소 샤부샤부 런치) 5,200엔
- 和風ステーキ 와후- 스테-키 (일본풍 스테이크) 2,592엔
- 黒毛和牛ロースステーキ 쿠로게 와규- 로-스 스테-키 (일본 흑소 등심스테이크) 5,500엔
- ガーリックステーキ 가-릭쿠 스테-키 (마늘 스테이크) 2,500엔
- ロースランチ 로-스 란치 (등심 런치) 2,400엔
- ヒレビフカツ 히레 비후카츠 (소 등심 돈가스) 2,800엔

★ 세금 별도

간단 일본어

저 사람들이 먹고 있는 게 뭐예요?
あちらの方 が食べているのは何ですか？
아치라노 카타가타가 타베테 이루노와 난데스카?

이것 좀 치워주시겠어요?
これを下げてもらえますか？
코레오 사게테 모라에마스카?

たちばな

타치바나

🌐 34.700501, 135.496012 (B2)
⊕ PF2W+4F 오사카시

💻 shiki-tachibana-hilton.gorp.jp | www.dotonboribeer.co.jp(맥주) 🍺 1,000~TWD 🕐 11:00~15:00 / 17:00~23:00(토·일·공
휴일 11:00~23:00) 🏧 부정기 📞 06-4796-5770 🏠 大阪市北 梅田1-8-16 ヒルトンプラザイースト B2 🚙 지하철 四つ橋線 요쓰바
시센 西梅田 니시우메다(Y11) 역 6번 출구 쪽에서 힐튼 프라자 연결 통로를 이용해 지하로 내려가면 된다(약 50m)

일본 사람들은 정말 맥주를 좋아한다. 집에서, 야외에서 어디서든 가볍게 맥주 한잔하는 모습을 쉽게 발견할 수 있다. 시원한 생맥주 한 잔에 스트레스를 날려버리는 건 우리도 마찬가지이지만, 특히나 덥고 습한 일본 날씨를 겪어보면 일본인들이 목욕 후 시원한 맥주 한 잔을 왜 그리 간절히 원하는지 이해할 수 있다.

이렇게 맥주를 즐기는 까닭 때문인지 일본의 맥주 제조 기술은 세계적으로도 유명하다. 맥주 종류도 정말 다양하다. 한국에도 잘 알려진 아사히, 기린 같은 대형 제조업체뿐만 아니라 각 지역에서도 직접 독특한 맥주를 제조 판매하고 있다.

지역 기반의 제조업체는 생산량이 많지 않고 유통기한도 짧아서 자체적으로 음식점이나 선술집을 운영하면서 생맥주 상태로 맥주를 판매한다. 그래서 그런지 독특한 맛과 향을 가지고 있고 또 더 맛있게 느껴지는 면도 있다. 오사카에도 지역 맥주가 몇 종류 있는데, 그 가운데 유명한 것은 바로 도톤보리 맥주(道頓堀地ビール)다.

도톤보리 맥주는 1996년 양조장을 세우면서 처음 시작되었다. 다른 맥주와 차별화하기 위해서 다른 재료는 일절 사용하지 않고 맥아 100%와 오사카 물을 사용하여 만들었다. 또 일식에 잘 어울리는 맥주라는 콘셉트로 맥주를 만들어 부드러운 맛이 특징이다.

회사 홈페이지에서 소개하는 맥주는 6종이지만 그중 4개는 계절 한정으로 수량도 그렇게 많지 않기 때문에 관광객이 맛보기는 쉽지 않다. 대신 가장 대표적인 2종은 회사에서 직영하는 식당에서 언제나 즐길 수 있는데, 바로 'ケルシュ 케루슈'와 '아르토 알토'다. 케루슈는 독일 켈른 지방의 맥주 제조법으로 만드는데 저온으로 숙성시켜서인지 매우 부드럽고 깔끔해 일식과 잘 어울린다. 알토는 독일 뒤셀도르프 지방의 맥주 제조법으로 만들면서 약간 쓴맛을 강조해 생선

요리와 궁합을 맞춘 맥주다.

일식에 걸맞은 맥주를 만들었기 때문인지 도톤보리 맥주 회사에서는 '타치바나'라는 직영 레스토랑을 운영한다. 이곳의 대표 음식은 바로 '두부'다. 鳥取 돗토리 산 대두 'サチユタカ 사치유타카'와 '黒潮 쿠로시오'의 천연 바닷물로 만든 수제 두부는 젤리처럼 가벼운 탄력이 있으면서 입안에서 부드럽게 으깨져 부드러운 단맛을 느낄 수 있다. 두부 외에 항상 신선한 생선회도 일품이다.

맥주와 함께 음식을 즐기려면 저녁때는 4,000~5,000엔 정도의 예산을 생각해야 하므로 런치 메뉴가 적당하다. 'お昼の雨滝御膳 오히루노아메다키고젠'은 두부, 유바, 튀김이 나오기 때문에 맥주와 같이 먹기 좋다. 가벼운 식사로는 점심 한정으로 판매하는 大きな海老天丼 오-키나 에비 텐동 (새우튀김 덮밥), 고급 멸치가 듬뿍 올려진 釜揚げしらす丼 카마게시라스동, 제철 생선이 밥 위에 오른 海鮮丼 카이센동 등이 좋다. 맛있는 식사에 시원한 맥주 한 잔이면 여행의 피로를 풀 수 있을 것이다.

- 大きな海老天丼 오-키나 에비 텐동 (커다란 새우튀김 덮밥) 1,000엔

메뉴

런치 메뉴

- 아메타키 정식 お昼の雨滝御膳 오히루노 아메타키 고젠(생선회, 튀김, 두부 산적) 1,620엔
- 효노센 정식 お昼の氷ノ山御膳 오히루노 효-노센 고젠(두부와 튀김 모듬) 2,160엔
- 釜揚げしらす丼 카마아게 시라스동 (멸치 치어를 사용하고 날달걀을 올린 덮밥) 950엔
- 海鮮丼 카이센동 (아침 어시장에서 바로 가져온 신선한 해산물 덮밥) 1,200엔
- 牛重 우시에 (일본 검은 소를 사용해 만든 특별한 덮밥) 1,650엔
- 煮魚 니자카나 (생선조림, 두부, 밥, 채소 절임 등의 정식) 1,000엔
- 天ぷら 텐부라 (텐부라 모듬, 두부, 밥, 채소 절임 등의 정식) 1,000엔
- 豚生姜焼き 부타쇼-가야키 (생강 양념으로 구운 돼지고기, 두부, 밥, 채소 절임 등의 정식) 1,000엔

기타

- さる豆腐 자루토-후 (갓 만든 두부를 체에 흘러 넣어 부드럽게 만든 따뜻한 두부) 790엔
- 豆水とうふ 마메미즈토-후 (깨끗한 물로 만든 두유) 690엔
- 生湯葉お刺身 나마유바 오사시미 (갓 만든 유바를 바로 내온 것) 690엔
- 豆腐の味噌田楽 토-후노 미소덴가쿠 (두부를 구워 3종류의 된장으로 양념한 것) 590엔
- クリームチーズ豆腐 크리-무치-즈토-후 (크림치즈 같은 두부) 490엔
- にぎり寿司五貫盛り合わせ 니기리즈시 이누키 모리아와세 (5종류의 스시) 1,290엔
- 枝豆 에다마메 (일본에서 삶아서 소금 양념을 해서 안주로 까먹는 콩) 490엔
- 水ナス 미즈나스 (물기가 많은 가지를 조리한 것) 853엔
- 漬物盛り合わせ 츠케모노모리아와세 (여러 종류의 절임 채소를 모은 것) 790엔

간단 일본어

케르슈 맥주 한 잔 주세요.
ケルシュビールとアルトビールを一杯ずつください。
케루슈 비-루토 아루토 비-루오 입빠이 즈츠 쿠다사이.

차가운 물 한 잔 주시겠어요?
冷たいお水をいただけますか？
츠메타이 오미즈오 이타다케마스카?

権兵衛

콘베이

🌐 34.698711, 135.511721
➕ MGX6+FM 오사카시

🖥 www.gonbei.co.jp 🍴 3,000~TWD ⏰ 17:00~02:00 🗓 부정기 📞 06-6353-8884 🏠 大阪市北 天神橋3-1-8 🚇 지하철 谷町
線 타니마치센 南森町 미나미모리마치(T21, K13) 역 5번 출구에서 도보 2분(약 100m)

난바 파크스 점
🌐 34.661532, 135.502277 (6층) ➕ MG62+HV 오사카시 ⏰ 11:00~23:00 🗓 부정기 📞 06-6575-9400 🏠 大阪府大阪市浪速
難波中2丁目10-70 なんばパークス 6階 🚇 지하철 御堂筋線 미도스지센 なんば 난바(M20) 역 20번 출구에서 도보 2분. 지하상가 연결
가능 (약 140m)

닭고기, 돼지고기, 채소 등을 꼬치에 끼워 파는 꼬치구이의 묘미는 은은한 불에 적당히 구워져 소재의 맛이 잘 살아난다는 점에 있다. 은은한 숯불 옆에서 구워진 고기의 맛은 정말 먹어 본 사람만 그 맛을 알 수 있다. 이처럼 숯불과 꼬치구이의 만남은 환상적이다. 그리고 그 맛을 제대로 내는 곳이 바로 '権兵衛 콘베이'다.

'やきとり 야키토리'는 '굽다'의 焼き 야키와 '닭'의 鳥 토리가 만난 단어로, 닭고기를 꼬치에 끼워 구운 것을 가리키는 말이었다. 하지만 지금은 소고기나 돼지고기를 구운 것도 야키토리, 즉 꼬치에 끼워 구운 것을 통틀어 지칭한다.

콘베이는 오사카에 여러 점포를 두고 있는 분위기 좋은 숯불 야키토리 집이다. 가게마다 나름의 콘셉트를 가지고 있는데, 공통으로 깔끔함과 고급스러움이 담겨 있다. 요리의 시작부터 손님의 테이블에 나오는 순간까지 음식 재료의 맛을 끌어내고 그릇에 보기 좋게 담아 손님에게 최고의 경험을 할 수 있게 한다.

사실 모든 점포를 소개하고 싶지만, 그중 여행객에게 가장 추천하는 가게는 天神橋筋 텐진바시스지 상점가에 있는 매장이다. 입구에서부터 사람들의 시선을 붙잡는 곳으로, 개인적으로도 입구가 눈에 들어와 들어가게 된 가게다. 마치 나무로 엉성하게 만들어진 듯 보여도 꼼꼼히 살피면 깔끔하게 정돈되어 있고, 내부로 들어서면 나무 식탁과 의자들이 가게의 분위기를 한층 살리고 있다.

입구 바로 옆에는 숯불구이 집이라는 것을 강조하기 위해서인지 숯을 담은 조리 시설이 보인다.

자리에 앉아 야키토리를 주문하면 되는데, 여기서 주의할 것이 있다. 주문할 때 소금으로 먹는지 특제 소스로 먹을지 아예 결정해서 이야기해야 한다. 그리고 기본적으로 같은 종류의 야키토리를 최소 2개씩, 혹은 그 이상 주문해야 한다. 하지만 메뉴판에 적힌 가격은 야키토리 1개의 가격이니 주문할 때 계산을 잘해야 한다. 여행객처럼 다양한 야키토리를 먹어 보고 싶은 사람에게는 야키토리 모둠을 추천한다. 몇 가지 종류의 야키토리가 골고루 나오기 때문에 일일이 주문하기 귀찮은 사람이나 일본어가 약한 사람에게 알맞다.

매장에서 파는 모든 야키토리가 맛있긴 하지만, 그 가운데서도 추천한다면 'うなま山地鶏 炙り焼 우나마 아마 지도리 아부리야키'다. 규슈 미야자키 숲에서 자란 건강한 닭을 숯으로 구워낸 것으로 야키토리지만 꼬치에 끼우지 않고 조리한 게 특징이다.

맛있는 야키토리를 준비했기에 가게에는 다양한 술이 준비되어 있다. 하지만 역시 야키토리에는 맥주다.

자! 모두 맥주잔을 들고 건배!

일본에서 먹을 수 있는 야키토리 대표 메뉴

닭	채소
かしわ 카시와 (가슴살, 다리살)	ネギ 네기 (파)
手羽先 데바사키 (날개)	ししとう 시시토우 (고추)
アカ 아까, レバー 레바 (간)	シイタケ 시이타케 (표고버섯)
ねぎま 네기마 (파와 고기)	エリンギ - 에린기 (새송이버섯)

- うなま山地鶏 炙り焼 우나마 야마 지도리 아부리야키 (숯불에 구운 토종닭 요리)
  1,620엔

메뉴

야키토리

- きも 키모, レバー 레바ー (간) 151엔
- せせり 세세리 (목살) 172엔
- 皮 카와 (껍질) 172엔
- つなぎ 츠나기 (심장과 간을 연결하는 부위) 172엔
- ほんじり 본지리 (三角, 닭의 꼬리 부분) 194엔
- 特製つくね 토쿠세-츠쿠네 (다진 닭고기를 반죽하여 동그란 모양으로 만든 뒤 구운 것) 216엔
- つくねチーズ 츠쿠네치-즈 (츠쿠네에 치즈를 더한 것) 237엔
- しんぞう 신조- (심장) 172엔
- ささみわさび 사사미와사비 (고추냉이를 더한 연한 닭가슴살) 194엔
- ささみ梅しそ 사사미우메시소 (연한 닭가슴살에 독특한 향이 나는 매실차잎을 더한 것) 194엔
- ささみめんたい 사사미멘타이 (명란젓을 더한 연한 닭가슴살) 216엔
- ねぎま 네기마 (닭고기와 대파를 꼬치에 꽂아 구운 것) 237엔
- むねわさび 무네와사비 (고추냉이를 더한 가슴살) 194엔
- 鴨ねぎ 카모네기 (오리고기와 파를 꽂아 구운 것) 237엔
- 鴨つくね 카모츠쿠네 (오리고기를 반죽하여 동그란 모양으로 만든 뒤 구운 것) 237엔
- 手羽先 테바사키 (날개) 237엔
- 焼鳥盛合せ5串 야키토리모리아와세 고쿠시 (야키토리 모둠 5개. 종류는 날짜에 따라 달라짐) 950엔

꼬치구이

- エビ スパイス 에비 스파이스 (새우를 매콤하고 구운 것) 216엔
- エビ タルタル 에비 타루타루 (새우에 소스를 발라 구운 것) 237엔
- 豚ばら 부타 바라 (삼겹살 구이) 237엔
- 豚ロース 부타 로-스 (돼지 등심) 302엔
- たまねぎ 타마네기 (양파) 172엔
- 長いも 나가이모 (참마) 194엔
- 白ねぎ 시로네기 (파의 하얀 부분) 194엔
- エリンギ 에린기 (새송이버섯) 194엔
- しいたけ 시-타케 (표고버섯) 194엔
- ししとう 시시토- (짧고 맵지 않은 고추) 194엔
- 焼野菜盛合せ5串 쇼오야사이모리아와세 고쿠시 (채소 꼬치구이 5종) 929엔

*야키토리, 꼬치구이는 2개씩 주문해야 함. 메뉴 1개를 주문하면 기본 2개가 나옴. 가격은 1개 가격

튀김
- チキン南蛮 치킨남반 (닭고기를 튀기고 특제 소스를 뿌린 요리) 842엔
- 鶏の唐揚げ 토리노 카라아게 (닭고기에 튀김옷을 붙이고 튀긴 것) 626엔
- ヤゲン軟骨の唐揚げ 야겐난코츠노 카라아게 (닭 연골 튀김) 594엔
- ポテトフライ 포테토후라이 (감자튀김) 594엔
- さつまいもスティックフライ 사츠마이모스티쿠후라이 (고구마 튀김) 594엔

매운 반찬
- きゅうりの浅漬け 큐우리노 아사즈케 (오이무침) 432엔
- 白菜キムチ 하쿠사이키무치 (배추김치) 518엔

식사
- たまごかけご飯 타마고카케 고한 (달걀덮밥) 486엔
- 焼きおにぎり 야키오니기리 (간장 혹은 소스를 발라 구운 주먹밥) 388엔
- 塩麹雑炊 시오코오지조오스이 (소금으로 간을 한 죽) 734엔
- 焼鳥丼 야키토리동 (야키토리를 올린 밥) 842엔
- すさみ猪豚の豚丼 스사미이노부타노 부타돈 (돼지고기 덮밥) 1,058엔
- 河内の合鴨丼 카와치노 아이가모돈 (오리고기 덮밥) 1,058엔

간단 일본어

맥주 먼저 주세요.
とりあえず生ビールをください。
토리아에즈 나마비-루오 쿠다사이.

소금으로 해주세요.
塩でお願いします。
시오데 오네가이시마스.

千草

치구사

🌐 34.706327, 135.511640

➕ PG46+GJ 오사카시

🍴 1,500~TWD ⏰ 11:30~21:00 📅 화요일 📞 06-6351-4072 🏠 大阪市北 天神橋4-11-18 🚇 지하철 堺筋線 사카이스지센 天神橋筋六丁目 텐진바시스지로쿠쵸메(T18, K11) 역 12번 출구에서 도보 5분(약 350m). 좁은 골목 사이에 있기 때문에 지나치기 쉽지만, 중앙 통로에서 간판이 보인다.

오사카 사람들에게 '**お好み焼き** 오코노미야키'란 어렸을 때부터 먹어온 친숙한 음식이다. 어떤 면에서는 단순한 음식이 아니라 어린 시절의 추억이 담긴 그리운 음식일 것이다. 하지만 세월의 흐름에 따라 가게는 변한다. 시대의 변화나 가게 주인의 사정에 따라 변하는 것이 자연스러운 일이다. 또 사람들의 입맛이란 게 성장하면서 조금씩 변화하고 시대가 요구하는 맛도 변한다. 하지만 세상 어느 곳이든 최고는 쉽게 변하지 않는다. 변화에 맞추어 가면서도 기본의 맛을 지킨다. 그 점이 바로 오랜 전통을 가진 음식점의 비결일 것이다.

오코노미야키 전문점 '**千草** 치구사'도 바로 그런 오랜 전통을 가진 곳이다. 3대에 걸쳐 60년 넘게 운영되고 있는 곳으로 오사카 사람들의 그리운 맛이 무언가를 알게 해주는 가게다. 워낙 단골도 많고, 그들의 손에 이끌려오던 아이들이 성장해서 다시 자신의 자녀를 데려오는 그런 정겨운 가게다. 위치도 쉽게 찾을 수 없는 곳에 있어 단골이 아니라면 가기 어려운 곳이다. 가게의 입구는 **天神橋筋** 텐진바시스지 상점가 골목에서도 두 사람이 나란히 서면 꽉 찰 정도인 비좁은 골목으로 들어가야 찾을 수 있다. 그래도 지금까지 수많은 사람이 찾는 것을 보면 대단한 가게이기는 하다.

골목으로 들어와 매장 입구까지만 보면 정말 작은 가게일 것이란 생각이 들지만, 의외로 안은 넓고 좌석도 충분하므로 부담 없이 식사할 수

있다. 바쁠 때를 제외하면, 4인 테이블에 혼자 앉더라도 가게에서는 신경 쓰지 않기 때문에 혼자서도 편안하게 먹을 수 있다. 단지 아쉬운 점은 관광객이 아닌 일본 단골을 위한 가게이기 때문에 흡연이 자유롭다. 공휴일에는 가족 단위로 온 사람들이 많은데, 가게 안에서 자연스럽게 흡연을 한다. 만약 담배가 부담스럽다면 평일 한가한 시간에 찾아가면 천천히 그리고 맑은 공기를

마시며 음식을 먹을 수 있다.

이곳의 메인 메뉴는 바로 커다란 돼지 등심 한 덩이가 오코노미야키 사이에 들어가는 '千草燒 치구사야키'다. 점원이 직접 와서 달걀과 채소를 섞은 반죽을 굽고, 그 위에 돼지 등심을 얹고 다시 반죽을 덮어 샌드위치처럼 오코노미야키를 만든다. 점원이 계속 익은 상태를 확인하기 때문에 따로 건들지 않고 그대로 두면 된다. 다 구워지면 겨자, 마요네즈, 케첩, 오코노미야키 소스를 배합한 소스를 발라 치구사야키를 완성한다. 채소 사이에서 익은 돼지고기와 여러 맛이 섞인 소스는 궁합이 잘 맞는다.

오코노미야키와 함께 빼놓을 수 없는 것이 바로 '焼きそば 야키소바'다. 굴, 돼지고기, 오징어, 새우 등 다양한 재료로 만드는데, 주문하면 완성되어 손님 테이블로 옮겨진다. 가장 추천할만한 메뉴는 돼지고기 야키소바로, 두툼한 돼지고기와 굵은 면, 진한 소스가 잘 버무려서 기분 좋게 먹을 수 있다.

• 千草焼 치구사야키 (상급의 돼지고기 등심을 사용한 가게의 대표 오코노미야키), 950엔

오코노미야키 お好み焼き

• アベック 아벳쿠 (돼지고기, 오징어, 달걀 2개가 들어간 것) 950엔
• チャンポン 찬폰 (돼지고기, 오징어, 새우가 들어간 것) 950엔
• かき 카키 (굴, 겨울 한정) 950엔
• 牛肉 규니쿠 (소고기) 850엔
• えび 에비 (새우) 850엔
• ぶた 부타 (돼지고기) 750엔
• いか 이카 (오징어) 750엔
• 玉子 타마고 (달걀) 650엔
• すじ 스지 (소 힘줄. 쫄깃한 식감이 있음) 850엔

야키소바 焼きそば

• チャンポン 찬폰 (돼지고기, 오징어, 새우가 들어간 것) 950엔
• かき 카키 (굴, 겨울 한정) 950엔
• 牛肉 규니쿠 (소고기) 850엔
• ぶた 부타 (돼지고기) 750엔
• いか 이카 (오징어) 750엔
• えび 에비 (새우) 850엔

소금구이 塩焼

• かき 카키 (굴, 겨울 한정) 950엔
• えび 에비 (새우) 800엔
• いか 이카 (오징어) 700엔
• 貝柱 카이바시라 (조개관자) 900엔
• 砂ずり 스나즈리 (닭 모래집) 600엔
• 豚トロ 톤토로 (돼지 목살) 600엔

기타

• おにぎり 오니기리 (주먹밥) 250엔
• みそ汁 미소시루 (된장국) 200엔
• ビール 비-루 (맥주 작은 것) 450엔
• ソフトクリーム 소후토 쿠리-무 (소프트크림) 250엔
• クリームソーダ 쿠리-무 소-다 (크림 소다) 300엔

맥주 한 병 더 주세요.

ビールをもう1本ください.

비-루오 모- 입뽕 쿠다사이.

앞접시 두 개만 주시겠어요?

取り皿を2ついただけますか?

토리자라오 후타츠 이타다케마스카?

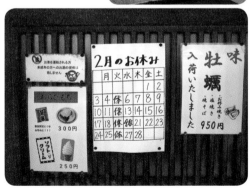

たこ焼道楽わなか

타코야키 도라쿠 와나카

🌐 34.704172, 135.511276
⊕ PG36+MG 오사카시

🖥 takoyaki-wanaka.com 📧 500~TWD 🕐 11:00~22:30(월~토) 11:00~21:30(일, 공휴일) 🗓 부정기 📞 06-6881-0353 🏠 大阪府大阪市北 天神橋4-7-21 🚇 지하철 堺筋線 사카이스지센 扇町 오기마치(K12) 역 1번 출구에서 도보 1분(약 30m)

'원조'라는 이름이 붙어 있으면 사람들의 호기심을 자극한다. 원조란 단어는 아무것에나 붙이는 것도 아니고, 많은 사람이 좋아하고 그 맛에 반해야 원조라는 단어를 붙일 수 있기 때문이다. 원조란 단어를 인기도 없는 메뉴에 붙여 보았자 아무런 의미가 없다. 이렇게 메뉴에 원조라는 단어를 붙이는 것은 한국이나 일본이나 크게 다르지 않다. 원조라는 단어 하나로 가게의 매상이 달라진다. 그래서 사람들은 원조라는 단어를 붙이기 위해 오늘도 새로운 메뉴를 개발하려고 노력한다. 그런 가게들 가운데 가장 치열한 메뉴가 '타코야키'와 '오코노미야키'가 아닐까?

타코야키의 원조는 '会津屋 ^{아이즈야}'라는 가게에서 만든 '元祖ラヂオ 焼 ^{라디오야키}'다. 그 이후 수많은 타코야키가 생겨났고, 가게마다 독특한 소스와 재료를 사용해 새로운 맛을 개발했다. 이곳 'たこ焼道楽わなか ^{타코야키 도라쿠 와나카}'는 새로운 맛의 타코야키를 선보일 뿐만 아니라 한발 더 나아가 새로운 메뉴를 개발했다. 바로 'たこせん ^{타코센}'이다. 와나카 는 바로 이 타코센에 원조란 단어를 붙일 수 있다.

たこせん ^{타코센}은 얼핏 보면 그다지 독특해 보이지 않는다. 단순히 과 자 사이에 타코야키를 넣은 것처럼 보이지만, 사실 맛의 조합이 그리 간 단하지 않다. 타코센은 새우 煎餅 ^{센베}를 샌드위치의 빵처럼 해서 그 안 에 타코야키 2개를 넣고 소스를 뿌린 것이다. 파, 치즈 등을 토핑으로 올리기도 한다. 바삭한 전병 안에 들어간 타코야키와 그 둘을 이어주는 소스로 타코센은 정말 하나의 음식 이 되어 버렸다.

개인적으로 たこせん 타코센은 본점보다는 텐진바시스지 쪽 가게 를 추천한다. 일본에서 가장 긴 상 점가라는 天神橋筋 ^{텐진바시스지} 상점 가에는 'たこ焼道楽わなか ^{타코야키 도 라쿠 와나카}' 지점 2곳이 있다. 그 가운 데 화려한 간판으로 사람들의 눈길 을 사로잡는 天四店 ^{텐시점}을 추천한 다. 와나카는 지점마다 메뉴가 조금

씩 다른데, 이곳은 타코센에 타코야키가 3개가 들어가고 파와 치즈를
토핑으로 올릴 수 있다.

たこ焼道楽わなか 타코야키 도라쿠 와나카에는 타코센 말고도 독특한 메뉴
가 많다. 이제는 판매하지 않지만, 오므라이스처럼 타코야키에 달걀을
얹은 オムたこ 오므타코는 정말 맛있는 메뉴다. 부드러운 달걀과 함께 먹
는 타코야키는 달걀의 부드러운 단맛과 어우러지며 사람을 기분 좋게
한다. 다른 지점에서라도 이 메뉴가 다시 등판하길 바란다. 가게에서
이 메뉴를 발견한다면 꼭 먹어보길 추천한다. 그 외에도 명란젓을 올린
'明太チーズマヨ 멘타이치즈마요', 소금 폰즈에 찍어 먹는 'ねぎ塩ぽん酢 네기
시오 폰즈' 등이 대표적이다.

독특한 메뉴보다는 타코야키 그 자체를 맛보고 싶다면, 'おおいり 오
오이리'를 추천한다. 파+소금, 오리지널 소스, 간장소스+가다랑어포를 양
념으로 쓴 타코야키가 2개씩 들어 있고, 매월 바뀌는 타코야키가 2개
들어가 있어 4종류의 맛을 맛볼 수 있다. 타코야키에 무슨 독특한 메뉴
가 이렇게 있냐고 할 정도로 다양한 타코야키가 있으니 여유가 있다면
다른 메뉴도 즐겨보자.

- おおいり 오-이리 (타코야키 양념 3가지와 기간 한정 양념 1개를 맛볼 수 있는 메뉴)
8개 600엔

메뉴

- たこせん 타코센 (2장의 새우 전병 사이에 타코야키를 놓고 소스를 뿌린 것) 200엔
- たこやき 타코야키 (가장 기본이 되는 타코야키. 소스는 기본, 소금, 간장, 매운맛 소스로 4가지를 고를 수 있음) 8개 500엔
- 明太チーズマヨ 멘타이 치-즈 마요 (명란 치즈 마요) 8개 650엔
- ねぎ塩ぽん酢 네기 시오 폰즈 (파를 올려 파의 풍미를 느끼고, 산뜻한 소금 폰즈에 찍어 먹는 타코야키) 8개 650엔
- わんこだこ 완코다코 (따뜻한 국물과 함께 먹는 타코야키) 9개 650엔

간단 일본어

파를 토핑해 주세요.
ねぎをトッピングしてください。
네기오 톳핑구시테 쿠다사이.

포장해 주세요.
持ち帰りでお願いします。
모치카에리데 오네가이시마스.

中村屋

나카무라야

🌐 34.697109, 135.511665
⊕ MGW6+RM 오사카시

🍴 300~TWD 🕐 09:00~18:30 📅 일요일, 공휴일 📞 06-6351-2949 🏠 大阪市北 天神橋2-3-21 🚗 지하철 堺筋線 사카이스지센
南森町 미나미모리마치(K13) 역 4번 출구에서 도보 2분

天神橋筋 텐진바시스지 상점가는 상점 수가 600여 개나 되고, 남북으로 이어진 거리가 총 2.6km에 이르는 일본에서 가장 긴 상점가이다. 긴 거리만큼이나 다양한 상점들이 모여 있는 상점가는 주소의 지명을 따서 '몇 丁目 쵸메 상점가'와 같이 분류되어 총 1~8쵸메까지 8개로 분류되어 있다. 처음 상점가가 생긴 것은 에도 시대로 당시에는 지금보다 더 긴 거리였다고 한다. 당시 오사카가 일본 물류의 중심지였기에 이렇게 커다란 상가가 발달할 수 있었다. 오랜 역사가 있는 상점가이기 때문에 중간마다 이야기가 전해지는 명소가 존재하고, 그런 명소를 찾아가는 재미도 있다.

오랜 역사만큼이나 맛있는 식당들도 많다. 이번에는 식당이라기보다는 거리 음식이라고 불러야 할 가게다. 가게는 정말 좁아서 사람들이 앉을 좌석도 없고 오직 포장으로만 판매한다. 그래도 사람들은 음식을 사기 위해 길게 줄을 선다. 그곳은 바로 コロッケ 고롯케 (크로켓) 전문점 '中村屋 나카무라야'다.

나카무라야 앞으로 가면 의문이 든다. 정말 여기가 유명한 가게 인가 하는 궁금증이다. 가게 자체의 청결 상태는 매우 좋지만, 오랜 세월 때문인지 허름하게 보인다. 하지만 하루에 삼천 개 넘게 팔리고, 휴일에는 20명이 넘는 긴 줄이 생기는 인기 튀김 가게다. 가게에서 가장 인기 있는 메뉴는 바로 크로켓이다. 저렴한 가격에 이렇게 맛있는 음식을 먹을 수 있다면 정말 행복한 일이 아닐까?

이곳의 크로켓은 가격을 뛰어넘는 맛이다. 으깨진 감자와 다져진 소고기가 오븐에서 구워진 치즈처럼 부드럽고, 튀김옷은 바삭하게 튀겨 부드러운 내용물을 잘 감싸고 있다. 바삭하면서 부드럽고 고소하면서 달콤

하다. 가볍게 간식으로 먹을 만한 양이니, 만약 배를 채우고 싶다면 돈가스를 추천한다. 알맞게 튀겨 돼지고기의 맛을 제대로 느낄 수 있다. 나카무라야의 튀김은 사자마자 먹는 것이 가장 맛있지만, 식어도 그 맛이 크게 떨어지지 않는다. 텐진바시스지 상점가를 구경하면서 간식으로 먹어도 좋다.

덤으로, 텐진바시스지의 볼거리를 몇 가지 소개하겠다. 텐진바시스지에는 상점 이외에도 나름의 볼거리가 준비되어 있다. 무심히 지나칠 수도 있지만, 의미를 알면 재미있는 볼거리다.

첫째, '하늘을 나는 토리이(空飛ぶ鳥居)'. 오사카텐만구 가는 길에 상가 천장을 바라보면 4가지 색상(빨강, 파랑, 초록색, 청록)의 鳥居 토리이를 발견할 수 있다. 토리이는 일본 신사 앞에 서 있는 조형물이다.

두 번째는 점보 무당벌레 'てんよん虫 텐욘무시'다. 원래 무당벌레는 일본어로 天道虫 텐토무시라고 한다. 그러나 여기서는 '텐욘무시'라고 부르면서 이 상가가 4丁目 욘쵸메라는 것을 알려주고 있다. 그래서 등에 박힌 점도 4개다.

다음으로 '하늘을 나는 인형(空飛ぶ人形)'도 볼 만하다. 오사카텐만구에서 여름에 열리는 天神祭 텐진마츠리 때 사용되는 御迎人形 오무카에닌교-(오무카에 인형)에서 차용한 인형들이 상점가의 입구를 장식하고 있

다. 총 8종의 인형들이 있다. 각각의 인형의 이름은 부채부터 시계방향으로 三番叟 산바소우, 雀踊 스즈메오도리, 胡蝶舞 고쵸우노마이, 관우(關羽), 머리 벗겨진 곳부터 시계방향으로 木津勘助 키즈칸스케, 八幡太郎義家 하치만타로우 요시이에, 豊臣秀吉 토요토미 히데요시, 佐木高綱 사사키 타카쓰나이다.

- コロッケ 코롯케 (크로켓) 70엔

- ビフカツ 비후카츠 (소고기 카츠) 250엔
- トンカツ 톤카츠 (돈가스) 180엔
- ハムカツ 하무카츠 (햄 카츠) 70엔
- ミンチカツ 민치카츠 (다진 고기 튀김) 120엔
- チキンナゲット 치킨 나겟토 (치킨 조각 튀김) 3개 100엔
- フランククルト 후랑쿠쿠루토 (소시지 튀김) 100엔
- ギョウザ 교-자 (만두) 6개 180엔
- 上ビフカツ 죠-비후카츠 (왕 소고기 카츠) 550엔
- 上トンカツ 죠-톤카츠 (왕 돈가스) 350엔

간단 일본어

크로켓 3개와 돈가스 2개 주세요.
コロッケを3つとトンカツを2つください。
코롯케오 밋츠토 톤카츠오 후타츠 쿠다사이.

왕 돈가스 하나 주세요.
上トンカツを1つください。
죠- 톤카츠오 히토츠 쿠다사이.

Tasty Road
OSAKA

난바

MICASADECO & CAFE

미카사데코 카페

🌐 34.668259, 135.494361
⊕ MF9V+8Q 오사카시

🖥 micasadecoandcafe.com 📧 1,500~TWD 🕐 09:00~17:00(주말 공휴일은 19시까지) 🏧 부정기 📞 06-6561-1191 🏠 大阪市 浪速 幸町1-2-8 1F 🚇 지하철 御堂筋線 미도스지센, 四つ橋線 요쓰바시센, 千日前線 센니치마에센 なんば 난바(M20, Y15, S16) 역 지하상가 통로 이용, 26-B번 출구로 나와 도보 3분(약 210m)

늦은 아침 호텔에서 나와 가볍게 브런치를 즐기고 싶다면 어디를 가는 것이 좋을까? 오사카 난바에 자리한 수많은 식당 중에서도 따스해지는 아침 햇살을 맞으며 유럽에 온 듯한 분위기를 내고 싶을 때 딱 어울리는 식당이 있다.

오사카 난바의 복잡한 도심 가에서 조금 떨어진 곳에 미카사데코 카페가 있다. 삼각형의 건물 1층에 자리한 카페는 한쪽 면이 유리문으로 되어 있어서 따스한 아침 햇살을 즐기며 식사를 할 수 있는 곳이다. 지중해 콘셉트로 인테리어를 한 가게 내부는 밝은 하늘색의 페인트가 푸른 바다를 연상하게 한다. 의자와 테이블도 원목에 직물 천을 사용했기 때문인지 마치 해변에 앉아 있는 듯한 느낌을 준다.

개성 넘치는 가게의 모습 못지않은 이곳의 요리 역시 개성이 넘친다. 미카사데코의 메인 메뉴는 바로 팬케이크. 그중에서도 많은 여성에게 사랑받는 것은 리코타 치즈 팬케이크이다. 리코타 치즈는 치즈 제조 과정에서 나오는 부산물인 유청으로 만든 이탈리아 치즈다. 이 치즈를 아낌없이 사용했다는 미카사데코의 팬케이크는 그 모양부터 정말 개성이 넘친다. 일단 크다. 두께 3cm, 지름 9cm 정도 되는 폭신하고 두툼한 볼륨감에서 오는 느낌은 마치 케이크로 만든 타워 같다. 세 장의 팬케이크 위에 살짝 올라간 버터는 팬케이크의 열기에 살며시 녹아내리며, 그 위에 흩뿌려진 슈거파우더는 눈꽃 같은 분위기를 낸다.

물론 모양보다 맛이 뒤처지지도 않는다. 팬케이크 위에 나이프를 대기만 해도 부드럽게 잘리고, 포크를 사용해 입안에 넣으면 생각보다 촘촘하지만 폭신하면서 부드럽게 녹아내리는 식감을 느낄 수 있다. 옆에 함께 내는 생크림과 같이 먹거나 메이플 시럽으로 달콤함을 더할 수 있다. 다양한 방법으로 먹어보면 그 즐거움이 배가 된다. 여행의 시작을 알리는 식사로 부족함이 없다.

만약 팬케이크 대신 보다 제대로 된 식사를 즐기고 싶다면 샌드위치
나 스파게티, 카레 세트도 있다. 그 가운데서도 오픈 샌드위치 세트나
현미 카레 세트를 추천한다. 각기 미카사데코 카페만의 색다름이 담겨
있다. 주말에는 항상 만원이니 가능하다면 평일 오전에 방문해 더욱 한
가한 시간을 즐겨보자.

리코타 치즈 ricotta cheese

전통 방식으로는 염소젖으로 치즈를 만들 때 나오는 유청을 사용해 만들었는데, 지금은 염소, 양,
젖소 등의 젖으로 치즈를 만들 때 나오는 부산물을 이용해서 만든다. 유청에 응고제를 넣고 끓이면
잠시 후 덩어리들이 떠오르는데 이것을 틀에 넣고 굳혀 만든다. 리코타 치즈는 다른 치즈에 비해 지
방 함량이 낮아 칼로리 걱정을 덜 수 있는 음식이다. 생크림을 사용하지 않고도 담백한 맛을 내기
때문에 두부와 비슷한 식감을 낸다. 그대로 먹거나 샐러드, 파스타에 사용하거나 케이크 등의 재료
로 쓰인다.

• リコッタチーズパンケーキ 리콧타 치-즈 판케-키 (리코타 치즈 팬케이크) 1,200엔

• カボチャとルッコラのサラダ 카보차토 룻코라노 사라다 (호박과 루꼴라 샐러드) 1,300엔
• タンドリーチキンサンド 탄도리-치킨산도 (요구르트와 향신료로 양념한 닭고기를 항아리 모양으로 생긴 화덕에다 구워낸 탄두어리 치킨을 넣은 샌드위치) 1,000엔
• スモークサーモンとアボカドのオープンサンド 스모오쿠사아몬토 아보카도노 오오픈산도 (빵을 놓고 그 위에 아보카도와 훈제 연어를 올린 오픈 샌드위치) 950엔
• ミカサデコバーガー 미카사데코바-가- (빵과 재료에 신경을 써 두툼하게 만든 가게 특제 햄버거) 1,200엔
• ケイジャンチキンと玄米のラップサント 케-잔치킨토 겐마이노 랏푸산도 (닭고기와 현미를 넣어 만든 부리토 형태의 샌드위치) 1,200엔
• 豚の角煮のラップサンド 부타노 카쿠니노 랏푸산도 (돼지고기 조림을 넣은 부리토 형태의 샌드위치) 1,200엔
• エッグベネディクトハム 엣구베네디쿠토하무 (빵 위에 햄과 수란을 얹어 먹는 요리 에그베네딕트) 1,400엔
• エッグベネディクト サーモン 엣구 베네디쿠토 사아몬 (에그 베네딕트에 연어를 곁들인 것) 1,450엔
• ポルチーニとパンチェッタのパスタ 포루치-니토 판쳇타노 파스타 (향이 강한 포르치니 버섯과 체더치즈를 넣은 오일 파스타) 1,400엔
• モッツァレラチーズのトマトソースパスタ 못차레라치-즈노 토마토소-스파스타 (모짜렐라 치즈를 올린 토마토 파스타) 1,200엔
• ジンジャーポークライス 진쟈-포-쿠라이스 (생강 소스를 바른 돼지고기와 채소가 들어간 덮밥) 1,200엔
• 玄米キーマカレー 겐마이키-마카레- (현미 카레라이스) 1,200엔

• プレーンパンケーキ 푸렌- 판케-키 (팬케이크) 750엔
• ココナッツカスタードパンケーキ 코코낫츠 카스타-도 판케-키 (코코넛 커스터드 팬케이크) 1,150엔
• アールグレイふわふわパンケーキ 아-루 구레에 후와후와 판케-키 (얼그레이가 들어간 폭신한 팬케이크) 1,450엔
• グラノーラパンケーキ フルーツ添え 구라노-라판케-키 후루-츠소에 (시리얼과 비슷한 그라놀라와 과일을 올린 팬케이크) 1,200엔
• リンゴのコンポートパンケーキ 린고노 콘포-토판케에키 (설탕에 절인 사과를 올린 팬케이크) 1,100엔

ZONE
03

ワド オモテナシ カフェ

와도 오모테나시 카페

🌐 34.677656, 135.498931 (2층)
⊕ MFHX+3H 오사카시

🖥 wad-cafe.com　🍴 1,200~TWD　🕙 10:00~19:00　📅 부정기　📞 06-4708-3616　🏠 大阪市中央 南船場4-9-3 東新ビル2F
🚗 지하철 御堂筋線 미도스지센 心 橋 신사이바시(M19) 역 3번 출구에서 도보 5분(약 350m)

예전에 다니던 대학교 뒷문을 나서면 조용한 찻집이 있었다. 주인이 차를 좋아하는 건지 다양한 다기를 전시해 놓고 있었고, 차 종류도 엄청 많았다. 꽃차의 경우에는 직접 재료를 가져와 말려서 제작하기도 했다. 차를 주문하면 다기류를 가져와 정성 들여 차를 우렸다. 좌석이 다양했고, 공간을 잘 구분해 다른 사람의 방해를 받지 않고 조용히 차를 즐길 수 있었다. 마음이 답답해지거나, 할 일이 많을 때 가끔 들려 오롯이 나를 위한 시간을 보냈다. 하지만 한국에서 차는 인기가 없는 것 같다. 졸업 후 다시 방문했을 때는 피자집으로 바뀌어 있었다. 그리고 또 얼마 지나지 않아 카페로 바뀌었다. 요즘에는 조용한 카페를 찾아 시간을 보내지만, 카페와 찻집은 정말 다르다.

일본에서 오랜만에 비를 맞이했다. 세찬 비가 아니라 부드럽게 흩날리는 비라 나들이하는 데 문제는 없었다. 밖으로 나오니 바람을 타고 차가운 빗방울이 얼굴을 스쳤다. 비가 와서 날씨는 조금 쌀쌀했다. 오늘은 옛 생각도 나고 따뜻한 차를 마시고 싶어졌다. 얼마 전에 지인의 소개로 빙수가 맛있는 찻집이 있다고 했는데, 분위기가 괜찮다는 이야기를 들었다. 'ワド オモテナシ カフェ ^{와도 오모테나시 카페}'라는 곳은 차를 판매하면서 다기(茶器)도 전시하고 있다니 오늘 같은 날 방문하면 좋을 듯했다.

心斎橋 ^{신사이바시} 역에서 내려 찻집까지 천천히 걸었다. 아침 10시. 회사원은 직장에서 관광객은 여행을 준비하고 있을 시간인 것 같다. 거리에 사람이 보이지 않았다. 깔끔하게 포장된 도로 위에 조그맣게 생긴 물웅덩이를 피하면서 찻집을 찾았다. 건물 외벽에 커다란 철제 계단이 놓여 있었다. 1층인가 했는데, 여러 장신구를 판매하는 상점이었다. 2층으로 올라가니 이제 막 문을 열었는지 유럽에서 온 듯 보이는 외국인 손님이 앉아 있었다. 오후에는

사람이 금세 가득 찬다고 하는데, 오전이라 사람이 별로 없었다.

실내는 매우 고요했다. 내부는 갤러리도 운영하는 곳답게, 도자기 미술관 분위기였다. 곳곳에 독특한 모양의 찻잔이 놓여 있었다. 의자와 테이블은 오래된 나무를 활용한 듯 세월의 흐름이 느껴졌다. 동양적인 느낌이면서 일본의 깔끔하고 절제하는 감각이 묻어 있었다. 자리에 앉아 메뉴를 보니 차가 3종류 밖에 없었다. 가장 편하게 느껴지는 'ほうじ茶セッ 호-지차셋토'를 시켰다.

대부분 테이블이 창을 바라보고 있어서 시원하게 내리는 빗방울을 바라볼 수 있었다. 가게 한구석에 차를 내리는 공간이 있었는데, 손님 한 명은 그곳에 앉아서 차를 내리는 과정을 바라보며 점원과 이야기를 나누고 있었다. 다가가 보니 매우 무거워 보이는 금속 주전자로 물을 끓이고 있었다. 한쪽에는 투명한 유리 주전자에 갈색 차가 담겨 있었다. 점원과 이야기를 해보니 오전에는 간단하게 차와 다과를 내고, 오후에는 차와 간단한 먹거리를 맛볼 수 있다고 했다. 가게의 인기 메뉴인 빙수는 오후에 나오는 것 같다. 하지만 오후에는 손님이 몰리기 때문에 개인적으로는 이렇게 한가한 시간에 따뜻한 차 한잔을 마시는 것이 좋았다.

따뜻한 차를 마시며 창밖을 바라보고 있으니 세트에 포함된 음식이라며 국수가 나왔다. 가볍게 허기를 가시게 할 정도의 조그마한 양이었

다. 면은 부드러웠고, 국물은 심심하지만, 감칠맛이 있어 더 먹고 싶은 맛이었다. 국수를 먹고 다시 차를 다시 마셨다. 차가 담긴 주전자는 양이 충분해 마음껏 마실 수 있었다. 차가 부족하면 더 채워 주었다. 오랜만에 아무 생각도 하지 않고 오롯이 차 한잔에 집중하는 시간을 가질 수 있었다.

*오후에 방문하면 휴대폰 번호를 말하고 다른 곳에서 대기해야 한다. 40분 넘게 걸릴 때도 있으니 상황을 잘 파악하고 기다려야 한다.

• 따뜻한 차

메뉴

아침 차 세트
• 漢方茶セット 칸포오차셋토 (계절에 맞추어 바뀌는 특별한 한방차 세트) 1,200엔
• ほうじ茶セット 호-지차셋토 (부드러운 맛의 호지차 세트) 1,000엔
• 玄米茶セット 겐마이차셋토 (현미를 사용한 향긋한 차) 1,000엔

NutsDOM

넛츠돔

 34.661064, 135.501838 (5층)
⊕ MG62+CP 오사카시

🖥 www.nutsdom.com 🏷 700~TWD ⏰ 11:00~21:00 📅 부정기 📞 06-6647-6204 🏠 大阪市浪速 難波中2-10-70 なんばパークス 5F 🚊 지하철 御堂筋線 미도스지센 なんば 난바(M20, Y15, S16) 역 4번 출구에서 도보 8분(600m)

오사카 なんば ^{난바}에 가면 건물 외관이 정말 독특한 쇼핑몰이 있다. なんばパークス ^{난바 파크스}라고 불리는 이 건물은 1998년 해체된 오사카 야구장 터에 지어졌다. 이 건물을 디자인 한 사람은 1996년 오픈한 キャナルシティ博多 ^{캐널 시티 하카타}와 2003년 오픈한 六本木ヒルズ ^{롯폰기 힐즈}를 설계한 Jon Jerde 존 저드다. 건물을 들어서면 깊은 계곡 사이로 들어선 느낌이 든다. 도심 한가운데 깊은 계곡에 홀로 들어선 느낌을 주기 때문인지 사람들이 많이 찾는 쇼핑몰이다. 옥상은 정원으로 꾸며진 공간이 있어 사람들이 휴식을 취할 수 있다.

이런 난바 파크스 5층에는 정말 다양한 상점이 모여 있다. 다른 층에도 여러 가게가 있지만, 이 5층에는 오사카 어디에서도 쉽게 찾아볼 수 없는 물건들이 많다. 독특한 디자인의 인테리어 소품, 귀여운 양말, 재미난 문구류, 세계 각지의 음식 등 다양한 경험을 할 수 있는 곳이다. 가게에서 소개하는 제품들을 모두 구경하기에는 하루가 부족하다.

그런 5층에서 우연히 NutsDOM ^{넛츠돔}을 발견했다. 가게는 상당히 넓은 데 제품이 없어 부실해 보였다. 하지만 안에 들어가니 점원의 제품에 대한 사랑을 느낄 수 있었다. 종류별로 조그마한 바구니에 담고 그 앞에는 제품에 대한 자세한 설명을 달아 두었다. 일본 서점에서 자주 보던 책에 대한 소개 글처럼 제품에 대한 자세한 설명을 적어 두었다. 처음 온 사람도 누구나 쉽게 이 제품이 어떤 제품인지 알 수 있었다. 또 매주 가게의 인기 제품 순위를 매겨 두

었다. 요즘 어떤 제품이 잘 나가는지 찾아보는 재미가 있었다.

가게에는 많은 여성이 여러 제품을 둘러보며 제품을 고르고 있었다. 1봉지에 200~300엔대 가격이기 때문에 부담 없이 고를 수 있었다. 또 견과류, 견과일이기 때문에 건강을 챙긴다는 느낌도 들었다. 그래서인지 사람들이 기본으로 2~3봉지를 골랐다. 가게의 제품은 단순 가공한

구운 견과류, 견과류를 활용한 과자, 과일의 맛을 제대로 살려 말린 건과일 등이 있었다. 같은 제품이라도 양에 따라 가격을 달리했기 때문에 자신이 원하는 양만큼 구매할 수 있었다.

제품 종류가 많아 구경하고 있으니 점원이 다가와 시식용 견과류를 건네주면서 몇 가지 제품을 추천해 주었다. 제품들을 보니 모두 맛있어 보여 정말 고민이 되었다. 먼저 가장 좋아하는 사과 제품을 골랐다. アップル&シナモン ^{앗푸루 시나몬} (계핏가루를 묻힌 말린 사과)와 ドライりんご ^{도라이린고} (촉촉함이 남아 있는 사과)는 건과일이지만, 바삭한 것이 아닌 반건시 같았다. 젤리같이 뭉클한 식감을 주면서 촉촉하고 사과의 단맛이 잘 느껴졌다. 딸기와 망고도 마찬가지로 굉장히 정성 들여 잘 말린 상태였다.

건과일이 맛있어서 견과류와 함께 黒糖せんべい ^{코쿠토오센베-} (흑설탕과 견과류가 들어간 전병)도 하나 샀다. 흑설탕이 들어 있어서 그런지 조금은 달콤한 맛이 있었고, 견과류가 들어 있어서 고소함이 가득했다. 입이 심심할 때 먹으면 좋을 것 같았다. 견과류 제품도 상태가 좋은 것만 있는지 맛있게 먹을 수 있었다. 한 봉지를 비우는 것은 순식간이었다.

오사카 여행을 한다면 하루에 견과류 1봉지 어떨까? 몸에도 좋고, 맛도 좋고 즐거운 여행을 할 수 있다.

• 건과일 제품

메뉴

견과류

• アマンドミルキー 아만도미루키- (아몬드에 밀크 초콜릿을 입힌 것) 200엔
• 煎り黒 이리 쿠로 (볶은 검은콩) 250엔
• 煎り大豆 이리 다이즈 (볶은 콩) 250엔
• 彩り 이로도리 150엔
• 梅っこ 우메코 (새콤하게 절인 매실 안에 씨앗 대신 땅콩을 넣은 것) 150엔
• お家でお手軽ポップコーン 오이에데 오테가루폿푸콘- (팝콘을 만드는 옥수수) 280엔
• カシューカレー 캬슈-카레- (캐슈너트에 카레 가루를 묻힌 것) 200엔
• 殻付きヘーゼルナッツ 카라츠키 헤에제루낫츠 (껍질이 있는 헤이즐넛) 300엔
• アーモンド 아몬도 (구운 아몬드) 320엔
• カシューナッツ 캬슈-낫츠 (구운 캐슈너트) 320엔
• ピーナッツ 피-낫츠 (구운 땅콩) 320엔
• マカデミアナッツ 마카데미아낫츠 (구운 마카다미아) 320엔
• 黒ごまめっこ 쿠로고마멧코 (땅콩을 검은깨로 감싼 과자) 350엔
• ふかふかきなこ大豆 후카후카 키나코다이즈 (콩을 콩가루로 감싼 과자) 300엔
• さくっとピスタ 사쿳토 피스타 (피스타치오를 쌀가루로 감싸서 소금으로 간을 한 것) 350엔
• つぼみ 츠보미 (땅콩을 과자처럼 만들고 호두, 새우, 오징어, 고추냉이, 김, 간장으로 양념한 것) 250엔

건과일

• アップル＆シナモン 앗푸루 시나몬 (계핏가루를 묻힌 말린 사과) 230엔
• いちじく 이치지쿠 (무화과) 280엔
• クランベリー 쿠란베리- (크랜베리) 280엔
• ココナッツチップ 코코낫츠칫푸 (코코넛 칩) 150엔
• ドライいちご 도라이이치고 (딸기) 280엔
• ドライキウイ 도라이키위 (키위) 280엔
• ドライトマト 도라이토마토 (토마토) 230엔
• ドライりんご 도라이린고 (촉촉함이 남아 있는 사과) 280엔
• トロピカルバリエ 토로피카루바리에 (열대 과일) 230엔
• こんがりバナナ 콘가리바나나 (바삭한 과자 같은 바나나) 230엔
• パワージンジャー 파와아진자- (생강) 230엔
• マンゴー 망고- (진한 달콤함이 있는 망고) 350엔
• グリーンスター 구린-스타- (스타푸르트) 230엔

- もも 모모 (복숭아) 280엔
- レースンチース 레-즌치이즈 (건포도를 치즈로 감싼 것) 180엔

전병
- アーモンドおかき 아-몬도오카키 (아몬드가 들어간 전병) 180엔
- 黒豆おかき 쿠로마메오카키 (검은콩이 들어가 고소한 전병) 180엔
- 黒糖せんべい 코쿠토오센베- (흑설탕과 견과류가 들어간 전병) 320엔
- 北海道香ばし黒豆 홋카이도오 코오바시 쿠로마메 (홋카이도산 검은콩이 들어간 전병) 250엔

ZONE
03

HARBS

하브스

🌐 34.673117, 135.500587(3층)
⊕ MGF2+J7 오사카시

🖥 www.harbs.co.jp 💴 1,000~TWD 🕐 10:00~20:00 📅 부정기 📞 06-7711-7351 🏠 大阪市中央心橋筋1-8-3 大丸心 橋北館
3층 🚇 지하철 御堂筋線 미도스지센 心 橋 신사이바시(M19) 역 4번 출구에서 다이마루 백화점 연결 (약 80m)

케이크를 좋아한다! 아니, 너무너무 너무너무 말로는 표현할 수 없을 정도로 사랑한다. 케이크 가운데 가장 사랑하는 것은 차갑고 촉촉하면서 부드러워 폭신한 느낌을 기분 좋게 느끼게 하는 생크림 케이크다. 탄력 있는 빵과 함께 생크림을 올린 케이크는 그 자체만으로 우울한 기분을 날려준다.

이렇게 기분 좋은 생크림 케이크의 생명은 바로 만들어진 시간이다. 처음 완성된 후 흐른 시간이 짧을수록 생크림의 진하면서 부드러운 맛의 향연을 즐길 수 있다. 하브스 생크림 케이크는 그런 면에서 전혀 걱정할 필요가 없다. 물론 다른 케이크도 마찬가지다. 매일 새로운 케이크를 만들어 가게로 보내니 그 신선함이야 더 말할 필요가 없다. 더구나 자르는 순간 시작되는 변화를 막기 위해 케이스는 자르지 않은 상태로 보관한다. 손님에게 빠른 서비스를 제공하기보다는 최고의 맛을 선사하기 위해 이루어지는 서비스 하나하나가 고객을 감동하게 한다. 케이크의 모든 재료는 그 재료 자체만 먹어도 맛있다. 그런 최고급 재료를 사용한 케이크. 맛이 떨어질 이유가 없다.

하브스 입구에 준비된 케이크를 지켜보고 있으면 행복함이 밀려온다. 가끔은 좋은 재료에 걸맞은 가격이 주머니가 가벼운 여행자들의 마음을 아프게 하지만, 오사카에 가면 항상 가장 먼저 들리는 곳이 바로 하브스다. 가야 하는 핑계도 다양하다. 피곤하다, 단것이 먹고 싶다 등 이유를 만들어 케이크를 즐긴다. 계절 한정 케이크도 있으니 매번 올 때

마다 다른 재미가 있다. 점점 가벼워지는 주머니를 잊게 할 정도로 이곳의 케이크는 맛있다. 더구나 한 끼 식사로도 모자라지 않는 양은 손님을 더욱 행복하게 만든다.

계절 케이크 가운데 추천하는 것은 바로 딸기 케이크다. 일본의 케이크의 특징인지, 아니면 일본 딸기의 질이 그만큼 훌륭한 것인지는 잘 모르겠다(일본에서 딸기 종류만 200종이 넘는다는 이야기를 들었다). 하지만 일본에서 딸기가 제철이라면 꼭 먹어봐야 할 것이 바로 딸기 케이크다. 대부분의 디저트 가게에서 딸기가 들어간 디저트를 판매하고 있다. 하브스도 마찬가지. 딸기 케이크, 딸기 치즈 케이크, 딸기 타르트 등은 딸기라는 최상의 재료를 직접 느낄 수 있는 제철 케이크다. 절대 포기할 수 없는 케이크이기도 하다.

하브스의 대표작을 맛보고 싶다면 밀크 크레페를 추천한다. 얇은 크레이프 반죽 사이사이에 신선한 제철 과일과 함께 섞여 있는 크림은 정말 손으로 들고 한입 크게 베어 물고 싶을 정도다. 아쉽게도 하브스 케이크는 크기가 커서 그렇게 할 수가 없다. 사람마다 다르겠지만 하브스 케이크를 먹을 때 추천할 만한 음료는 따뜻한 홍차다. 부드럽고 달콤한 케이크를 먹으면서 알맞게 데워진 홍차를 마신다면 여행에서 오는 피로도 싹 풀릴 것이다.

하브스의 케이크는 크기가 모두 똑같다. 고객들에게 가장 맛있는 양을 제공할 수 있게 하기 위해서라고 한다. 케이크의 크기는 8호(24cm)로 한 조각으로 잘랐을 때 과하지도 모자라지도 않는 만족감을 선사한다. 참고로 여러 지점의 맛을 보았는데, 개인적으로는 신사이바시 지점을 추천한다.

- ミルクレープ 미루 쿠레-푸 (얇게 구운 크레프 반죽을 과일과 혼합 크림을 넣어 층을 만든 케이크) 830엔

메뉴

- ベリーベリーケーキ 베리-베리-케-키 (브랜디 초콜릿 케이크에 3종류의 딸기 종류를 사용한 케이크) 1,200엔
- グリーンティムース 구린-티무-스 (녹차와 팥을 사용한 달콤한 무스(mousse)를 생크림으로 감싼 케이크) 780엔
- ロイヤルミルクティケーキ 로이야루미루쿠티 케이크 (아삼 홍차와 브랜디 향이 있는 케이크) 750엔
- ストロベリータルト 스토로베리-타루토 (생크림에 딸기와 커스터드 크림을 넣은 것) 830엔
- ストロベリーケーキ 스토로베리-케-키 (부드러운 빵에 생크림과 딸기를 넣은 것) 880엔
- マロンタルト 마론 타루토 (초콜릿 칩이 들어간 생크림을 럼주를 첨가한 밤 반죽으로 감싼 것) 730엔
- クリームチーズのミルクレープ 쿠리-무치-즈노 미루쿠레-푸 (레어치즈 크림과 블루베를 크레이프에 넣은 것) 860엔
- チョコレートケーキ 초코레-토 케-키 (초콜릿 크림과 호두를 사용한 케이크) 730엔
- オレンジムースタルト 오렌지무-스 타루토 (오렌지 과육을 장식한 타르트) 680엔
- バナナクリームパイ 바나나쿠리-무파이 (바삭한 참깨 파이에 바나나와 커스터드 크림을 올린 것) 730엔
- ベイクチーズケーキ 베이쿠치-즈-케-키 (치즈를 천천히 구워 블루베리 소스를 올린 것) 730엔
- ストロベリーチョコレートケーキ 스토로베리- 초코레-토 케-키 (브랜디 향이 나는 초콜릿 빵에 생크림과 딸기를 넣은 것) 930엔
- マロンケーキ 마론 케-키 (밤 반죽과 호두를 사용한 케이크) 730엔
- フレッシュフルーツケーキ 후렛슈후루-츠 케-키 (신선한 과일을 사용한 생크림 케이크) 1,060엔
- チェリーのチーズスフレ 체리-노 치-스스후레 (체리와 치즈를 사용한 촉촉한 케이크) 820엔
- シトロンケーキ 시토론 케-키 (유자를 사용한 빵에 크림을 더한 케이크) 700엔

*가격은 모두 1조각

음료
- セイロン 세이론 (실론 차) 650엔
- ダージリ 다-지리 (다즐링 홍차) 700엔

- アッサム 앗사무 (인도 홍차 아삼) 700엔
- アールグレイ 아-루구레이 (얼 그레이 홍차) 700엔
- グリーンティー 구린-티- (현미 녹차) 650엔
- ロイヤルミルク 로이야루미루쿠 (영국산 홍차에 우유를 넣은 차) 780엔

간단 일본어

이번 달 가게 추천 케이크는 어떤 것입니까?
今月のオススメケーキは何ですか？
콘게츠노 오스스메 케-키와 난 데스카?

그 외에 또 추천할 것이 있나요?
他にも何かオススメはありますか？
호카니모 나니카 오스스메와 아리마스카?

元祖アイスドッグ

원조 아이스 도그

🌐 34.672291, 135.498026
⊕ MFCX+W6 오사카시

🖥 ice-dog.net 🏷 350~TWD 🕐 11:00~21:00 📅 부정기 📞 06-6281-8089 🏠 大阪市中央 西心 橋1-7-11 🚇 지하철 御堂筋線
미도스지센, 長堀鶴見 地線 나가호리쓰루미료쿠치센 心 橋 신사이바시(M19) 역 7번 출구에서 도보 5분(약 300m)

무더운 여름날이면 차가운 아이스크림이 떠오른다. 입안에서 부드럽게 녹아 시원함과 달콤함을 안겨주는 아이스크림은 더운 날에는 빼놓을 수 없는 즐거움이다. 요즘에는 겨울에도 아이스크림을 즐기는 사람이 많지만, 아무래도 추운 날에 아이스크림을 먹는 것은 뜨거운 여름날에 먹는 아이스크림만큼의 즐거움은 없을 것이다. 달콤함은 그대로겠지만 말이다.

그런데 추운 겨울에도 따뜻하게 먹을 수 있는 아이스크림이 있다면 어떨까? 아이스크림을 따뜻하게 먹는다? 아이스크림과는 어울리지 않을 듯한 따뜻함을 가진 아이스크림이 바로 '아이스 도그'다. 아이스 도그는 오사카 젊은이들이 자주 찾는 'アメリカむら ^{아메리카무라}'에 있다. 이곳은 세련되기보다 개성 넘치는 상점들이 몰려 있는 곳으로 재미난 가게들이 많다. 아이스 도그는 그런 아메리카무라 중심지의 '원조 아이스 도그&소프트아이스크림'이라는 가게에서 판매하고 있다.

이름을 과감하게 '아이스 도그'라고 지은 것은 자신이 원조라는 것을 내세우기 위해서일까? 유사품이 많은지는 모르겠지만, '원조'라는 단어도 확실하게 간판에 넣어두었다. 실제로 '아이스 도그'라는 상표를 등록하기도 했다. 정말로 이 가게의 아이스 도그는 독특한 맛을 자랑한다. 오사카의 명물 음식으로 여러 잡지에 소개될 만한 제품이다.

가게의 내부는 솔직히 깨끗한 편은 아니다. 가게 안에는 플라스틱 의자가 몇 개 놓여 있을 뿐이다. 다만 가게 벽면을 가득 채운 유명인과 일반인들의 사진이 인상적이다. 주인 荒井栄子 ^{아라이 에이코} 아주머니의 이야기를 들으니 원래 이곳은 남편이 하던 이발소였다고 한다. 그러나 주변 상권이 점점 젊은이들을 상대하는 곳으로 변하는 것을 느끼고 과감하게 이발소를 접고 아이스크림 가게를 열었다. 그런데 막상 아이스크림 가게를 열고 보니 딱히 내세울

만한 가게만의 특색을 찾기 어려웠다. 고민하던 아주머니는 겨울에도 따뜻하게 먹을 수 있는 아이스크림을 개발하기로 마음먹었고, 그렇게 탄생한 것이 바로 아이스 도그였다. 아이스 도그는 우연히 야후의 구르메 섹션에 소개되었고, 그 뒤 여러 잡지에 소개되어 큰 인기를 얻게 되었다.

아이스 도그를 처음 보는 사람은 아마도 그 심플함과 저렴해 보이는 빵의 모습에 실망하게 될 것이다. 나 역시 처음에는 맛이 없을 거로 생각했다. 그러나 실제로 아이스 도그를 한입 물자 상상하던 맛은 없고, 따뜻하고 바삭한 빵과 어우러지는 달콤한 아이스크림만 있었다. 사실 아이스 도그는 갓 튀긴 핫도그 빵에 부드러운 소프트아이스크림을 얹은 것뿐이다. 더 자세한 비밀이 있을지 모르겠지만, 주인아주머니의 이야기에 의하면 단순히 빵을 튀긴 것뿐이라고 한다. 그러나 튀겨서 나오는 빵의 따끈함과 기계에서 빠져나와 빵 사이에 놓인 소프트아이스크림의 차가움이 만나면서 뭔가 마법을 쓴 것처럼 절묘한 맛이 난다. 몇 번을 먹어도 질리지 않을 맛이다. 아이스크림은 초콜릿과 녹차 맛도 있고, 조금 색다른 맛을 즐기고 싶다면 아이스크림 위에 코코아, 콩, 계피의 가루를 뿌릴 수도 있다.

참고로, 빵을 튀길 때 쓰는 기름이 면실유(綿実油), 목화씨에서 짜낸 기름이라고 한다. 면실유는 고급 튀김 요리에 쓰이는 기름으로 비타민 E를 포함하고 있다.

• アイスドッグ 아이스 독구 (아이스 도그) 350엔

아이스 도그 토핑 종류

• イチゴ 이치고 (딸기 시럽) | マンゴー 망고- (망고 시럽) | チョコ 초코 (초코 시럽)
  | ブルーベリー 부루- 베리- (블루베리 시럽) | キャラメル 캬라메루 (캬러멜 시럽)
  | コーヒーゼリー 코-히- 제리- (커피 젤리) | つぶあん 츠부앙 (팥소) | 黒タピオカ 쿠
  로 타피오카 (검은 타피오카)
* 50엔을 추가하면 모든 메뉴에 토핑 가능 1종류

메뉴

• タピオカジュース 타피오카 주-스 (타피오카 주스) 350엔
• アイスコーヒー 아이스코-히- (아이스커피) 400엔
• レモンスカッシュ 레몬스캇슈 (레몬즙을 넣은 음료수) 450엔
• パインスカッシュ 파인스캇슈 (파인애플즙을 넣은 음료수) 450엔
• ゆずスカッシュ 유즈스캇슈 (유자즙을 넣은 음료수) 450엔
• マンゴースカッシュ 망고-스캇슈 (망고즙을 넣은 음료수) 450엔
• ポテトスティックフライ 포테토스틱쿠 후라이 (고구마튀김) 450엔

소프트 아이스크림

• 生チョコソフト 나마초코 소후토 (초콜릿 아이스크림) 350엔
• 生チョコミックス 세에 초코밋쿠스 (우유 초콜릿 아이스크림) 350엔
• 牛乳ソフト 규우뉴우 소후토 (우유 아이스크림) 300엔
• 宇治抹茶ミックス 우지맛차밋쿠스 (녹차 우유 아이스크림) 350엔
• 宇治抹茶ソフト 우지맛차 소후토 (녹차 아이스크림) 350엔

간단 일본어

아이스 도그 주세요.
アイスドッグを下さい。
아이스독구오 쿠다사이.

토핑을 추가해 주세요.
トッピングを追加してください。
톳핑구오 츠이카 시테 쿠다사이.

271

くくる

쿠쿠루

🌐 34.668777, 135.500958
⊕ MG92+G9 오사카시

💻 www.shirohato.com/kukuru/ 🍴 600~TWD 🕐 12:00~23:00(토요일 11시부터, 일·공휴일 22시까지) 📅 연중무휴 📞 06-6212-7381 🏠 大阪市中央 道頓堀1-10-5 白 ビル 1F 🚇 지하철 御堂筋線 미도스지센 なんば 난바(M20, Y15, S16) 역 14번 출구에서 도보 3분(약 150m). 도톤보리로 들어가면 커다란 문어 간판을 쉽게 찾을 수 있다.

일본에서 오사카 하면 먹을 것이 생각나고, 먹을 것 하면 떠오르는 거리가 바로 道頓堀 도톤보리다. 에도 시대, 우리나라로 치자면 조선 시대부터 번화가로 이름 높았던 도톤보리에는 참 독특한 간판들이 많다. 수많은 맛집이 경쟁하다 보니 일단 고객의 시선을 붙잡기 위해 가게 간판에 신경을 쓸 수밖에 없었다. 그리고 그중에서 도톤보리 입구에 커다란 문어가 간판을 휘어 감고 있는 모습을 한 'くくる 쿠쿠루'는 사람들의 시선을 사로잡는 데 성공했다. 시선뿐만 아니라 맛도 성공한 타코야키 전문점이다.

くくる 쿠쿠루는 도톤보리에서도 유명한 타코야키 집이다. 도톤보리에 간다면 다른 곳은 몰라도 이곳은 꼭 한 번 거쳐야 할 곳이다. 그만큼 맛은 보장할 수 있다. 쿠쿠루는 수많은 체인점을 두고 있기 때문에 사용하는 문어의 양도 엄청나다. 세계 각지에서 문어를 가져오는데, 산지에 따라 각각 다른 요리에 사용한다. 산지에 따라 맛이 다르기에 각 메뉴에 맞는 문어를 써야 제맛을 느낄 수 있다고 한다. 여러 체인점이 있지만, 본점에서만 맛볼 수 있는 타코야키도 있기 때문에 이왕이면 도톤보리 본점을 추천한다.

본점에 왔다면 본점에서만 먹을 수 있는 메뉴를 선택하는 것이 좋다. 아니, 이미 길게 늘어선 줄에 서서 시선을 사로잡는 메뉴를 발견했을 수도 있다. 커다란 문어 조각이 타코야키를 뚫고 나온듯한 'びっくりたこ焼 빅쿠리 타코야키'는 도톤보리 본점만의 오리지널 한정 메뉴로 보는 것만으로도 먹음직스럽지만, 먹어보면 그 어떤 타코야키에서도 느낄 수 없는 진정한 '타코(문어)'의 맛을 느낄 수 있다.

명물 '明石焼 아카시야키'도 추천한다. 달걀이 듬뿍 들어가 있어 매우 부드럽고, 다른 타코야키와는 달리 국물에 찍어 먹는데 쿠쿠루만의 국물에 감칠맛이 있어 맛있다. 아카시야키는 약간 경사진 나무판에 나오는데 너무 부드러워 젓가락으로 집기가 어렵기 때문이다. 경사를 따라 굴려서 국물에 넣으면 모양을 흩트리지 않고 먹을 수 있다. 또르르 첨벙 하고 빠지는 그 모습이 다른 음식에서는 맛볼 수 없는 재미를 느끼게 한다.

쿠쿠루에서는 타코야키뿐만 아니라 문어로 국물을 낸 어묵도 판매한다. 문어를 갈아서 만든 'たこ天串 타코텐쿠시'라는 독특한 어묵도 있다. 100엔부터 시작하기 때문에 부담 없이 먹을 수 있지만, 하나둘 먹다 보면 가격이 어느새 훌쩍 예상을 넘어서는 기이한 경험을 할 수도 있다. 타코야키와 어묵을 함께 즐길 수 있는 곳이기 때문에 여행 중 각 메뉴를 따로 즐길 시간이 부족하다면 찾기 좋은 곳이다.

커피나 케이크 등 간단한 후식도 팔고 있고, 밤에는 술도 마실 수 있기 때문에 이자카야를 찾아가는 것보다 이런 곳에서 즐기는 편이 더 나을 수도 있다. 내부 인테리어도 세련되었기 때문에 술 한잔하기에 좋다. 단지 관광객이 많아서 좀 불편하다.

참고로 미세하다면 미세하고 크다면 큰 차이가 있는 정보를 추가하자면, 타코야키는 만드는 사람에 따라 맛이 달라진다. 같은 가게에서 파는 타코야키도 만드는 사람에 따라 맛이 조금씩 다를 수 있으므로 만약 예상보다 맛이 떨어진다는 생각이 들었다면 다음에 다른 사람이 만드는 걸 먹으면서 맛을 비교해봐도 재미있다. 물론 전문가도 컨디션에 따라 달라지므로 확실하지는 않지만, 만드는 사람에 따라 맛이 달라지는 것은 사실이다.

- びっくりたこ焼 빅쿠리 타코야키 (커다란 문어가 들어간 색다른 타코야키) 1,550엔

메뉴

- 大たこ入りたこ焼 오-타코이리 타코야키 (다른 타코야키보다 조금 더 큰 문어가 들어간 것) 750엔
- 名物明石焼 메-부츠 아카시야키 (달걀이 듬뿍 들어가 부드러운 구이로 국물에 찍어 먹는 것) 750엔
- ねぎ明石焼 네기 아카시야키 (아카시야키에 파를 듬뿍 더한 것) 850엔
- 匠のたこ焼 타쿠미노 타코야키 (제철 식자재를 살린 장인의 창작 메뉴) 740엔

기타

- もちチーズ焼 모치치-즈야키 (쫀득한 떡에 치즈를 더한 것) 960엔
- オールラウンド焼 오-루라운도야키 (떡, 치즈, 참치, 옥수수, 새우, 베이컨 등을 넣은 구이) 960엔
- ロシアンルーレット焼 로시안루-렛토야키 (매운 고추가 들어간 것을 선택하는 사람은 누구?) 960엔
- 多幸しゃぶ 타코우샤부 (낙지를 진한 육수에 맛보는 샤부샤부 2명부터 가능) 2,000엔

어묵

- たまご 타마고 (달걀)
- 大根 다이콘 (무)
- さつまいも 사츠마이모 (고구마)

간단 일본어

두 명인데 자리가 있나요?
２人なんですけど、席はありますか？
후타리난데스케도 세키와 아리마스카?

언제쯤 자리가 날 것 같아요?
席が空くのにどれぐらい時間がかかり
そうですか？
세키가 아쿠노니 도레구라이 지캉가 카카
리소-데스카?

275

千とせ

치토세

🌐 34.664076, 135.504021
⊕ MG73+JJ 오사카시

🍴 700~TWD 🕐 10:30~14:30 (다 팔리면 더 빨리 문닫을 수 있음) 📅 화요일 📞 06-6633-6861 🏠 大阪市中央 難波千日前8-1
🚗 지하철 千日前線 센니치마에센 日本橋 닛폰바시 (S17, K17) 역 5번 출구에서 도보 5분 (약 400m)

🌐 34.665009, 135.503374 ⊕ MG73+WF 오사카시 🕐 11:00~20:00 📅 연중무휴 📞 06-6633-2931 🏠 大阪府大阪市中央 難
波千日前11-6 なんばグランド花月 1F 🚗 지하철 御堂筋線 미도스지센 なんば 난바(M20) 역 19, 20번 출구에서 도보 6분(약 450m).
なんばグランド花月 난바구란도카게츠 극장 안에 있다.

오사카의 난바 지역은 예전부터 오사카 최대 번화가이면서 환락가이기도 했다. 환락가라고 해서 좋지 않은 것만 있는 것은 아니고, 다양한 공연 문화가 함께 발달했다. 다양한 공연이 발달하니 인기 배우들도 자연스럽게 나타났고, 지금은 일본 최대 개그맨 연예 프로덕션인 요시모토흥업의 개그맨들이 출연하는 공연장도 생겼다.

요시모토흥업에 대해 이야기하자면 예전에 우리나라의 프로그램에도 출연했던 陣内智則 진나이 토모노리도 바로 요시모토흥업 소속의 개그맨이다. 일본 버라이어티 방송을 즐겨보는 사람이라면 잘 아는 아카시야 삼마, 다운타운, 런던부츠 등이 속해 있는 사무소이기도 하다. 소속 개그맨이 600명이 넘다 보니 자체적으로 방송을 제작하기도 한다. 이 지역은 그만큼 유명 연예인이 자주 찾을 수밖에 없는 곳이다. 그래서 식당에 연예인 사인 한두 장은 기본이고 연예인이 먹었다고 해서 아예 자체 메뉴를 만든 곳도 많다.

'千とせ 치토세'는 방문한 연예인을 거론하지 않아도 맛있는 고기 우동으로 유명한 가게다. 맛 좋은 우동을 만들어 팔고 재료가 다 떨어지면 폐점 시간이 아니더라도 문을 닫고, 운영 시간도 점심때만 운영해 짧은 편이다. 그런 치토세에 독특한 메뉴가 있다. '肉吸い 니쿠스이'라는 메뉴인데, 고기 우동에서 면을 빼고 달걀 반숙을 넣은 메뉴다. 니쿠스이를 한국어로 번역하자면 '고기 흡입'이랄까? 가다랑어포와 다시마 등을 사용한 수프에 소고기와 달걀을 넣은 메뉴로 고깃국물이 정말 일품이다. 이

메뉴가 탄생한 배경에는 일본에 우리나라처럼 해장 문화가 없기 때문이었다. 믿거나 말거나.

일본은 해장 문화가 없다. 숙취가 있으면 다음 날 자기가 알아서 풀면 된다. 술 문화 자체가 우리나라처럼 도수가 높은 술을 그냥 먹지도 않기에 숙취가 그렇게 강하지도 않다. 하지만 숙취는 언제나 괴로운 법이고 각기 자신만의 해장법이 있을 것이다. 연예인들이 많은 이곳에서도 각자 해장법이 있었을 텐데, 어느 날 한 희극배우가 가게를 방문하여 고기 우동을 주문하면서 우동은 빼 달라고 했다. 그리고 그 메뉴가 입소문이 나면서 가게의 새로운 메뉴로 떡 하니 등장하여 고기 우동보다 더 유명하게 되었다. 그렇게 탄생한 것이 '肉吸い 니쿠스이'이고 우동이 안 들어가니 한 끼 식사로 부족한 사람은 밥을 추가하거나 두부가 들어간 니쿠스이를 시켜 먹는다.

치토세의 '肉吸い 니쿠스이'는 고기가 듬뿍 들어간 데다가 육즙이 국물에 배어 있어 해장에도 좋고, 식사 대용으로도 충분하다. 가다랑어포의 기본 국물, 고기의 단맛, 우동이 조화를 이루어 지금까지 맛보지 못한 고기 우동을 먹을 수 있다. 우동 면 자체도 주문이 들어가고 나서야 삶기 때문에 탄력이 있어 더 맛있게 느껴진다. 고기 우동을 먹고 국물이 남았다면 밥을 말아 먹어도 좋다!

이야기도 있고 맛도 있기에 치토세는 오픈하기 전이나 폐점에 가까운 시간에 가지 않으면 자리를 잡기가 쉽지 않다. 또 손님들이 기다리는 경우가 많으므로 바로 먹고 나와야 한다. 참고로 치토세 근처에 별관이 생겼다. 요시모토 개그맨들이 공연하는 'なんばグランド花月 난바구란도카게츠' 극장 1층에 넓게 자리한 치토세 별관은 본관과는 달리 오래 기다리지 않고 음식을 먹을 수 있다.

추천 메뉴

• 肉うどん 니쿠우동 (고기 우동) 650엔

메뉴

• 肉吸い 니쿠스이 (고기 우동에서 우동면 대신 반숙 달걀을 넣은 것) 650엔
• 肉吸い (豆腐入り) 니쿠스이 (토-후이리) (두부가 들어간 니쿠스이) 700엔
• 小玉 코다마 (밥 위에 날달걀을 올린 것) 210엔
• 御飯 고항 (밥) 160엔
• 肉かすカレーうどん 니쿠카스 카레- 우동 (고기가 들어간 카레우동) 950엔
• 肉かすうどん 니쿠카스우동 (고기가 듬뿍 들어간 우동) 850엔
• ぼっかけうどん 봇 카케우동 (소 힘줄이 들어간 우동) 700엔
• おおきなあげのきつねうどん 오오키나 아게노 키츠네우돈 (큰 유부가 들어간 우동) 650엔
• 親子丼 오야코동 (달걀과 닭고기를 밥 위에 올린 것) 600엔

간단 일본어

고기 우동이랑 채소절임 주세요.
肉うどんと漬物をお願いします。
니쿠우동토 츠케모노오 오네가이시마스.

두부가 들어간 니쿠스이하고 달걀밥 작은 거 하나 주세요.
豆腐入りの肉吸いと小サイズの玉子かけご飯をお願いします。
토-후이리노 니쿠스이토 쇼-사이즈노 타마고 카케 고항오 오네가이시마스.

저기요, 숟가락 있어요?
すみません、レンゲありますか？
스미마셍, 렌게 아리마스카?

* レンゲ 렌게: 우동이나 라멘 등, 국물 있는 면 종류의 음식을 먹을 때 일본에서 주로
쓰는 중국식 숟가락

ZONE
03

今井

이마이

🌐 34.668671, 135.502721

⊕ MG93+C3 오사카시

🖥 www.d-imai.com 📧 800~TWD 🕐 11:00~22:00 📅 수요일 📞 06-6211-0319 🏠 大阪市中央 道頓堀1-7-22 🚃 지하철 御堂
筋線 미도스지센 なんば 난바(M20, Y15, S16) 역 14번 출구에서 도보 5분(약 300m)

道頓堀 도톤보리라고 하면 항상 관광객으로 꽉 들어찬 길이 생각난다. 관광객과 그들을 상대로 호객하는 사람들로 활기가 넘치는 도톤보리는 오사카 최고의 번화가이다. 그런 도톤보리 한복판에 있는 듯 없는 듯 조용한 우동 소바집이 있다. 가게 입구에는 버드나무가 흩날리고 붓글씨로 물 흐르듯 써진 '今井 이마이'라는 글자는 가게의 운치를 더해 준다.

가게 입구는 고급 일식집 분위기로 주머니가 가벼운 관광객이라면 들어가기가 꺼려지겠지만, 천 엔 정도로 오사카에서 최고로 유명한 우동을 먹을 수 있다면 그런 부담감은 날려 버려도 좋을 듯하다. 이마이의 'きつねうどん 키츠네 우동'은 지금 이마이의 명성을 만든 일등 공신이다. 홋카이도산 다시마와 규슈산 가다랑어포를 사용해 독자적으로 만든 우동 국물은 약간 싱겁게 느껴질 수 있지만, 그 안에서 흘러나오는 감미롭고 품위 있는 맛은 한 번 먹어 본 사람이라면 쉽게 잊을 수 없는 맛이다. 더구나 다시 국물은 선도가 생명이기에 이마이는 한번에 많이 만들어 놓지 않고 여덟 되 정도 들어가는 솥에 하루에도 몇 번이나 국물을 만든다.

이렇게 최상의 재료를 이용해 정성을 들여 만든 국물뿐 아니라 면도 특별하다. 가게에서 직접 만든 면은 국물에 어울릴 수 있도록 보통의 우동 면보다 약간 가늘게 만들어 국물과 함께 쉽게 넘어갈 수 있게 했다. 또 커다란 유부 2장이 위에 있어 유부의 달콤함도 느낄 수 있다. 부드럽고 달콤함만 있다면 쉽게 질릴 수 있기 때문에 향신료와 비슷한 쓰임새로 파를 얹어 두었다. 파는 우동과 함께 쉽게 먹을 수 있도록 사선으로 길게 잘라 놓은 것이 특징이다.

우동에 가게에서 제공하는 '七味 시치미'를 뿌려 먹으면 좋다. 이 시치미는 일반 슈퍼에서 파는 제품이 아니다. 가게에서 유자 껍질, 고추, 깨, 산초나무 등을 배합하여 만든 것으로 다른 곳에서는 볼 수 없는 오리지널이다. 이 시치미를 우동에 뿌려 먹으면 색다른 맛을 느낄 수 있는데, 키 츠네 우동을 먹을 때 절반 정도는 그냥 먹고, 그 이후에는 이 시치미를 뿌려 먹으면 색다른 맛을 느낄 수 있어서 좋다.

다른 메뉴로는 '親子丼 오야코동', '天ぷら 텐푸라', 수제 자루소바 등이 있다. 가게에서 파는 메뉴 가운데 포장이 가능한 것은 선물용으로 판매하고 있다. 단 유통기한이 3일밖에 되지 않으니 주의해야 한다. 시치미는 유통 기한이 짧지 않으므로 선물로도 괜찮다. 선물 우동은 가게 외에 백화점 식품 매장에서도 판매하고 있다.

참고로, 이마이 정문 바로 옆에 있는 왼쪽 골목을 보면 독특한 것들이 모여 있다. '浮世小路 우키요코지'라고 불리는 골목은 많은 가이드북에 소개되고 있는데, 그냥 도톤보리를 걸으면 너무 좁은 골목이라 찾기가 쉽지 않다. 이마이 바로 옆 골목이라고 하면 쉽게 찾을 수 있다. '浮世 우 키요'란 여러 뜻을 함축하고 있지만, 근세 일본에서 우키요는 '현세를 떠난 향락'이라는 의미로 사용되었다. 그래서 환락가 길목에는 '우키요 다리'라는 것이 있어, 현실을 떠나 향락의 세계로 들어간다는 의미를 담고 있었다. 우키요코지는 그런 의미에서 지어진 것으로 현실을 떠나 과거 화려했던 세계를 돌아본다는 의미다. 한 사람만이 간신히 지나갈 만한 좁은 통로로 들어서면 과거 난바 지역의 모습을 모형과 그림으로 살펴볼 수 있고, 중간에는 '一寸法師大明神 잇슨보시 다이묘진'이라고 적힌 조그

마한 신사도 있다. 식사를 마친 후 한 번 둘러보길 추천한다.

- きつねうどん 키츠네 우동 (다시마와 가다랑어포로 만든 담백한 국물의 진한 맛의 키츠네 우동) 810엔

메뉴

- しっぽくうどん 싯포쿠우동 (새우, 어묵, 표고버섯 등을 올린 우동) 1,404엔
- かちん鴨そば 카친 카모소바 (오리와 구운 떡이 들어간 소바)
- 鍋焼うどん 나베야키우동 (구운 붕장어, 표고버섯, 어묵, 오리고기가 들어간 냄비요리)
- 天ぷらうどん 텐푸라우동 (바삭하게 튀긴 왕새우를 올린 우동)
- きざみうどん 키자미우동 (유바를 잘게 썰어 올린 우동)
- たまごとじうどん 타마고토지우동 (달걀을 풀어 부드럽게 해 넣은 우동)
- あんかけうどん 안카케우동 (생강으로 만든 투명하고 맑은 갈색빛 국물이 인상적인 우동)
- おほろうどん 오보로우동 (삶은 다시마를 말려서 얇고 가늘게 썬 것을 올린 우동)
- おろしうどん 오로시우동 (마를 갈아 올린 우동)
- 天ざるそば 텐자루소바 (수타로 만든 소바와 함께 갓 튀긴 바삭한 튀김이 함께 나오는 메뉴)
- 親子丼 오야코동 (달걀과 닭고기가 들어간 일종의 덮밥으로, 작은 우동이 함께 나옴) 1,350엔
- 天丼 텐동 (바삭하게 튀긴 왕새우 2마리를 밥 위에 올린 것)
- 木の葉丼 코노하동 (어묵과 파에 달걀을 풀어 밥 위에 올리고 표고버섯 조림을 넣은 것)
- 玉子丼 타마고동 (달걀을 파와 함께 풀어서 밥 위에 올리고 날달걀을 올린 것)
- 海老と野菜の天ざる 에비토 야사이노 텐자루 (새우와 채소튀김 소바) 1,620엔

간단 일본어

파 좀 빼 주시면 안 될까요?
ネギ抜きにしてもらえますか？
네기누키니 시테 모라에마스카?

접시 하나만 더 주시겠어요?
お皿をもう 1枚いただけますか？
오사라오 모- 이치마이 이타다케마스카?

ZONE
03

夫婦善哉

메오토젠자이

🌐 34.667852, 135.502379

⊕ MG92+4X 오사카시

🖥 sato-res.com/meotozenzai 🍴 800~TWD 🕙 10:00~22:00 📅 연중무휴 📞 06-6211-6455 🏠 大阪市中央 難波 1-2-10 法善寺

MEOUTOビル 1F 🚗 지하철 御堂筋線 미도스지센 なんば 난바(M20, Y15, S16) 역 14번 출구에서 도보 3분(약 170m)

오사카 難波 난바, 그리고 그 가운데 있는 道頓堀 도톤보리의 화려한 경관 옆에는 '浮世小路 우키요코지'라고 불리는 작은 골목이 있다. 한 사람만이 간신히 지나갈 만한 좁은 통로로 들어서면 과거 난바 지역의 모습을 모형으로 살펴볼 수 있고, 중간에는 '寸法師大明神 잇슨보시 다이묘진'이라고 적힌 조그마한 신사를 만날 수 있다. 그리고 그 길을 지나면 한적한 느낌이 드는 색다른 곳이 나타난다.

정말 작은 절, 아니, 절이라기보다는 골목에 생뚱하니 있는 불상이라는 느낌인데, 이곳이 바로 法善寺 호젠지다. 호젠지는 정말 작은 절이 되었지만, 지금도 많은 사람이 찾는 곳이다. 이곳에는 특이한 불상이 하나 있다. 석불 전체가 녹색 이끼로 뒤덮여 초록색이 되어 버린 불상이다. 불상뿐만 아니라 주변의 석조물까지 이끼가 뒤덮여 있는데 정말 묘한 감흥을 불러일으킨다. 늦은 밤 바로 옆 골목에는 수많은 관광객이 새로운 볼거리를 찾아 돌아다닌다. 하지만 이곳은 바로 옆에 있지만, 매우 조용하고 고요하다. 골목길 안에는 조명도 많지 않아서 은은하게 느껴지는 불빛에 녹색으로 뒤덮인 불상만이 우뚝 서 있다. 사람들은 불상 앞에 다가가 이끼가 마르지 않도록 물을 뿌리고 기원한다.

호젠지 옆쪽으로 난 길을 따라가면 절을 찾는 사람을 상대하는 가게들이 모여 있다. 다들 호젠지의 역사만큼이나 오랜 전통을 자랑하는 곳이다. 파는 음식들은 お好み焼き 오코노미야키, 튀김, 정식 등 참배객들이

찾을 만한 음식이지만, 오랜 전통 때문인지 골목도 가게도 여유로워 보인다. 그런 여유로운 곳에 '夫婦善哉 메오토젠자이'가 있다. 정확하게는 호젠지 바로 옆에 있다. 시끄러운 도톤보리가 바로 옆에 있지만, 한적하고 여유로운 분위기가 흐른다. 가게는 새롭게 꾸며져 세련됐고, 차분하면서 고요하다.

1883년 가게를 시작했다는 주인의 뜻을 이어받아서인지 가게에

서는 '夫婦善哉 메오토젠자이' 한 종류만 판매한다. 메오토젠자이는 우리나라 음식으로 하자면 팥죽으로, 한 끼 식사로는 다소 부족하지만 식사 후 가벼운 디저트 느낌으로는 적당하다.

　팥죽은 팥을 푹 익혀서 부드러우면서 단맛이 굉장히 강하다. 가운데 떠 있는 경단은 달콤한 팥과 잘 어우러진다. 뜨거운 것과 차가운 것을 주문할 수 있는데 너무 단 것이 싫다면 차가운 것을 시켜도 좋다. 녹차가 함께 나와 단맛을 중화시키기 때문에 많이 달게 느껴지지는 않는다. 입가심으로는 塩昆布 시오콘부(소금 다시마)가 곁들여 나온다. 깊은 맛이 느껴진다고 하는데, 한국인 입맛에는 맞지 않는다.

　메오토젠자이가 한 메뉴에 두 그릇이 나오는 것은 의미가 있다. 이 팥죽을 부부가 먹으면 만복을 얻고 행복하게 살 수 있다는 이야기가 있기 때문이다. 자연히 가게에도 많은 부부가 찾아온다. 물론 맛 자체도 훌륭해 부부가 아닌 사람도 많이 찾는다. 맛도 좋고 이야기도 담긴 음식을 찾는 것 역시 여행의 묘미가 아닐까?

　*가게에서는 한사람분으로 나온 팥죽 2그릇을 한사람이 모두 먹어야 복이 들어온다고 한다. 그래서 주문도 한 사람이 메뉴 하나를 시켜야 한다. 팥죽과 밤이 들어간 팥죽이 있으니 2명이라면 2종류를 시켜 함께 먹는 것을 추천한다.

- 夫婦善哉 메오토젠자이 (2그릇으로 나눠 담겨져 나오는 따뜻한 팥죽) 800엔

메뉴

- 栗入り善哉 쿠리이리 리 젠자이 (밤이 들어간 팥죽) 900엔

간단 일본어

차 좀 더 주시겠어요?
お茶のお代わりをいただけますか？
오차노 오카와리오 이타다케마스카?

계산해 주세요.
お勘定をお願いします。
오칸조-오 오네가이시마스.

明治軒

메지켄

 34.672705, 135.502204
⊕ MGF2+3V 오사카시

🖥 meijiken.com 📖 1,000~TWD ⏱ 11:00~15:30 17:00~22:00(토요일 중간 휴식 없음) 📅 수요일(공휴일 때는 다음 날) 📞 06-6271-6761 🏠 大阪市中央 心 橋筋1-5-32 🚇 지하철 御堂筋線 미도스지센 心 橋 신사이바시 (M19) 역 6번 출구에서 도보 3분(약 170m) *한사람이 메뉴 하나를 시켜야 한다.

오사카 心斎橋 신사이바시는 과거 선착장이었던 곳으로, 당시 전국에서 모인 각종 화물이 내리던 창구이자 상업의 활기가 있던 곳이다. 과거의 활기는 지금까지 그대로 이어져 이제는 명품 브랜드 상점들과 함께 백화점, 패션 매장, 식당들이 모여 있는 번화가로 변했다. 전국 각지의 다양한 상품과 외국 문물도 선박을 통해 들어왔기 때문인지, 역사가 오래된 양식점도 몇 곳 찾아볼 수 있다. 그 가운데 80년이 넘는 오랜 역사를 자랑하는 가게가 바로 明治軒 메지켄이다.

메지켄은 지하철 신사이바시 역에서 그리 멀리 떨어지지 않은 3층 건물에 자리하고 있다. 건물이 지어진 것은 창업 역사보다는 짧은 20여 년 정도 된다. 1925년 가게가 처음 오픈한 뒤에 전쟁으로 인한 혼란을 겪으면서 변화가 있었지만, 가게의 맛은 달라지지 않고 지금까지 이어졌다. '어렸을 때부터 먹었던 맛을 손님들이 언제 찾아도 다시 맛볼 수 있게 한다'는 오랜 역사를 간직한 식당만이 말할 수 있는 목표를 실제로 실천하고 있는 곳이다.

가게의 주요 메뉴는 オムライス 오무라이스(오므라이스)와 ハンバーグ 한바구(햄버그 스테이크)다. 1925년부터 시작한 오므라이스는 독특한 특징으로 다른 곳과 차별화하고 있다. 바로 오므라이스에 들어가는 모든 재료를 쌀을 제외하고 모두 믹서로 갈아서 넣는다는 점이다. 빨간 소스가 발라진 달걀을 살짝 벗기면 그 안에는 소스로 코팅되어 반짝이는 쌀만이 가득하다. 그러나 입안에 넣으면 소고기, 양파 등의 맛을 가득

느낄 수 있다. 쌀 이외의 어떤 재료도 보이지 않기 때문에 맛 자체가 싫지 않다면 딱히 불평할만한 것이 없다.

오므라이스는 갓 만들어져 나왔을 때 바로 먹어야 제맛을 느낄 수 있다. 식당에서 오랫동안 일한 숙련된 주방장이 만든 오므라이스는 가게의 맛을 지키는 원동력이다. 갓 만들어진 오므라이스의 부드러운 향기, 입안에 넣었을 때 살짝 풀어지는 달걀과 그 속에서 다양한 맛을 숨기고 있는 밥의 만남은 꽤 인상적이다. 쌀에 들어간 소스와 달걀 위에 발라진 소스는 각기 다른 소스이기 때문에 따로따로 먹어보는 것도 오므라이스의 맛을 다양하게 즐기는 방법 가운데 하나다.

오므라이스 외에 오사카의 명물 串カツ 쿠시카츠를 맛보는 것도 메지켄에서 빼놓을 수 없는 즐거움이다. 쿠시카츠는 오사카의 명물로 보통 소고기를 튀긴 요리를 가리킨다. 다만 이곳의 쿠시카츠는 일반 쿠시카츠와 달리 둥그런 원통 모양이 아닌 납작한 타원 모양으로 만들고 있다. 질 좋은 소고기를 얇게 잘라 튀겨낸 뒤 가게의 독특한 소스를 첨가하여 나오기 때문에 손님들은 식탁 위에 올려진 쿠시카츠를 그대로 먹을 수 있다. 간혹 여러 명이 같이 사용하는 걸쭉한 소스를 싫어하는 사람들도 있는데, 여기서는 그런 걱정을 할 필요가 없다.

가게의 명물 쿠시카츠는 오므라이스와 함께 사람들이 찾는 주요 메뉴로, 가게가 3층 건물로 바뀌면서 오므라이스 쿠시카츠 세트도 탄생하였다. 쿠시카츠를 먹으면서 오므라이스를 먹으면 흘러나오는 소고기의 육즙과 향이 오므라이스를 더 맛있게 한다. 가게의 대표 메뉴이기에 수많은 관광객이 주문하는 요리이기도 하다. 따뜻할 때 먹어야 더 맛있기에 음식이 나오면 친구와의 대화는 잠시 미뤄두고 음식이 모두 사라질 때까지 먹는 것에 집중하자.

메지켄은 고객들을 위해 다양한 메뉴를 제공하고 있는데, 가게의 중심 메뉴는 지켜가면서 신메뉴가 수시로 업데이트되고 있어 언제 새로운 메뉴가 등장할지 알 수 없다. 한 번 가 보았더라도 색다른 다른 메뉴를 발견했다면 다시 방문하는 것이 당연한 가게이다.

- ミニオムライス 串3本 セット 미니 오무라이스 쿠시 삼봉 셋토 (미니 오므라이스 쿠시 3개 세트) 980엔

메뉴

- オムライス 오무라이스 (오므라이스) 680엔

오무라이스와 튀김 세트

- ミニオムライス 串 5本セット 미니 오무라이스 쿠시 고홍셋토 (미니 오므라이스, 소고기 쿠시카츠 5개 세트) 1,180엔
- 銀串セット 긴쿠시셋토 (미니 오므라이스, 돼지고기와 채소튀김) 1,080엔
- エビフライセット 에비후라이셋토 (미니 오므라이스, 새우튀김) 980엔
- ポークカツセット 포-쿠카츠셋토 (미니 오므라이스, 돈가스) 980엔
- チキンカツセット 치킨카츠셋토 (미니 오므라이스, 닭고기 카츠) 980엔
- コロッケセット 코롯케셋토 (미니 오므라이스, 크로켓) 980엔
- ミニオムライス ＆サラダ 미니오무라이스 사라다 (미니 오므라이스와 샐러드 세트) 750엔

기타

- カレーライス 카레-라이스 (카레라이스) 750엔
- カツカレ 카츠카레 (돈가스에 카레를 얹은 요리) 1,050엔
- ハヤシライス 하야시라이스 (소고기와 양파를 볶아 포도주와 데미글라스 소스를 넣고 익힌 것을 밥에 얹은 요리) 850엔
- カツハヤシ 카츠하야시 (하야시라이스에 돈가스를 올린 요리) 1,150엔
- 串定食 쿠시테-쇼쿠 (소고기 쿠시카츠 5개와 밥) 680엔
- コロッケ 코롯케 (새우와 마카로니 크림 크로켓) 300엔
- 串コロ 쿠시코로 (쿠시카츠용 크로켓) 800엔
- エビフライ 에비후라이 (새우튀김) 1,350엔
- 特上牛ビフカツ 토쿠조-규- 비후카츠 (소고기 카츠) 1,700엔
- 銀串 긴쿠시 (돼지고기와 채소튀김) 1,150엔
- チキンカツ 치킨카츠 (닭고기 카츠) 780엔
- サカナフライ 사카나후라이 (생선튀김) 800엔
- カキフライ 카키후라이 (굴 튀김) 1,200엔
- チキンバスケット 치킨바스켓토 (닭 날개 튀김. 5개) 800엔

음식이 나오는데, 얼마나 걸리나요?
料理ができるまでどれくらい時間がかかりますか？
료-리가 데키루마데 도레구라이 지캉가 카카리마스카?

이거 시키면 밥도 같이 나와요?
このメニューはライス付きてすか？
코노 메뉴-와 라이스 츠키 데스카?

ZONE
03

北極星

홋쿄큐세이

🌐 34.669715, 135.498761
⊕ MF9X+VG 오사카시

💻 hokkyokusei.jp 💴 2,000~TWD 🕐 11:30~22:00(토, 일, 공휴일 11시부터) 📅 12월 31일, 1월 1일 📞 06-6211-7829 🏠 大阪
市中央 西心 橋2-7-27 🚗 지하철 御堂筋線 미도스지센 なんば 난바(M20, Y15, S16) 역 25번 출구에서 도보 5분(약 350m). 도톤보리
강을 지나 골목으로 들어서면 찾을 수 있다.

모든 것에는 그 시작이 있고, 요리에도 법칙은 존재한다. 단지 우리가 그 시작을 모를 뿐이다. 여기 우리에게 널리 알려진 음식이지만 그 시작이 잘 알려지지 않은 요리가 있다. 달걀로 만든 보들보들한 요리인 오믈렛은 그 자체로도 맛있지만, 밥이 주식인 아시아인들에게는 쌀과 함께 먹어야 더 맛있는 것 같다. 그래서 탄생한 것이 바로 오므라이스다. 그 오므라이스의 시작은 오사카, 그중에서도 오사카의 대표 번화가인 難波 난바의 양식당 北極星 홋쿄큐세이에서 시작되었다.

지금은 몇 개의 지점을 두고 있는 양식당인 홋쿄큐세이는 1922년 처음 문을 열었다. 100년 가까이 된 만큼 정말 오랜 역사를 가진 식당이다. 가게의 발자취는 바로 心斎橋 신사이바시 본점에서 그대로 느낄 수 있다. 그 시절의 분위기를 간직한 건물은 양식당이라기보다는 일본 전통 가옥으로 보인다. 넓은 공간과 가운데 일본 정원까지 있는 가게는 창업 당시 양식당의 위치를 짐작하게 해준다.

1922년이라면 일본이 1차 세계대전에서 승전국이 되어 세계적으로 인정받았을 때다. 유럽에 막대한 수출을 할 수 있어 경기가 상승하고 있을 때였으니, 양식당이 들어서는 것은 크게 이상한 일이 아니다. 하지만 오랜 세월을 겪으며 여러 굴곡이 있었을 텐데 지금까지 가게를 유지했다는 것은 그만큼 가게 운영을 잘했다는 뜻일 것이다.

일본의 역사까지 거슬러 올라갔지만. 어쨌든 홋쿄큐세이가 유명하게 된 것은 바로 오므라이스 때문이다. 우리나라에서는 오므라이스라고 하면 흔히 밥과 다양한 채소를 케첩 소스로 볶고 그 위에 달걀을 올리거나 밥을 달걀로 감싸 그 위에 케첩을 뿌린 모양이 떠오른다. 이런 오므라이스가 맛이 없다는 것은 아니지만, 특별한 맛이 있다고 하기도 어렵다. 사실 우리나라에서도 맛있게 조리된 오므라이스가 있지만, 그 시작을 모르니 만드는 사람마다 자

신만의 방식으로 만드는 것이 아닐까 하는 생각이 든다.

　다른 요리도 그렇지만 오므라이스는 특히 그 탄생 배경을 알아야 한다. 오므라이스는 가게가 문을 열고 얼마 되지 않았을 때, 자주 방문하던 손님을 위해 만들어졌다. 그는 위가 좋지 않아 항상 부드러운 오믈렛을 시키고 밥을 따로 시켜 먹었다. 다른 음식도 있었을 텐데 왜 이런 음식만 먹었는지는 알 수 없다. 하지만 오믈렛과 밥만 먹어서는 건강에도 좋지 않고 매일 먹으니 질렸을 것이다. 가게 주방장은 손님의 건강을 생각해 자극적이지 않고, 오믈렛과 비슷한 음식을 생각했다. 그렇게 탄생한 것이 바로 홋쿄큐세이 오므라이스다. 단순히 새로운 음식을 만들려는 마음이 아니라 손님의 건강을 생각해서 만든 것이 바로 오므라이스다.

　홋쿄큐세이에서는 그런 오므라이스 원형을 그대로 맛볼 수 있다. 탄생 배경의 이야기 때문인지는 모르겠지만, 실제로 지금까지 먹던 오므라이스와 전혀 다른 느낌의 오므라이스다. 강렬한 맛보다는 정성스러운 집밥을 맛보는 것처럼 부드럽게 감싸주는 포근한 맛이 느껴진다. 기본은 바로 치킨 오므라이스로, 개인적 취향이 있다면 버섯이나 돼지고기 등 다양한 재료도 준비되어 있으니 선택하면 된다. 오므라이스 자체로 부족하다면 오므라이스 세트를 시키면 새우튀김과 미소 수프를 추가할 수 있다. 다른 어떤 메뉴보다 최초의 오므라이스를 선택해야 하는 곳이다.

- チキンオムライス 치킨 오무라이스 (치킨 오므라이스) 830엔

메뉴

- きのこオムライス 키노코 오무라이스 (버섯 오므라이스) 830엔
- ビーフオムライス 비-후 오무라이스 (소고기 오므라이스) 910엔
- ポークオムライス 포-쿠 오무라이스 (돼지고기 오므라이스) 830엔
- ハムオムライス 하무 오무라이스 (햄 오므라이스) 790엔
- カニオムライス 카니 오무라이스 (게 오므라이스) 1,080엔
- 海老オムライス 에비 오무라이스 (새우 오므라이스) 1,080엔

옵션

- オムライスセット 오무라이스 셋토 (오므라이스에 새우튀김과 미소 수프 추가) 470 엔 추가
- 치즈 200엔 추가
- 사이즈 업 280엔 추가

간단 일본어

생맥주는 뭐가 있나요?
どんな生ビールがありますか？
돈나 나마비-루가 아리마스카?

가게 사진을 찍어도 괜찮을까요?
お店の写真を撮っても良いですか？
오미세노 샤싱오 톳테모 이이데스카?

297

重亭

쥬테이

🌐 34.666217, 135.502163
⊕ MG82+FV 오사카시

🖥 www.jyutei.com 🎫 1,500~TWD 🕐 11:30~15:30 17:00~20:30 📅 화요일 📞 06-6641-5719 🏠 大阪市中央 難波3-1-30
🚃 지하철 御堂筋線 미도스지센 なんば 난바(M20, Y15, S16) 역 지하상가 통로를 이용하거나 11번 출구로 나와 ビックカメラ 비크카메라 쪽으로 도보 3분(약 180m)

일본에는 오랫동안 한자리에서 운영되는 가게들이 많다. 물론 그런 가게들이 다 맛이 좋은 것은 아니지만, 오랫동안 마을 사람들에게 사랑받던 가게들은 각기 나름의 맛을 가지고 있다. 그리고 창업 때부터 이어지는 맛은 단골의 사랑을 받으며 이어갈 수 있다. 사람들의 입맛이 변하면 조금씩 변하기도 하지만, 대부분은 그 맛을 지키려고 노력한다.

오사카 남쪽 지역 난바에는 그런 가게들이 많다. 오사카에서도 대표적인 번화가로 가게들이 자주 변할 것 같지만, 그 자리를 묵묵히 지키는 가게들이 더 많다. 重亭쥬테이도 그런 가게들 가운데 하나로, 1946년 창업한 양식 레스토랑이다.

가게의 간판 메뉴는 햄버그 스테이크이다. 이 요리는 사실 독일 노동자를 위한 식사에서 시작되었다고 한다. 지금은 손쉽게 고기를 먹을 수 있지만, 예전에 고기를 사 먹는 일은 생각보다 돈이 많이 드는 일이었다. 그래서 고기 부스러기를 모아서 스테이크처럼 만들었다. 일본에서도 경제는 성장했지만, 영양이 풍부한 고기를 먹는 것은 쉬운 일이 아니었다. 그래서 상대적으로 저렴한 닭고기, 돼지고기 등을 채소와 달걀을 넣어 양을 늘린 것이 바로 햄버그 스테이크였다. 이렇게 일부 지역에서 처음 시작된 햄버그 스테이크는 이후 간편 식품으로 대량생산되면서 널리 보급되었고, 일반적인 음식이 되면서 가게마다 맛이나 고기의 질을 달리해 나름의 개성을 만들어갔다.

쥬테이는 오사카 제일의 번화가에 자리 잡고 있기 때문인지 맛도 맛이지만, 양을 달리해 차별화하고 있다. 기본 햄버그 스테이크는 200g의 볼륨감 있는 모양에 양배추와 스파게티를 담고 그 위에 두툼한 달걀 프라이가 올려져 있다. 부드러운 육즙에 달콤하면서도 적당히 소금기가 밴 소스(데미그라스 소스에 간장을 섞어 만든 소스)가 어우러져 햄버거 스테이크의 맛을

잘 표현하고 있다. 기본적으로 성인 남성에게도 충분한 양이지만, 혹시 양이 부족하다면 1.5배(270g)짜리 스테이크와 W 햄버거 스테이크(360g)를 시키면 된다. 단지 햄버그 스테이크와 함께 나오는 스파게티는 특별한 맛은 없고 심플한 토마토 스파게티라서 개인적으로는 밥이 더 잘 어울린다고 생각한다.

메인인 햄버그 스테이크와는 별도로 케첩과 생강을 섞어 만든 소스의 풍미가 인상적인 'ポークチャップ 포쿠 찹푸'와 바삭한 튀김옷에 부드러운 육질이 인상적인 チキンカツ 치킨카츠(닭고기로 돈가스처럼 만든 것)도 좋다. 조금 생뚱맞지만 オムライス 오무라이스(가게에서 만든 수제 케첩을 뿌린 오므라이스) 역시 손님들의 인기 메뉴다.

- ハンバーグステーキ 함바-구 스테-키 (햄버그 스테이크) 1,180엔

메뉴

- ポークチャップ 포-쿠 찹푸 (구운 돼지고기에 케첩과 생강으로 만든 소스를 바른 요리) 1,280엔
- テキ 테키 (일본산 소고기 등심 스테이크로 간장 소스를 사용한 것) 3,900엔
- テリヤキ 테리야키 (소고기 등심 데리야키) 3,900엔
- チキンチャップ 치킨 찹푸 (닭에 케첩과 생강으로 만든 소스를 바른 요리) 1,230엔
- ミンチエッグ 민치엣구 (햄버그 스테이크와 달걀프라이) 1,230엔
- ミニバーグ盛り合わせ 미니바-구모리와세 (작은 햄버그 스테이크) 920엔
- ハイシビーフ 하이시비이후 (케챱을 기본으로 만든 데미글라스 소스를 활용한 소고기) 1,180엔
- オムレツ 오무레츠 (오믈렛) 670엔

튀김 요리

- ビフカツ 비후카츠 (소고기 카츠) 2,000엔
- 一口カツ 히토쿠치카츠 (한입에 들어갈 만한 크기로 튀긴 안심 카츠) 1,900엔
- チキンカツ 치킨카츠 (닭고기 카츠) 1,230엔
- ミンチカツ 민치카츠 (다진 고기로 만든 카츠) 1,180엔
- トンカツ 톤카츠 (돈가스) 1,080엔
- カキフライ 카키후라이 (굴 튀김) 1,380엔
- エビフライ 에비후라이 (새우튀김) 1,380엔
- エビ·カキ盛り合わせ 에비 카키모리아와세 (새우와 굴 튀김 모음) 1,590엔

식사류

- オムライス 오무라이스 (가게에서 만든 수제 케챱을 뿌린 오므라이스) 820엔
- ハヤシライス 하야시라이스 (데미글라스 소스와 밥) 820엔
- ドライカレー 도라이카레- (카레 가루만을 넣고 볶은 밥) 820엔
- ハムライス 하무라이스 (햄을 넣은 밥) 820엔
- チキンライス 치킨라이스 (치킨을 올린 밥) 820엔
- ライス 라이스 (밥) 150엔
- バタートースト 바타-토-스토 (버터를 바른 토스트) 200엔

간단 일본어

밥은 별도인가요?
ライスは別料金ですか？
라이스와 베츠료-킨 데스카?

ハンバーグステーキにライスを追加してください。
함바-구 스테-키니 라이스오 츠이카 시테 쿠다사이.
햄버그 스테이크에 밥을 추가해 주세요.

かに道楽

카니도라쿠

🌐 34.668776, 135.501498
⊕ MG92+GH 오사카시

💻 www.douraku.co.jp 💴 2,000~TWD 🕙 11:00~23:00 📅 연중무휴 📞 06-6211-8975 🏠 大阪市中央 道頓堀1-6-18 🚇 지하철 御堂筋線 미도스지선 なんば 난바(M20, Y15, S16) 역 14번 출구에서 도보 3분(약 180m). 도톤보리로 들어가면 커다란 게 간판을 쉽게 찾을 수 있다.

오사카에서 가장 유명한 도톤보리에는 맛있는 가게들도 많지만 다양한 볼거리도 가득하다. 사실 도톤보리 거리는 1612년 **安井道頓** 에스이 도톤이라는 사람이 만들기 시작한 운하에서 시작되었다. 그 후 운하를 따라 다양한 가게가 들어선 것이 지금 도톤보리 거리의 전신이다. 당시에는 가부키, 인형극 등이 열리는 극장뿐만 아니라 식당, 찻집 등 다양한 시설들이 줄지어 있었다. 도톤보리 거리의 활기는 지금까지 이어졌고, 사람들의 시선을 붙잡기 위해 다양한 시도가 있었다.

지하철 **難波** 난바 역에서 도톤보리 거리로 들어오면 얼마 가지 않아 오사카의 유명한 'クリコランナー 쿠리코 란나'를 볼 수 있다. 제과업체인 쿠리코에서 만든 간판으로 1935년부터 자리를 지키고 있다. 그런 쿠리코 런너와 함께 옥외 간판의 명물로 알려진 것이 바로 **かに道楽** 카니도라쿠 게 인형이다. 이것은 단순한 간판에 달아 놓은 인형이 아니다. 무려 850kg이나 되는 인형이 움직인다. 눈을 사로잡는 이 게 인형은 단순한 볼거리뿐만 아니라 이정표로도 활용되고 있다.

이처럼 흥미로운 볼거리를 제공하는 카니도라쿠는 맛있는 게 요리로 유명한 전문점이다. 가게에서 판매되는 게들은 홋카이도에서 잡은 게들을 산 채로 가게까지 직송한다. 가게 입구로 들어서면 커다란 수조에 수십 마리의 게가 살아 움직이는 모습을 볼 수 있다.

이렇게 신선함을 최우선시하는 카니도라쿠는 1962년 개업해 전국에 50여 개의 지점을 두고 있다. 사실 여행객들에게는 추천하고 싶지 않은 비싼 곳이기도 하다. 그렇지만 또 빼놓을 수 없는 맛집이기에 다양한 가격대의 메뉴를 소개한다.

가게의 간판 요리는 전골 요리로 'かにすき 카니스키'가 있다. 가게의 대표 요리로 두부, 채소 등의 재료를 넣은 국물에 게를 넣고 끓여 낸 것이다. 다른 말로 소고기대신 게가 들어간 **すき焼き** 스키야키다. かにす

§ 카니스키를 만드는 방법은 인터넷에 다양하게 나와 있지만, 카니도라쿠만의 맛과 향은 가게에서만 즐길 수 있다.

만약 양보다는 게의 맛을 즐기고 싶다면 런치 메뉴를 추천한다. 가격대가 조금은 높지만 4종류의 메뉴가 시기에 따라 구성을 조금씩 달리하며 제공된다. 오후 4시까지 제공되는 메뉴에는 かに造り 카니츠쿠리(게로 만든 회), かに茶碗蒸し 카니차완무시(게를 넣은 달걀찜), かに釜飯 카니카마메시(게 돌솥밥), 게 그라탱, 게 덴푸라, 등이 제공된다. 구성은 가격대에 따라 달라진다. 자신의 주머니 사정에 맞추어 주문하면 된다.

좀 저렴하게 먹고 싶다면 6~12개의 다양한 게 스시가 나오는 스시 요리도 괜찮다. 가게에 들를 시간이 없다면, 가게 앞에서 게 숯불구이를 이용할 수도 있다. 양은 많지 않지만, 저렴한 가격에 게의 맛을 가볍게 즐기고 싶은 여행객들에게 딱 좋은 메뉴다.

• あや 아야 (런치 메뉴 중 하나로 다양한 게 요리를 맛볼 수 있음) 3,780엔

메뉴

전골

• かにすき 카니스키 (게 스키야키) 5,400엔
• かにちり 카니 치리 (게 전골) 5,400엔
• かにしゃぶ 카니 샤부 (게 샤부샤부) 6,588엔

전골 추가 메뉴

• かに身 카니미 (게살) 3,780엔
• かにしゃぶ身 카니 샤부미 (샤부샤부용 게살) 5,184엔

단품 메뉴

• 焼かに 야키 카니 (게 구이) 1,944엔
• かに天ぷら 카니 텐푸라 (게 튀김) 1,944엔
• かに唐揚 카니 카라아게 (두꺼운 반죽을 묻혀 튀긴 게 튀김) 1,944엔
• 焼タラバかに 야키타라바카니 (왕게 구이) 1,900엔
• かにみそ甲羅焼 카니미소코오라야키 (된장을 발라 구운 게) 1,296엔
• かにグラタン 카니구라탕 (게 그라탱) 1,000엔
• かにコロッケ 카니 코롯케 (게 크로켓) 713엔
• かに茶碗蒸し 카니차완무시 (게 달걀찜) 756엔
• かにシュウマイ 카니슈-마이 (게 만두) 950엔
• かに太巻 카니우즈마키 (계를 넣고 김밥처럼 김으로 만 것) 1,728엔
• かにバッテラ 카니밧테라 (나무틀에 밥과 게를 넣고 눌러서 만든 초밥) 1,728엔

간단 일본어

창가 자리로 앉을 수 있을까요?
窓側の席でお願いてきますか？
마도가와노 세키데 오네가이 데키마스카?

한국어 메뉴판 있어요?
韓国語のメニューはありますか？
캉코쿠고노 메뉴-와 아리마스카?

MUGUNI

무구니

🌐 34.670559, 135.499368

⊕ MFCX+6P 오사카시

🍴 800~TWD 🕐 11:30~21:30 🗓 부정기 📞 06-6212-5068 🏠 大阪市中央 西心 橋2-9-5 日 三ツ寺 館1 F 🚇 지하철 御堂筋線 미
도스지센 心 橋 신사이바시(M19) 역 7번 출구에서 도보 5분(약 350m). 큰 길에서 안쪽 골목으로 들어가면 됨

오사카의 心斎橋 신사이바시 지역은 정말 치열하게 살아가는 사람들이 많다. 도시의 중심지 난바 바로 위에 있어서 과장하지 않더라도 하루에도 몇만 명의 사람들이 움직인다. 그리고 그런 그들을 상대하는 수많은 가게가 모여 있다. 일본의 가게 대부분이 그렇지만 이곳에서도 비용 때문에 가게의 공간을 최소로 하는 곳이 많다. 조그만 가게들이 넓은 공간을 가진 곳과 경쟁하기 위해서는 자신만의 개성이 있어야 한다. 그런 독특한 개성으로 사람들의 사랑을 받는 곳이 바로 'MUGUNI 무구니'다.

좁은 골목 사이를 걷다가 가게를 발견하면, 작은 공간이지만 아기자기한 인테리어가 돋보이는 내부 모습에 먼저 감동하게 된다. 은은한 조명 아래에 유럽에서 건너왔을 법한 귀여운 소품들이 진열되어 있다. 조그만 공간이기에 테이블도 딱 2개밖에 없다. 작지만 분위기 있는 조그마한 식당. 그 식당의 개성은 바로 가게만의 치즈 오므라이스다.

오므라이스의 이름은 '**ゴルゴンゾラドルチェチーズソースのオムライス** 고루곤조라도루체치-즈소-스노 오무라이스(고르곤졸라 오므라이스로)', 이곳을 찾는 여성들에게 가장 인기 있는 메뉴다. '고르곤졸라'는 이탈리아의 블루치즈로 높은 점도와 부드러운 감촉이 특징이다. 염분이 적기 때문인지 치즈의 달콤함이 잘 느껴지고, 거기에 아무것도 섞이지 않는 부드러운 감촉은 이 치즈가 왜 그렇게 인기가 있는지 알 수 있게 한다. 무구니에서는 이런 고르곤졸라 치즈를 오므라이스 위에 올려 밥과 달걀과 치즈가 하나로 어우러져 부드러움과 함께 진한 고소함을 느낄 수 있게 한

다. 가게의 대표 메뉴인 고르곤졸라 소스 오므라이스만으로도 충분히 가게의 독특함을 느낄 수 있지만, 사실 2% 부족하다는 생각이 든다. 너무 진한 맛에 다 먹기 어려운 사람도 분명히 있을 테니까 말이다.

그래서 등장한 것인지는 몰라도 가게에서 추천하는 메뉴가 있다. 고기, 양파를 볶아 포도주와 데미글라스 소스에서 익힌 하야시 소스를 넣은 'ハーフ&ハーフオムライス 하후 안도 하후 오무라이스(하프 앤 하프 오므라이스)'다. 고르곤졸라 치즈와 하야시 소스가 만나면서 입안을 즐겁게 한다. 치즈의 고소함과 부드러움은 그대로 맛볼 수 있으면서 하야시 소스 때문에 입안에 들어오는 치즈의 부드러움과 그 고소함을 더 잘 느낄 수 있다. 하야시 소스가 맞지 않는다면 대신 카레를 넣을 수도 있다.

자신 있는 자신의 메뉴로 승부하는 무구니. 오늘도 그 맛에 반해 가게 앞에 줄을 서는 사람이 가득하다.

• ハーフ&ハーフオムライス 하-후 안도 하-후 오무라이스 (하프 앤 하프 오므라이스)
  1,300엔

• 明太子オムライス 멘타이코 오무라이스 (명란젓 오므라이스) 950엔
• ゴルゴンゾラトルチェチーズソースのオムライス 고루곤조라도루체치-즈소-스노
  오무라이스 (고르곤졸라 체더치즈 소스 오므라이스) 1,200엔
• ひとくちビーフのせオムライス 히토쿠치비이후노 세오무라이스 (한입 크기 소고기
  가 들어간 오므라이스) 1,600엔

음료
• エスプレッソコーヒー 에스푸렛소코-히- (에스프레소) 450엔
• アイスコーヒー 아이스 코-히- (아이스커피) 450엔
• アイスティー 아이스티- (아이스티) 450엔
• コカコーラ 코카코-라 (콜라) 450엔
• オレンジジュース 오렌지쥬-스 (오렌지 주스) 450엔

저기요, 숟가락을 떨어뜨렸어요.
すみません。スプーンを落としました。
스미마셍, 스푼-오 오토시마시타.

숟가락 하나 더 받을 수 있을까요?
スプーンをもう1本いただけますか？
스푼-오 모- 입뽕 이타다케마스카?

T.C. CAFE

T.C. 카페

🌐 34.671053, 135.494069
⊕ MFCV+9J 오사카시

🖥 www.timelesscomfort.com 🎫 900~TWD 🕐 11:00~19:30 📅 셋째 주 수요일(부정기) 📞 06-6533-8620 🏠 大阪市西 南堀
江1-19-26 🚇 지하철 四つ橋線 요쓰바시센 四ツ橋 요쓰바시(Y14) 역 6번 출구에서 도보 6분(약 450m)

오랜 불황 때문인지 일본에서는 가게마다 손님을 끌어모으려는 다양한 아이디어를 내고 있다. 한 가지 품목만으로는 운영 자체가 힘든 것인지, 아니면 손님에게 여유로운 시간을 제공하면서 물건을 판매하기 위해서인지 카페 혹은 디저트 가게를 함께 운영하는 곳이 많아졌다. 그 가운데 T.C. 카페는 가구 전문점과 함께 운영되는 카페다. 가게의 이름은 'TIMELESS COMFORT 타임리스 컴포트'의 약자로 이곳에서는 세계 각국에서 모은 인테리어 제품, 가구, 주방용품 등을 전시하고 있다.

가구와 인테리어 소품을 둘러보다가 매장 한쪽에서 발견할 수 있는 카페는 타임리스 컴포트에서 판매되는 가구와 인테리어 소품을 활용해 엔틱한 분위기를 만들면서 제품 홍보도 하고 있다. 그렇다고 단순히 홍보용 카페도 아니다. 카페에서 처음에 주력으로 판매하던 제품은 미국 로스앤젤레스 베이커리 공장의 제품을 기본으로 일본인의 입맛에 맞게 만들어진 베이글이다. 212라는 이름의 회사에서 만들어진 것을 직수입해 판매하는데, 유기농 제품으로 탄력이 있어 씹는 맛이 좋고 150~170엔 사이의 가격이라 부담 없이 즐길 수 있다.

가게에서는 베이글을 맛있게 먹는 법도 소개한다. 먼저 베이글을 반으로 자르고, 잘린 면이 밑으로 가게 해서 오븐에 1~2분 데운 뒤 크림치즈나 연어 등을 올려 먹는다. 여행객이 현지에서 직접 해 먹을 수는 없으니 카페에서 판매하는 베이글을 먹는 것이 가장 좋은 방법이다. 아보카도&새우 베이글, 연어&크림치즈 베이글 등의 메뉴가 준비되어 있으니 입맛대로 선택하면 된다.

그런데 이곳의 인기 메뉴는 햄버거다. 15종류의 수제 햄버거 메뉴를 선보이고 있는데, 처음 왔다면 オリジナルバーガー 오리지나루 바가 (오리지널 버거)를 추천한다. 곱게 간 고기로 만든 패티는 부드럽고 잘 빚어내어 끈기가 있다. 그 위에 살짝 녹아내린 치즈 덕분에

부드러운 고소함이 더해진다. 아보카도 버거나 **チキン竜田バーガー** 치킨 타츠타 바가 등도 추천한다. '**竜田** 타츠타'는 닭고기, 생선 등을 간장과 맛술로 밑간하고 녹말을 묻혀 튀겨낸 것이다. 버거에 돈을 추가하면 겉은 바삭하고 속은 부드러운 감자튀김과 독특한 유리병에 담긴 탄산음료를 마실 수 있다.

이 외에 다른 것도 맛보고 싶다면 **ベリー&バナナパンケーキ** 베리· 안도 바나나 팬케·키를 추천한다. 딸기, 블루베리 등의 베리 류 열매가 산뜻하고 달콤한 시럽과 섞여 따뜻하게 구워진 팬케이크 위를 장식하고 있다. 그리고 그 위에 세워진 바나나와 아이스크림은 따뜻함과 차가움이 조화를 이루며 맛을 살린다.

• 햄버거 세트 15종류 버거 (감자튀김, 탄산음료 포함, 추가 요금 별도) 1,000~엔

메뉴

버거

• オリジナルバーガー 오리지나루 바-가 (육즙이 가득한 햄버거 패티가 인상적인 오리지널 버거) 800엔
• チーズバーガー 치-즈 바-가 (치즈를 듬뿍 사용한 치즈버거) 850엔
• ベーコンチーズバーガー 베-콘 치-즈 바-가 (베이컨 치즈버거) 950엔
• クレートバーガー 구레-토바-가 (치즈, 아보카도, 베이컨, 달걀 등이 모두 들어간 버거) 1,300엔
• 海老カツサント 에비 카츠 산도 (쫀득한 베이글을 사용한 새우 샌드위치) 850엔
• アボカドチーズバーガー 아보카도 치-즈 바-가 (아보카도 치즈버거) 900엔
• チキン竜田バーガー 치킨 타츠타 바-가 (닭고기를 튀기듯 익혀 만든 버거) 900엔

기타 메뉴

• ベリー&バナナパンケーキ 베리- 안도 바나나 판케-키 (베리&바나나 팬케이크) 700엔
• アボカド&シュリンプベーグル 아보카도 안도 슈림푸 베-구루 (아보카도&새우 베이글) 800엔
• サーモン&クリームチーズベーグル 사-몬 안도 쿠리-무 치-즈 베-구루 (연어&크림치즈 베이글) 850엔

간단 일본어

금연석 있나요?
禁煙席はありますか？
킹엔세키와 아리마스카?

가게에서 추천하는 버거는 무엇입니까?
一番人気のバーガーはどれですか？
이치방 닌키노 바-가와 도레 데스카?

純喫茶アメリカン

준킷사아메리칸

🌐 34.668389, 135.503099

⊕ MG93+96 오사카시

🖥 www.junkissa-american.com 🍴 1,000~TWD 🕐 09:00~23:00(화요일은 22:30까지) 📅 셋째 목요일 부정기 📞 06-6211-2100 🏠 大阪市中央 道頓堀1-7-4株式 社アメリカンビル 1F 🚇 지하철 御堂筋線 미도스지센, 四つ橋線 요쓰바시센 なんば 난바(M20, Y15, S16) 역 지하상가 통로 이용, 또는 14번 출구로 나와 도톤보리 쪽으로 도보 4분(약 290m)

한국에서는 이제 '다방'을 찾아보기가 쉽지 않다. 이런 커피 판매점은 과거에는 다양한 용도로 이용되었지만, 최근에는 모두 프렌차이즈 카페로 대체되었고, 이제는 시골에 내려가야 가끔 오래된 느낌으로 남아 있을 뿐이다. 개성 있는 카페가 40~50년을 그 자리에서 운영하면 아련한 느낌이 드는 분위기 있는 카페가 되지 않을까? 옛날 문인들이 모이던 다방처럼 말이다.

일본 なんば 난바, 특히 道頓堀 도톤보리 부근에는 다양한 가게가 모여 있다. 세련된 느낌의 가게도 오래된 느낌의 가게도 골목 하나를 두고 분위기가 완전히 달라진다. 그런데 그 중간을 채워주는 가게도 있다. 일본이 한창 경제가 성장할 때 만들어진 이 가게들은 나쁘게 말하면 어중간하고 좋게 말하면 흔하지 않은 독특한 분위기를 자아낸다. 그런 가게들 사이에서 1980년대 일본 드라마에서나 볼만한 카페가 하나 있어 소개한다.

도톤보리 바로 옆, 관광객이 가장 많이 찾는 곳에 자리한 純喫茶アメリカン 준킷사아메리칸은 사람들이 북적이는 곳에 도도하게 자리하고 있다. 개인적으로는 시끄러운 오리들 사이에 있는 우아한 학이라고 비유하고 싶다.

1960년에 문을 연 가게는 화려한 난바 중심에 자리하고 있지만 일본의 昭和 쇼와 시대(1926년 12월 25일~1989년 1월 7일)를 느끼게

할 정도로 오래된 느낌을 준다. 하지만 낡고 어두운 느낌은 하나도 없다. 깨끗하게 관리되어 청결하고 천정에 달린 샹들리에와 2층으로 이어지는 계단은 뮤지컬 공연장에 온 듯한 느낌을 준다. 제복을 갖춰 입고 절도 있게 손님을 맞이하는 종업원도 인상적이다. 덕분에 세련된 곳에 왔다는 기분을 느낄 수 있다.

준킷사아메리칸의 또 다른 특징은 메뉴가 상당히 많은 점이다. 다행히 외국인도 쉽게 주문할 수 있도록 메뉴에 사진이 붙어 있어서 선택은 어렵지 않다. 메뉴를 살펴보는 것이 오래 걸릴 뿐이다. 계절 한정 케이크부터 샌드위치, 푸딩까지 여러 메뉴를 즐길 수 있다. 추천 메뉴는 'ホットケーキ 홋토 케-키(팬케이크)'다. 직경 10cm, 두께 1cm 정도의 팬케이크가 2단으로, 6등분으로 먹기 좋게 잘려 나온다. 안에는 따뜻한 팬케이크에 녹은 버터가 발라져 있어 버터의 부드러운 풍미와 따스한 팬케이크 자체만으로도 좋은 맛을 낸다. 추가로 단맛이 필요하면 시럽을 뿌려 먹으면 된다. 가벼운 식사가 필요하다면 샌드위치가 좋다.

음식 자체는 숙련된 요리사가 만들어서인지 굉장히 안정적인 맛이다. 늘 먹어도 질리지 않는 맛. 하지만 여행에서 좀 더 자극적이고 강한 맛을 원한다면 조금은 아쉬운 맛일 수도 있다. 그럴 때는 케이크나 커스터드 푸딩을 추천한다. 케이크는 17종류나 되고 푸딩은 아주 부드럽지 않고 조금은 오래된 듯한, 단단한 느낌이다. 하지만 맛은 섬세하게 조리된 맛으로 푸딩의 풍미를 충분히 느낄 수 있다. 세트 메뉴로 하면 커피, 홍차, 우유, 콜라 중 음료를 고를 수 있다. 시간이 없다면 팬케이크와 샌드위치는 테이크아웃이 되니 가져가서 먹어도 좋다.

- ホットケーキ 홋토 케-키 (푹신푹신하고 따뜻한 팬케이크) 570엔

메뉴

- プリンサンデー 푸링산데- (푸딩과 함께 과일과 생크림을 곁들인 것) 820엔
- フルーツアラモード 후루-츠아라모-도 (신선한 과일과 생크림을 곁들인 과일 모듬) 1,240엔
- イチゴパフェ 이치고파훼 (생크림과 딸기가 어우러진 파르페) 820엔
- チョコレートパフェ 쵸코레-토파훼 (과일과 함께 달콤한 초콜릿이 곁들여진 파르페) 820엔
- アンみつまめ 안미츠마메 (신선한 과일과 팥소와 떡이 곁들여진 디저트) 770엔
- プリンファッション 푸링 홧숑 (계절 과일과 함께 담긴 푸딩) 1,240엔
- イチゴヨーグルト 이치고 요-구루토 (딸기 요구르트) 770엔
- イチゴサンデー 이치고 산데- (딸기 선데) 820엔

음식

- オムライス 오무라이스 (오므라이스) 820엔
- イタリアンスパゲッティ 이타리안스파겟티 (토마토 스파게티) 870엔
- ビーフカレーライス 비-후카레-라이스 (소고기 카레라이스) 820엔
- ビーフカツサンドウィッチ 비-후카츠산도위치 (부드러운 소고기를 튀겨 만든 샌드위치) 1,420엔
- ホットサンドウィッチ 홋토산도위치 (치즈, 베이컨, 채소를 넣어 따뜻하게 구워 나오는 샌드위치) 700엔
- フルーツサンドウィッチ 후루-츠산도위치 (과일 샌드위치) 870엔
- 玉子サンドウィッチ 타마고산도위치 (달걀 샌드위치) 700엔
- ミックスサンドウィッチ 믹쿠스산도위치 (햄, 채소가 들어간 샌드위치) 870엔
- ピラフ 피라후 (밥에 고기, 채소 등을 넣고 볶은 음식) 820엔
- トースト 토-스토 (버터와 잼과 함께 먹는 토스트) 310엔
- ハムトースト 하무토-스트 (햄 토스트) 700엔
- 玉子トースト 타마고토-스트 (달걀 토스트) 700엔
- ハムエッグトースト 하무엣구토-스트 (햄과 달걀이 들어간 토스트) 700엔
- フレンチトースト 후렌치토-스트 (부드럽고 달콤한 프렌치토스트) 700엔

음료

- コーヒー 코-히- (7종류의 커피콩을 혼합하여 만든 오리지널 커피) 550엔
- アイスコーヒー 아이스코-히- (뜨거운 커피와 다른 커피콩을 사용한 아이스 커피) 550엔
- クリームソーダ 쿠리-무소-다 (혼합 시럽으로 만든 소다에 아이스크림을 넣은 음료) 720엔

- 紅茶 코-차 (홍차) 550엔
- ミルク 미루쿠 (우유) 550엔
- ココア 코코아 (코코아) 650엔
- カフェオーレ 카훼오-레 (커피와 따뜻한 우유를 섞은 커피) 650엔
- ウインナーコーヒー 윈나-코-히- (아메리카노 위에 휘핑크림을 얹은 비엔나 커피) 650엔
- アーモンドオーレ 아-몬도-오-레 (아몬드 향을 더한 커피와 따뜻한 우유를 섞은 음료) 670엔
- 生ホットレモン 나마홋토레몬 (생레몬을 넣은 음료) 720엔
- 生ホットオレンジ 나마홋토오렌지 (생오렌지를 넣은 음료) 720엔
- ミックスジュース 믹쿠스쥬-스 (신선한 제철 과일을 듬뿍 사용한 과일 주스) 720엔
- イチゴジュース 이치고쥬-스 (딸기로 만든 주스) 720엔
- 生レモンスカッシュ 나마레몬스캇슈 (레몬을 짜서 소다수를 넣고 만든 음료)
- ハナナジュース 바나나쥬-스 (바나나 주스) 720엔
- オレンジジュース 오렌지쥬-스 (오렌지 주스) 720엔
- パインジュース 파인쥬-스 (파인애플 주스) 720엔
- トマトジュース 토마토쥬-스 (토마토 주스) 720엔
- クリームジュース 쿠리-무쥬-스 (크림 주스) 820엔
- メロンジュース 메론쥬-스 (멜론 주스) 980엔
- 生グレープフルーツジュース 나마구레-푸후루-츠쥬-스 (생그레이프 후르츠 주스) 820엔
- 生オレンジジュース 나마오랜지쥬-스 (생오렌지 주스) 820엔
- オレンジシャーベット 오렌지샤-벳토 (오렌지 셔벗) 620엔
- アイスクリーム 아이스쿠리-무 (아이스크림) 620엔
- チョコレートクリーム 쵸코레-토쿠리-무 (초콜릿 크림) 720엔
- 小倉クリーム 오구라쿠리-무 (팥이 들어간 크림) 720엔

간단 일본어

샌드위치를 포장해 주세요.
サンドイッチを持ち帰りでお願いします。
산도잇치오 모치카에리데 오네가이시마스.

음료에는 무엇이 있나요?
飲み物は何がありますか？
노미모노와 나니가 아리마스카?

りくろーおじさんの店

리쿠로 오지상

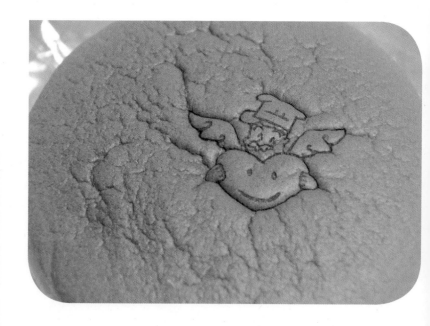

🌐 34.666122, 135.501567
⊕ MG82+CJ 오사카시

🖥 www.rikuro.co.jp 💴 700~TWD 🕐 09:00~21:30 🏧 부정기 📞 0120-57-2132 🏠 大阪市中央 難波3-2-28 🚗 지하철 御堂筋線 미도스지센 なんば 난바(M20) 역 11번 출구에서 도보 2분. 지하상가 연결 가능 (약 140m)

"딸랑! 딸랑!"

맑고 묵직하게 울리는 종소리에 맞추어 가게 앞 테이블에 살짝 김이 올라오는 치즈케이크가 놓인다. 테이블 근처로 다가가면 갓 만들어진 케이크에서 흘러나오는 치즈, 달걀, 밀가루의 향기가 어우러져 항긋한 냄새를 맡을 수 있다. 방금 나온 치즈케이크를 사려고 기다린 사람들은 자신의 순서인가 눈을 반짝이며 자신의 앞 사람을 바라본다. 사람 수에 따라 2, 3개까지 수량 제한이 있기 때문에 자신의 차례가 언제 돌아올지 알 수 없다. 이번 기회를 놓치면 다음 케이크가 나올 때까지 또 몇 분을 기다려야 한다. 비유가 이상하지만 '파블로프의 개'처럼 사람들이 종소리만 애타게 기다리는 이 가게는 치즈 케이크로 유명한 '리쿠로 오지상'이다. 오사카에서는 매일 이와 같은 일이 벌어지고 있다. 리쿠로 오지상은 '西村陸朗 니시무라 로쿠로'가 1956년 문을 연 千鳥屋 치도리야에서 시작했다. 가게의 대표 메뉴인 '구운 치즈 케이크'는 1985년에 등장했다. 새로운 치즈 케이크는 곧 인기가 얻어 가게 앞에는 갓 구워진 케이크를 사려는 사람들로 긴 행렬이 생겨났다고 한다.

리쿠로 오지상 본점은 난바 역에서 2분 거리의 상점가 입구에 있다. 가게 안에서 먹기보다는 포장해 가려는 손님이 많기에 가게 앞에서 케이크를 살 수밖에 없다. 가게의 수가 늘어나고 기계도 현대화되었기에 요즘에는 일부러 사람들을 기다리게 하는 느낌이 들지만, 일본에서 줄

서는 것은 흔한 일이니 사람들은 불만 없이 늘어선 줄에 동참한다. 상점가 앞에 길게 늘어선 줄과 때때로 울리는 종소리는 사람들의 이목을 잡아끌기에 훌륭한 홍보 수단이 된다. 가게를 잘 모르는 여행객들도 늘어선 줄과 종소리에 케이크를 구매할 때도 있다.

리쿠로 오지상에서는 손님들이 갓 만들어진 향을 즐기게 하려고 한 번에 12개씩 구워 판매한다. 방금

나온 치즈 케이크는 따뜻하면서 푹신하고 치즈의 고소한 향을 담고 있기에 그것을 맛보는 사람을 행복하게 만든다. 단지 치즈 맛이 강한 케이크를 선호한다면 약간 부족하다고 생각할 수 있다. 좀 더 자세하게 설명하자면 치즈는 덴마크, 우유와 버터는 홋카이도산이다. 갓 만들어진 치즈 케이크에 인장을 찍듯이 푸근한 얼굴의 아저씨 그림을 찍는 것도 또 하나의 볼거리다. 요즘 나오는 진한 치즈 향을 가진 치즈케이크는 아니지만, 푹신하고 보드라운 치즈케이크를 한 번은 꼭 맛보면 좋겠다.

가게에서 소개하는 치즈 케이크 즐기는 법

첫째는 구운 그대로 따뜻한 채로 먹는 것이다. 따뜻하고 푹신푹신한 촉감을 그대로 느낄 수 있다.

둘째는 상온에서 식혀서 먹는 것으로, 재료의 맛을 충분히 즐길 수 있는 법이다.

셋째는 냉장고에 넣어 차갑게 먹는 것이다. 촉촉하고 서늘한 맛이 치즈의 풍미를 더 강하게 한다.

마지막 방법은 전자레인지로 데워 먹는 것이다. 한 번 식은 케이크를 다시 데우면 갓 나왔을 때와는 또 다른 푹신한 감촉을 즐길 수 있다.

여기에 한 가지 방법을 더 추천하고 싶다. 바로 차갑게 한 치즈 케이크에 메이플시럽을 뿌려 먹는 것으로, 한층 진한 맛과 향을 즐길 수 있다.

*한국에 비슷한 매장을 본 기억이 있어 확인해 보았다. 홈페이지에서는 '리쿠로 오지상'은 일본 칸사이 지역에만 10개의 점포가 있다고 한다. 한국에서 비슷한 치즈케이크를 드시고 그 맛을 오해하는 일이 없으면 좋겠다.

* 가게 앞에는 갓 구워서 나온 치즈 케이크와 몇 시간 전에 나온 치즈 케이크를 파는 줄이 따로 있다.

- 焼きたてチーズケーキ 야키타테 치-즈 케-키 (갓 구운 치즈 케이크) 6호 725엔

메뉴

- ニコニコりくろーる 니코니코 리쿠로-루 (홋카이도산 생크림에 꿀과 달걀 노른자로 만든 빵이 부드러운 롤케이크) 1,080엔
- 軍配大関 군바이 오-제키 (큰 밤이 들어간 일본 과자, 도라야키) 195엔
- とろーりプリン 토로-리 푸링 (신선한 달걀, 우유, 생크림으로 만든 부드러운 푸딩) 220엔
- アップルパイ 압푸루 파이 (꿀로 달콤함을 계피 향으로 포인트를 준 애플파이) 1,200엔
- ニコマド 니코마도 (좋은 버터를 사용해 부드럽지만 심플한 맛으로 질리지 않는 맛의 빵) 140엔
- はいチーズ 하이 치-즈 (신선한 치즈와 버터크림을 사용해 부드러운 빵과 달콤한 크림이 만난 과자) 150엔
- いちごとバナナのまるまるケーキ 이치고토 바나나노 마루마루 케-키 (딸기와 바나나를 듬뿍 넣은 케이크) 1,080엔
- サクパイ 사쿠파이 (커스터드 크림을 버터를 듬뿍 넣은 바삭한 파이로 감싼 과자) 140엔
- 新 笑顔 シュー 신 에가오 슈- (홋카이도산 우유와 생크림을 사용한 커스터드 크림이 듬뿍 들어간 슈크림) 195엔
- いちごショート 이치코 쇼-토 (생크림과 신선한 딸기를 사용한 부드러운 딸기 케이크) 380엔
- 大阪笑くぼ 오-사카 에쿠보 (일본풍 부드러운 과자에 버터와 우유를 더한 부드러운 과자) 80엔
- 天使の輪 텐시노 와 (바닐라 향과 레몬주스를 넣어 만든 도넛) 95엔
- もちっこきなこ 모칫코키나코 (떡의 식감처럼 콩가루를 묻힌 빵) 90엔
- クインシーミルク 쿠인시-미루쿠 (우유 식빵처럼 부드러운 빵에 우유 크림을 넣은 부드러운 빵) 160엔
- まりちゃんのコロコロコロッケパン 마리찬노 고로고로코롯케판 (감자, 양파 등이 들어간 수제 크로켓 샌드위치) 140엔

간단 일본어

여기 줄 서신 거예요?

この列に並んでいますか？

코노 레츠니 나란데 이마스카?

갓 구운 치즈 케이크의 줄은 어느 쪽인가요?

焼きたての列はどこですか？

아키타테노 레츠와 도코데스카?

ZONE 03

たこやき座

타코야키자

🌐 34.665285, 135.503251

⊕ MG83+47 오사카시

📧 500~TWD 🕐 10:00~24:00(토·일·공휴일에는 9시부터) 🏢 연중무휴 📞 06-6644-0086 🏠 大阪市中央 難波千日前12-2 🚗 지하철 御堂筋線 미도스지센 なんば 난바(M20) 역 4번 출구에서 도보 4분(약 300m)

난바에는 일본에서 코미디언 사무소로 유명한 **吉本興業** 요시모토코·교·, 줄여서 요시모토라고 하는 사무소 소속 코미디언이 출연하는 극장이 있다. 요시모토는 소속 코미디언만 해도 600명으로, 일본에 관심이 있는 사람이라면 잘 아는 **杉本高文** 아카시야 삼마, DOWNTOWN 다운타운 등이 있는 곳이다. **なんばグランド花月** 난바구란도카게츠 극장은 요시모토가 운영하는 극장 가운데서도 가장 인기가 많은 곳으로 유명한 코미디언들도 자주 출연하는 곳이다. 극장 앞에는 출연하는 코미디언의 사진이 붙어 있는데, 사람들은 그것을 보고 자신이 원하는 시간에 극장을 찾으면 된다.

다양한 코미디를 볼 수 있는 유명한 극장이 있다면 당연히 그곳을 찾는 손님들을 상대로 장사하는 식당들이 주변에 생기기 마련이다. 이곳도 여러 음식점이 극장 주변을 가득 채우고 있다. 그 중심에는 타코야키 가게들이 있어 어떤 사람은 타코야키의 전장이라고 말하기도 한다. 서로 경쟁하고 있는 여러 타코야키 가게 가운데 눈에 띄는 가게가 하나 있는데, 바로 3층 건물 전체를 가게로 사용하고 있는 'たこやき座 타코야키자'다.

1층 가게 앞에서 가장 먼저 눈에 띄는 것은 타코야키를 굽고 있는 점원의 모습이지만, 그보다도 눈이 가는 것은 たこドック 타코도크의 모형이다. 타코도크, 어떻게 설명해야 정확하게 전달될 수 있을까? 빵 사이에 소시지를 끼워 만든 핫도그는 다들 잘 알고 있을 것이다. 그 핫도그에서 착안한 것이 바로 타코도크다. 잡지나 방송에서도 소개된 유명한 음식이기도 한데, 빵 사이에 토마토, 오이, 상추와 함께 타코야키를 넣고 가게의 특제 소스를 뿌려 완성한 것이다. 채소의 아삭함과 타코야키의 부드러움, 새콤달콤한 소스의 맛은 타코도크만의 독특함을 완성한다. 여러 재료가 들어갔기 때문인

지 타코야키는 두 개밖에 들어가지 않았는데도 배가 불러온다.

재미난 타코야키를 찾는다면 'たこせん 타코센'을 추천한다. 타코도크와 형태는 비슷하다. 센베 사이에 타코야키를 넣고 소스를 뿌린 것으로, 바삭한 센베와 부드러운 타코야키의 조화가 잘 어울린다. 타코도크나 타코센 등도 가게의 맛을 알기에 충분하지만, 가게만의 독특한 타코야키의 맛을 즐기고 싶다면 'たこやき三昧 타코야키산마이'를 추천한다. 누가 최초로 타코야키에 소스를 뿌렸는지는 알 수 없지만, 타코야키의 맛을 결정하는 부분에서 소스의 영향력은 무시할 수 없다. 따라서 유명한 타코야키 가게는 대량 생산되는 소스가 아닌 가게만의 소스를 개발해 개성적인 맛을 추구하고 있다. 타코야키자도 자체 소스를 개발해 사용하고 있다. 소스뿐만 아니라 마요네즈까지 소스에 맞는 것을 직접 만들어 사용한다고 하니 그 맛이 궁금해지지 않을 수 없다. たこやき三昧 타코야키산마이는 그런 가게 소스의 맛을 모두 즐길 수 있는 메뉴다.

주문하면 타코야키가 2개씩 총 12개가 각기 다른 소스와 함께 나온다. 이 외에 소스 대신 소금만 뿌린 타코야키는 타코야키 자체의 맛을 그대로 즐길 수 있어 그 나름의 묘미가 있다. 야키소바나 오코노미야키 등도 가게만의 소스를 사용해 다른 곳에서 맛볼 수 없는 개성적인 맛을 즐길 수 있는 음식이다.

참고로 1층과 2·3층의 음식 가격이 다르다. 조용하게 음식을 즐기고 싶다면 가격이 좀 높더라도 2 • 3층을 이용하는 것이 좋다.

- たこドック 타코 독쿠 (핫도그 빵에 소시지 대신 타코야키를 넣고 소스를 뿌린 음식) 280엔
- たこやき三昧 타코야키 잔마이 (가게의 소스를 골고루 맛볼 수 있는 메뉴) 800엔

메뉴

타코야키

- 特小 토쿠쇼 6개 350엔
- 小 쇼 9개 500엔
- 中 추 12개 650엔
- 大 다이 15개 800엔
- * 가격은 1층 기준

기타

- たこせん 타코센 (센베 사이에 타코야키를 넣고 소스를 뿌린 것) 100엔
- スーパーたこせん 스-파- 타코센 (타코센에 치즈를 추가한 것) 200엔
- ホルモン焼き 호루몬야키 (소내장 구이) 680엔
- お好み焼きセット 오코노미야키 셋토 (오코노미와 밥, 된장국 등이 붙은 정식) 780엔
- やきそばセット 야키소바 셋토 (야키소바에 된장국, 반찬이 붙은 정식) 780엔

간단 일본어

타코야키 소스는 조금만 뿌려 주세요.

ソースは少なめでお願いします。

소-스와 스쿠나메데 오네가이시마스.

마요네즈 좀 많이 뿌려주실 수 있나요?

マヨネーズは多めにしていただけますか？

마요네-즈와 오-메니 시테 이타다케마스카?

551 蓬莱

551 호라이

🌐 34.666420, 135.501368

⊕ MG82+HG 오사카시

💻 www.551horai.co.jp 🍴 400~TWD 🕐 11:00~22:00 📅 제3주 화요일 📞 06-6644-0551 🏠 大阪市中央 難波3-6-3 🚃 지하철 御堂筋線 미도스지센 なんば 난바(M20) 역 20번 출구에서 도보 1분

만두란 참 알 수 없는 음식이다. 먹어보기 전까지 속에 무엇이 들어 있는지 알 수 없어 궁금증을 유발할 뿐만 아니라 둥근 것, 길쭉한 것, 각기 다양한 모양도 재미있다. 만두는 제갈량이 시작한 음식이라고 하는데, 그 이야기는 다음과 같다. 군사를 이끌고 항해를 하던 중 심한 풍랑이 몰아치자 뱃사람들은 제갈량에게 사람의 머리 49개를 올려 신에게 제사를 지내야 한다고 주장했다. 차마 사람을 죽일 수 없던 제갈량은 밀가루에 고기를 넣어 사람 머리 모양으로 만들어 제사를 지내라고 하였다. 그렇게 만든 음식으로 제사를 지내니 곧 비바람이 멈췄다고 한다. 이것이 바로 만두의 시작이라는 것인데, 사실 정확한 기원은 알 수 없다. 이후 일본의 한 승려가 중국에서 유학한 뒤 제조법을 배워와 일본에 전파했다고 하는데, 그 또한 확실한 것은 아니다. 단지 만두가 중국에서 전해진 것만은 확실하다. 참고로 중국에서 만두는 크게 2종류로 나눌 수 있다. 만두소가 있는 '包子 빠오 쯔'와 만두소가 없는 '饅頭 만 터우'다. 한국과 일본에서는 만두소가 없는 만 터우는 쉽게 찾아볼 수 없다.

오늘날 만두는 일본 내에서 어느 음식과 비교해도 뒤지지 않을 정도로 인기가 높다. 만두만 전문적으로 파는 전국 체인점도 쉽게 찾아볼 수 있을 정도로 일본인들의 만두 사랑은 대단하다. 일본인에게 칸사이 지방의 만둣가게를 추천받는다면 대부분 제일 먼저 '551 호라이'를 말할 것이다.

빨간 만두 상자로 대표되는 551 호라이는 하루 동안 약 14만 개의 만두를 판매한다.(이 수치도 오래되었다. 지금은 더 늘어났을 것이다. 매장이 점점 더 늘어나고 있기 때문이다) 물론 본점 한 곳의 수량은 아니지만, 정말 대단한 숫자가 아닌가. 더 대단한 것은 모든 만두를 수작업으로 만든다는 점이다. 실제로 난바 본점에서는 유리창 너머로 만두 만드는 모습을 볼 수 있다.

551 호라이는 1945년 중국인 세 명이 창업한 중국 식당에서 시작되었다. 그들은 식당을 창업하고 곧 만두를 판매하기 시작했는데, 그 만두가 인기를 얻으면서 가게의 대표 음식이 되었다. 그리고 만두가 너무 잘 팔리자 회사를 분리하여 만두만 전문으로 판매하는 회사를 설립했을 정도다.

호라이에서는 다양한 만두를 판매하고 있는데 그 가운데에서도 가장 인기 있는 것은 바로 '豚まん 부타만'이다. 둥그런 모양의 만두 안에는 돼지고기와 양파가 들어 있다. 쫀득하고 향긋한 외피를 한입 가득 베어 물면 단맛이 느껴지는 돼지고기와 양파가 흘러나오면서 입안을 가득 채운다. 따로 냉동 부타만도 판매하고 있으니 선물용으로도 좋다. 양이 많은 부타만이 좀 부담스럽다면, 한입에 쏙 들어가는 '焼売 슈마이'도 551 호라이의 맛을 느낄 수 있는 만두로 추천할 만하다. 또 가게의 특제 소스에 이틀 동안 담갔다가 구운 돼지고기를 넣은 '叉焼まん 차슈만'도 특별한 맛을 자랑한다.

- 豚まん 부타만 (고기만두) 2개 380엔, 4개 760엔

메뉴

- 焼売 슈-마이 (중국식 딤섬 같은 만두) 6개 420엔
- エビ焼売 에비 슈-마이 (새우가 들어간 슈마이) 12개 600엔
- 焼餃子 야키교-자 (바닥을 바삭하게 구운 외피가 얇은 삼각형 만두) 10개 340엔
- 叉焼まん 차-슈-망 (구운 돼지고기를 넣은 외피가 두툼하며 폭신한 만두) 2개 400엔
- あんまん 암망 (팥과 검은깨를 곱게 만들어 넣은 외피가 두툼하며 폭신한 만두) 2개 360엔
- 甘酢団子 아마즈 당고 (밀가루, 달걀, 돼지고기 등을 넣고 둥글게 만든 완자에 달콤한 소스를 묻힌 것) 10개 350엔
- 551ちまき 치마키 (중국에서 쉽게 볼 수 있는 대나무 잎으로 싸서 찐 찹쌀로 만든 주먹밥) 1개 380엔
- ラーメ 라멘 (가게에서 만든 특제 간장 라면) 1팩 350엔

간단 일본어

전부 얼마예요?
全部でいくらですか？
젠부데 이쿠라 데스카？

4개들이, 6개들이, 10개들이, 12개들이, 15개들이
4コ入り 욘꼬 이리, 6コ入り 롯꼬 이리, 10コ入り 쥿꼬 이리, 12コ入り 쥬-니꼬 이리, 15コ入り 쥬-고꼬 이리

ZONE 03

キャベツ焼

キャベツ焼

🌐 34.663146, 135.500782

⊕ MG72+68 오사카시

🖥 www.kyabetuyaki.com 💴 200~TWD 🕐 10:00~새벽 01:00 🏛 연중무휴 🏠 大阪市浪速 難波中 1-18-18 🚃 지하철 御堂筋線 미도스지센 なんば 난바(M20, Y15, S16) 역 4번 출구에서 도보 3분

현대인들은 바쁘다. 맛있는 것을 먹고 싶어도 시간이 충분하지 않다. 이런 이들을 위해 빠르게 만들어 간단하게 먹을 수 있는 음식들이 만들어졌다. 오사카에는 일본에서도 바쁘기라면 최고라고 말할 정도로 바쁘게 돌아가는 도시다. 그런 오사카 사람들을 위해 간단하면서도 영양가 있는 음식을 팔고 있는 가게가 바로 'キャベツ焼 캬베츠야키'다. 가게 이름과 가게에서 판매하는 대표 음식의 이름이 똑같다.

캬베츠야키는 노점 분위기의 가게로 메뉴는 단순하다. 모두 양배추를 메인으로 재료를 약간씩 다르게 하는 것이 전부다. 간판에 들어간 단어에서도 알 수 있듯이 양배추가 듬뿍 들어간다. 양배추는 건강에도 좋고, 언제 어떻게 먹어도 위에 그렇게 부담이 가지 않는다. 또 이곳의 양배추는 특별히 상품의 재료를 사용한다고 한다. 가격도 저렴하다.

キャベツ焼 캬베츠야키는 그 역사가 꽤 오래되었다. お好み焼き 오코노미야키와 그 시작이 같다고 보면 된다. 1900년대 초 일본에는 밀가루 반죽을 얇게 굽고 그 위에 각종 채소를 올린 '洋食焼き 요쇼쿠야키'가 대중적이었다. 저렴한 가격에 간편하게 만들고 먹을 수 있어서 간식으로 널리 사랑받았다. 1장으로 감쌌기에 '一銭焼き 잇센야키'라고도 불렸다. 이런 요쇼쿠야키에서 변형된 것이 바로 캬베츠야키다.

바쁜 직장인들을 주로 상대하기 때문에 캬베츠야키의 생명은 요리를 완성하는 속도다. 가게 나름대로 고민을 해서 완성한 것은 바로 넓은 철판 위에서 재빠르게 구워지는 캬베츠야키다. 직원은 보통 1~2명인데 1명은 만들기만 한다. 밀가루 반죽으로 6~9개의 둥그런 원을 만들고 그 위에 양배추를 듬뿍 뿌린다. 그리고 순식간에 달걀을 깨뜨리면서 착착 원 안에 넣는다. 구워지는 상황을 보며 소스를 뿌리고 그릇에 담으면 완성. 바쁠 때는 순식간에 20인분 정도의 캬베츠야키를 만든다. 관광객들은 점원이 만드는 캬베

츠야키를 보면서 즐거워하기도 한다. 더구나 저렴한 가격으로 부피감도 있고 소스와 재료의 궁합이 절묘해 맛도 좋다. 식사했다면 간식으로 적당하고, 2장 정도 먹으면 한 끼 식사로도 적당하다.

단지 길거리 음식이기 때문에 좌석이 없어 불편할 뿐이다. 걸어가면서 먹거나 공원 같은 곳을 찾아야 한다. 가게 앞에서 먹기는 상당히 불편하다. 현지 사람들은 포장해서 가져가는 경우가 많다. 깨끗하지 않아도 상관없다면 가게 앞에서 서서 먹고 가는 것이 편하다.

캬베츠야키가 한창 인기를 얻었을 때는 지점이 많았는데, 어떤 이유에서인지 지점이 많이 줄었다. 바쁜 현대인들을 위한 캬베츠야키가 인기를 얻어 사람들에게 좀 더 사랑받았으면 좋겠다.

- キャベツ焼 카베츠야키 (양배추, 달걀 등을 넣고 얇게 구운 것) 160엔

메뉴

- キャベトン 카베톤 (카베츠야키에 돼지고기가 들어간 것) 250엔
- キャベそば 카베소바 (양배추 국수 볶음) 230엔
- *치즈가 들어간 것 250엔

간단 일본어

카베츠야키 2개 주세요.

キャベツ焼を２つ下さい。

카베츠야키오 후타츠 쿠다사이.

카베츠야키, 카베소바 하나씩 주세요.

キャベツ焼とキャベそばを１つずつお願いします。

카베츠야키토 카베소바오 히토츠 즈츠 오네가이시마스.

Tasty Road
OSAKA

쿄바시

Pancake cafe Mog

팬케이크 카페 모그

🌐 34.695624, 135.529504
⊕ MGWH+6R 오사카시

🖥 www.cafe-mog.com 📧 1,100~TWD 🕐 11:00~22:00 📅 연중무휴 📞 06-6352-3877 🏠 大阪市都島 東野田町1丁目5-1
🚗 지하철 長堀鶴見 地線 나가호리쓰루미료쿠치센 京橋 쿄바시(N22) 역 2번 출구에서 도보 2분(약 150m)

식당은 대부분 음식 가격에 비례해 가게 인테리어가 결정된다. 가격이 비싼 곳은 그만큼 고급스러운 분위기가 있다. 저렴한 곳은 나름의 개성은 있지만, 그것이 만족할 만한 분위기라고 말하기 어렵다. 투자한 만큼 그에 어울리는 분위기가 나는 것이 일반적이다.

팬케이크 카페 모그는 입구부터 가게 내부까지 사람의 감성을 흔드는 분위기가 있는 곳이다. 오사카에 첫 가게가 오픈을 준비할 때부터 그곳을 맴돌며 어서 빨리 가게가 열리기를 기대했을 정도로 팬케이크 카페 모그의 그 무언가가 마음을 사로잡았다.

마침내 가게가 오픈하는 날 저녁, 가게에 들러 팬케이크를 맛보았다. 친숙한 팬케이크지만 지금까지 먹었던 것과는 달랐다. 향긋하고 포근한 맛을 느끼며 팬케이크가 이렇게까지 맛있을 수 있다는 것을 알았다. 오픈 때라 본점에서 수없이 팬케이크를 만들었던 전문가가 담당했기 때문에 특별히 맛있는 것일지도 모른다는 생각도 들었지만, 이후에도 맛은 크게 변하지 않았다. 인테리어와 맛에 반해서인지 가게는 언제나 여성들로 만원이다. 가끔 연인과 함께 온 남자 손님도 있지만, 가게와 잘 어울리지는 않는 모양새다. 아무래도 모그는 여성들만을 위한 가게란 느낌이 강하다.

팬케이크 카페 모그만의 특징은 일본산 버터밀크와 밀가루를 사용한다는 것이다. 버터밀크란 생크림에서 버터를 만든 뒤에 나오는 저지방 우유이다. 이 버터밀크를 밀가루에 넣으면 팬케이크가 더욱더 폭신하고 부드럽게 완성된다. 더구나 카페 모그에서는 팬케이크 주문을 받고 나서야 반죽을 하고 한 장씩 굽기 시작한다. 그래서 20분 정도 기다려야 하지만 맛을 보면 기다린 시간이 전혀 아깝지 않다.

가게의 맛은 가장 심플한 클래식 버터밀크 팬케이크(クラッシック・バターミルクパンケーキ 쿠랏싯쿠

^{바타·미루쿠판케-키)}나 호밀 팬케이크(ライ麦パンケーキ ^{라이무기 판케-키})를 먹어 보면 알 수 있다. 개인적으로는 호밀 팬케이크를 추천한다. 세 장의 팬케이크에 꿀과 버터가 함께 나온다.

가게 분위기에 걸맞은 팬케이크를 먹고 싶다면 계절 한정으로 나오는 화려하게 장식한 팬케이크도 있다. 계절마다 새롭게 등장하는 팬케이크는 메뉴판으로 확인할 수 있는데, 사진이 함께 붙어 있어 관광객도 손쉽게 주문할 수 있다. 가벼운 브런치나 식사 대용으로 적당한 식사용 팬케이크 메뉴도 다양하게 있으니 하루 중 어느 때나 들려도 좋다.

인터넷이 가능하다면 홈페이지에서 메뉴와 가격을 한번 확인해 보고 방문하는 것이 좋다. 카운터 좌석도 있기에 혼자서도 천천히 즐길 수 있다. 누구나 부담 없이 즐길 수 있는 곳, 팬케이크 카페 모그다.

- ライ麦パンケーキ 라이무기 판케-키 (호밀 팬케이크) 700엔

메뉴

- クラッシック・バターミルクパンケーキ 쿠랏싯쿠 바타-미루쿠판케-키 (버터밀크와 함께 심플하게 팬케이크를 즐기는 메뉴) 700엔
- スペシャルパンケーキ 스페샤루 판케-키 (아이스크림과 생크림이 걸쭉하게 올라간 팬케이크) 1,000엔
- 焼きマシュマロと焦がし塩キャラメルのバナナパンケーキ 야키마슈마로토 코가시 시오카라메루노 바나나판케-키 (마시멜로를 오븐에 구워 바삭한 식감과 함께 소금 캐러멜 소스를 더한 팬케이크) 1,250엔
- 焼きマシュマロとチョコレートのバナナパンケーキ 야키마슈마로토 쵸코레-토노 바나나판케-키 (구운 마시멜로 밑에 달콤한 초콜릿을 바른 팬케이크) 1,250엔
- 焼きマシュマロとレモンチーズのバナナパンケーキ 야키마슈마로토 레몬치-즈노 바나나 판케-키 (마시멜로를 오븐에 구워 바삭한 식감과 함께 레몬 치즈 바나나 맛을 더한 팬케이크) 1,250엔
- 塩生クリームの抹茶パンケーキ 시오나마쿠리-무노 맛차판케-키 (교토의 유명한 차를 사용해 만든 녹차 팬케이크로 특제 콩가루 소스가 함께 나옴) 1,280엔
- 北海道産マスカルポーネのティラミスパンケーキ 홋카이도-산 마스카루포-네노 티라미스판케-키 (홋카이도산 마스카포네 치즈를 듬뿍 사용한 티라미수 팬케이크) 1,000엔

*마스카포네 : 이탈리아의 롬바르디아(Lombardia) 원산의 부드러운 크림치즈

- 焼きリンゴとクリームブリュレのパンケーキ 야키 링고토 쿠리-무부류레노 판케-키 (구운 사과의 부드러움과 바닐라 향이 들어간 커스터드 크림이 올려진 팬케이크) 1,200엔
- りんごと紅茶のライ麦パンケーキ 링고토 코-차노 라이무기 판케-키 (얼그레이 찻잎으로 반죽해 만든 팬케이크 위에 사과를 듬뿍 얹은 디저트) 1,200엔
- ミックスベリーのパンケーキ 믹쿠스베리-노 판케-키 (팬케이크 위에 새콤달콤한 베리와 홋카이도산 생크림, 바닐라 아이스크림을 얹은 디저트) 1,000엔
- マンゴーとココナッツのパンケーキ 망고-토 코코낫츠노 판케-키 (망고와 코코넛 아이스크림을 올리고 달콤한 캐러멜 소스를 뿌린 것) 1,280엔
- チョコバナナ生クリームのパンケーキ 쵸코 바나나 나마쿠리-무노 판케-키 (팬케이크 위에 바나나, 견과류, 바닐라 아이스크림, 생크림을 올리고 초콜릿 시럽을 뿌린 것) 1,280엔
- 塩キャラメルとナッツのバナナ・パンケーキ 시오카라메루토 낫츠노 바나나 판케-키 (팬케이크에 바나나, 견과류, 바닐라 아이스크림을 올리고 소금 캐러멜 소스를 뿌린 것) 1,050엔

식사 메뉴

- じゅ〜しいチキンと自家製ハニーマスタードのパンケーキ 쥬~시- 치킨토 지카세- 하니-마스타-도노 판케-키 (달콤한 겨자 소스가 함께 나오는 닭고기와 팬케이크) 1,200엔
- スパイシーな香りのキーマ咖喱のパンケーキ 스파이시-나 카오리노 키-마카레-노 판케-키 (카레의 향신료로 조리한 고기와 소시지를 올린 햄버거 같은 팬케이크) 1,200엔
- 4種類のチーズフォンデュパンケーキ 욘슈루이노 치-즈 폰듀 판케-키 (고르곤졸라, 카망베르 등의 치즈를 듬뿍 뿌린 치즈 퐁듀 팬케이크) 1,100엔
- 和風明太子とふわとろオムレツのパンケーキ 와후-멘타이코토 후와토로 오무레츠노 판케-키 (바삭하게 구운 스팸과 오믈렛 위에 명란젓을 올린 식욕을 돋우는 팬케이크) 1,200엔
- モッツァレラチーズのとろけるオムレツパンケーキ 못차레라치-즈노 토로케루 오무레츠 판케-키 (팬케이크 위에 올려진 오믈렛에 모차렐라 치즈를 넣은 팬케이크) 1,200엔
- ふわとろオムレツとスパムのパンケーキ 후와토로 오무레츠토 스파무노 판케-키 (바삭하게 구운 스팸과 오믈렛을 올려 만든 한 끼 식사로도 충분한 팬케이크) 1,050엔
- 太陽のホットチリメキシカンパンケーキ 타이요-노 홋토 치리 메키시칸 판케-키 (매운 칠레 콩을 체더 치즈와 함께 구운 팬케이크) 1,150엔

파르페

- 焼きマシュマロのパンケーキパフェ 야키 마슈마로노 판케-키파훼 (차가운 아이스크림 위에 따뜻하게 구워진 마시멜로를 올린 파르페) 1,000엔
- 贅沢苺パンケーキパフェ 제-타쿠이치고 판케-키파훼 (아이스크림과 예쁘게 장식된 딸기가 인상적인 파르페) 1,200엔
- 贅沢チョコレートパンケーキパフェ 제-타쿠쵸코레-토 판케-키파훼 (바나나, 초콜릿, 헤이즐넛 아이스크림, 팬케이크와 생크림 등이 들어간 독특한 파르페) 1,000엔

수프

- じゃがいもスープ 자가이모스-푸 (부드러운 감자로 만든 수프) 480엔
- かぼちゃのポタージュ 카포챠노 포타-쥬 (호박으로 만든 농도 짙은 걸쭉한 수프) 480엔

간단 일본어

계절 한정 메뉴로 추천할 만한 것이 있나요?
季節限定のメニューでオススメは何ですか？
키세츠겐테-노 메뉴-데 오스스메와 난 데스카?

호밀 팬케이크에 팬케이크 한 장을 추가하고 싶습니다.
ライ麦パンケーキにパンケーキを一枚追加して下さい。
라이무기 판케-키니 판케-키오 이치마이 츠이카 시테 쿠다사이.

実身美

상미

🌐 34.696188, 135.530480

⊕ MGWJ+F5 오사카

🖥 sangmi.jp 💰 2,000~TWD 🕚 11:00~21:00 🗓 일요일 📞 06-6353-9333 🏠 大阪府大阪市都島 東野田町1 -6 -1 京阪高架下 K
ぷらっと 🚃 지하철 長堀鶴見 地線 나가호리쓰루미료쿠치센 京橋 쿄바시(N22) 역 2번 출구에서 도보 2분(약 160m)

신사이바시점 心 橋店
🌐 34.674683, 135.501912 ⊕ MGF2+VQ 오사카시 🕚 09:00~17:00 🗓 일요일 📞 06-6224-0316 🏠 大阪市中央 心 橋筋1-2-
22 サニーサイドプレイスビル 1F 🚃 지하철 御堂筋線 미도스지센 心 橋 신사이바시(M19/N15) 역 1번 출구 바로 앞(약 90m)

요즘 사람들은 건강에 대해 과도하다고 할 정도로 관심을 두고 있다. 이제는 법으로 강제하기 때문에 일하는 시간도 과거보다 줄어들었다. 여유 시간이 생기니 사람들은 취미, 혹은 건강에 더 신경을 쓴다. 그와 관련된 산업도 덩달아 발전하고 있다. 건강에 신경 쓸 때 운동도 좋지만 사실 건강한 식단이 선행되어야 한다. 근육을 단련하던, 다이어트를 하던 그에 맞는 식사가 이루어져야 결과가 나온다. 하지만 혼자 사는 사람이 집에서 제대로 된 식사를 하는 것은 참 어려운 일이다.

実身美 상미를 처음 봤을 때는 참 단순하게 생각했다. 그냥 일본 여성들에게 아기자기한 콘셉트로 다가가 인기를 얻은 가게 같았다. 하지만 가게에서 먹은 식사로 생각이 바뀌었다. 이곳은 건강을 테마로 다른 식당에서 신경 쓰지 않는 세세한 곳까지 신경을 썼다. 인테리어도 건강을 위한 음식점답게 자연주의 콘셉트의 부드러운 이미지로 꾸몄다.

식당 음식의 가장 중요한 부분은 재료의 신선함이다. 그런데 상미는 여기서 한 가지를 더 파고들었다. 그것은 사람의 몸을 구성하는 가장 기본 물질인 '물'이다. 가게에서 홍보하는 물은 특수한 정수기로 물을 만든다고 한다. 손님들에게 식수로 제공하고, 음식도 이 물로만 만든다. 물을 직접 실험실에서 비교한 것은 아니기에 일반 물과 어떤 차이점이 있는지는 모르겠다. 하지만 단순히 홍보용이라고 하기에는 음식과 물에 들이는 정성이 보통이 아니다. 그리고 이런 홍보로 손님의 기분을 좋게 하니 어느 정도 효과가 있는 것도 사실이다. 공기 정화를 위해 곳곳에 숯까지 두었다. 쾌적한 환경에서 기분 좋은 식사를 하는데 몸에 좋지

않을 수가 없다.

한국이나 일본이나 식사의 가장 기본은 밥이라고 생각한다. 상미에서는 이 기본이 되는 쌀을 히로시마에서 가져와 압력밥솥에서 짓는다. 쌀은 현미로 압력밥솥을 사용하기 때문에 상당히 부드러운 현미밥이된다. 소금은 절구에 갈아서 조금씩 사용하고, 달걀은 사료가 아닌 자연에서 먹이를 먹은 닭이 낳은 것을 사용한다. 모든 음식에 간을 약하게했기 때문에 약간은 심심하다. 하지만 좋은 재료를 썼기에 천천히 입안에서 음식을 음미한다면 은은한 재료의 참맛을 느낄 수 있다. 계절이나시간대에 따라 메뉴가 조금씩 바뀌지만, 기본 맛은 변하지 않는다.

가게의 메뉴는 여러 가지가 있지만, 日替わり健康ご飯 히가와리 켕코· 고항을 주문하면 된다. 이 메뉴는 매일 집에서 밥을 먹듯이 재료에 따라 메뉴가 바뀌는 건강 밥이다. 갓 지은 듯한 현미밥, 천연 다시 보리 된장국, 그리고 샐러드와 반찬 3개. 조촐한 식사같이 보이지만 그 안에 담긴 음식에 대한 정성을 느낄 수 있다. 매일 조금씩 메뉴가 달라지기 때문에질리지 않고 매번 시킬 수 있다. 건강한 디저트도 판매하고 있는데 두유푸딩은 두유와 생크림이 섞여 부드러운 식감과 천천히 퍼지는 단맛을느끼게 해준다.

상미는 음식에 대해 고민하고 음식에 대한 즐거움을 생각하고 있다면 꼭 한번 들려봐야 하는 곳이다. 지점이 늘었기 때문에 京橋 쿄바시에있는 상미가 힘들다면 다른 곳에 가도 좋다.

- 日替わり健康ご飯 히가와리 켕코- 고항 (오늘의 건강밥) 972엔

메뉴

- こだわりの澤さん玄米カレー 코다와리노 사와산 겐마이카레- (현미 카레밥과 반찬) 972엔
- 野生のルイボスティー 야세-노 루이보스티- (루이보스 잎을 잘게 자른 뒤 발효시킨 루이보스티) 486엔
- たんぽぽコーヒー 탄포포코-히- (커피) 386엔
- 豆乳プリン黒蜜がけ 토오뉴-푸린 쿠로미츠가케 (두유 푸딩에 꿀을 더한 것) 453엔
- 豆乳プリンパフェ 토오뉴-푸린파훼 (두유 푸딩 파르페) 820엔
- 玄米甘酒とバナナのチーズケーキ 겐마이아마자케토 바나노 치-즈케-키 (현미 발효주와 바나나가 들어간 치즈 케이크) 486엔
- セロリ大葉ミックス 세로리오오바밋쿠스 (셀러리, 시금치, 양파, 차조기 잎 4종류의 채소를 섞은 샐러드) 1,026엔
- 豆乳プリン 토오뉴- (두유 푸딩과 제철 과일을 사용한 소스) 2,268엔
- シュトーレン 슈토-렌 (독일의 크리스마스용 빵으로 견과류를 넣고 겉에 설탕을 뿌린 빵이다. 상미에서는 설탕을 홋카이도산 사탕무 설탕을 가루 형태로 만들어 건강을 생각한 슈톨렌을 만든 것) 2,484엔
- 米粉の林檎ケーキ 코메코노 린고케-키 (쌀가루와 사과를 사용한 케이크) 2,592엔
- くるみとシナモンレーズンのグラノーラ 쿠루미토 시나몬레-즌노 구라노-라 (호두, 건포도에 계피를 더한 그라놀라) 972엔
- 玄米胚芽のグラノーラ 겐마이하이가노 구라노-라 (현미 배아로 만든 그라놀라) 972엔

간단 일본어

물 좀 더 주세요.
お水のお代わりください。
오미즈노 오카와리 쿠다사이.

샐러드드레싱은 조금만 뿌려 주시겠어요?
サラダのドレッシングは少なめ
にしていただけますか？
사라다노 도렛싱구와 스쿠나메
시테 이타다케마스카?

Tasty Road
OSAKA

한카이 전차

阪堺電車

한카이 전차

🌐 34.654280, 135.505215

⊕ MG34+M3 오사카시

🖥 www.hankai.co.jp 🎫 1회 탑승-성인 210엔·어린이 110엔, 1일권(てくてくきっぷ, 테쿠테쿠 티켓)-성인 600엔·어린이 300엔
🕐 05:49~23:12 (역마다 조금씩 다름) 📅 연중무휴 📞 06-6671-3080 🚃 堺筋線 사카이스지센 美須町 에비스쵸(K18) 역 4번 출구 앞

오사카 하면 번화가의 화려함이 먼저 눈에 들어온다. 예로부터 상업적으로 번성한 곳이 아닌가. 하지만 도시가 화려함만으로 이루어지지는 않는다. 화려한 곳이 있으면 고요한 곳도 있는 법. 오사카의 화려함을 충분히 즐겼다면, 잠시 휴식 삼아 도시에 감춰진 고요함을 느껴보는 것은 어떨까. 반나절 정도 시간이 있다면 오사카의 고요함을 살필 수 있는 한카이 전차를 타고 느긋한 여행을 즐겨보자.

한카이 전차는 1900년 운행을 시작한 전차다.

新世界 신세카이 惠美須町 에비스초부터 大阪府 오사카 현 堺市西区 사카이니시 구의 浜寺駅前 하마데라 에키마에까지 운행하는 阪堺線 한카이센. 天王寺駅前 텐노지에키마에에서부터 住吉公園 스미요시코엔까지 운행하는 上町線 우에마치센. 이렇게 두 종류가 운행된다. 다만 전차가 선을 따라 움직이지 않고 종점을 바꿔가며 이동하기 때문에 자신이 가는 방향과 종점이 맞는지 확인해야 하는 번거로움이 있다.

지금은 전기로 움직이지만, 한카이 전차의 시작은 말이 차량을 끄는 마차철도(馬車鉄道)였다. 지금도 전차의 모습은 크게 바뀌지 않은 채 동력만 전기로 바뀌었는데, 그래서 더 재미있는 교통수단이다.

전차가 처음 건설될 당시만 해도 최고의 교통수단이었을 것이고, 편리한 교통시설 주변에 다양한 상가가 들어서는 것도 당연하다. 이제는 쇠락해져서 가게 대부분이 자리를 옮겼지만, 아직도 전통을 간직한 채 사람들을 끌어모으고 있는 곳들이 남아 있다. 바쁜 여행에 지쳤다면 한 번쯤 한적한 여행을 하며 '테이스티로드 오사카'에서 소개하는 가게들을 들려보자.

かん袋

칸부쿠로

 🌐 34.571944, 135.468818
⊕ HFC9+QG 사카이시

🖥 www.kanbukuro.co.jp 📖 360~TWD 🕙 10:00~17:00 🗓 화·수요일 📞 072-233-1218 🏠 堺市堺 新在家町東1-2-1 🚗 한카이 전차 寺地町 테라지쵸 역에서 도보 3분(약 200m)

＊ 역에서 멀리 떨어져 있지만 길을 찾기가 쉽지 않으니 지도를 보거나 사람들에게 물어보는 것이 좋다.

여기를 꼭 가야 할까 고민했다. 한카이 전차를 타고 한참을 가야 했고, 도중에 갈아타야 했다. 30분도 넘게 걸리는 데 일본 전통 디저트 하나 먹자고 가야할까? 그래도 결국 가는 것을 택했다. 정확하게 사실을 확인할 수 없지만 かん袋 칸부쿠로가 문을 연 연도를 듣고는 가지 않을 수 없었다.

칸부쿠로는 정말 말도 안 되게 오랜 역사를 지닌 가게다. 1329년 문을 열었다고 하는데, 확인할 방법은 없다. 하지만 이런 것 가지고 거짓말할 것 같지도 않다. 오랜 시간을 거치며 여러 곳에 지점을 낸 것도 아니고, 가게를 확장한 것도 아니다. 그냥 자리를 지키며 꾸준하게 영업을 하고 있을 뿐이다.

한카이 전차를 타고 가는 길은 좋았다. 오래된 전차를 타고 주변 풍경을 바라보며 가는 길은 어렸을 때 낡은 기차를 타고 할머니 집에 놀러 가는 기억을 되살려 주었다. 전차 안에는 생각보다 많은 사람이 탑승했다. 평일 오후였는데, 주변 마을 사람들부터 사진기를 든 외국인 관광객까지 다양했다. 하지만 칸부쿠로까지 오는 사람들은 없었다.

한적한 도로변 역에 내려 빈 의자에 앉아 위치를 확인했다. 칸부쿠로는 일반 주택가 한 골목에 자리 잡고 있기 때문에 지도를 확인하지 않고는 쉽게 찾아갈 수 없다. 가는 길에 큰 이정표가 있는 것이 아니라 지도를 잘 보고 가야 한다. 그래도 寺地町 테라지쵸 역에서 그리 멀지 않기 때문에 지도만 잘 본다면 찾아가는 것은 그리 어렵지 않다.

가게는 오랜 역사를 지닌 곳처럼 보이지 않는다. 현대식 건물로 가게 입구에는 푸른색 'のれん 노렌(상점 입구의 처마 끝이나 점두에 치는 막)'이 걸려 있었다. 입구에는 사람들이 선물용으로 포장을 많이 해 가는지 다양한 크기의 포장 용기가 전시되어 있었다.

가게 안에 들어가니 좌석은 꽉

차 있었다. 하지만 가게 메뉴는 5분도 되지 않아서 다 먹을 수 있는 메뉴이기 때문에 잠시만 기다리면 된다. 빈자리를 먼저 잡고 계산하러 갔다. 주문은 간단하다. 'くるみ餅 쿠루미 모치'와 '氷くるみ餅 코-리 쿠루미 모치' 딱 2개밖에 없기 때문이다. 계산하면 번호가 적힌 나무 조각을 준다. 테이블에 앉아 있으면 곧 예쁜 그릇에 담긴 디저트를 가져다준다.

くるみ餅 쿠루미 모치는 떡 위에 초록색 팥소를 올린 것이다. 양은 많지 않지만, 맛이 정말 진하다. 부드러운 떡과 달콤한 팥소가 어우러져 맛을 살린다. 먹어보면 절대 후회하지 않는 맛이다. 단 단맛이 강하게 느껴질 수 있다. 그럴 때는 가게 한쪽에 준비된 따뜻한 녹차 자판기에서 녹차를 마시면 된다. (무료) 이 디저트 메뉴는 차와 함께 먹어야 그 맛을 제대로 느낄 수 있다.

氷くるみ餅 코-리 쿠루미 모치는 くるみ餅 쿠루미 모치 위에 얇고 부드럽게 깎아낸 얼음을 올린 것으로 얼음이 솜사탕처럼 부드럽다. 여름이면 수많은 사람이 찾을 정도로 사랑받는 메뉴. 시원한 얼음이 녹으며 쫀득한 떡과 달콤한 팥소가 어우러지는 맛은 색다른 쾌감을 준다. 기본적으로 디저트이기 때문에 양이 많지 않다. 다양한 사이즈가 준비되어 있으니 달콤하고 시원한 맛을 제대로 느끼고 싶은 사람이라면 2인분을 추천한다.

- くるみ餅 쿠루미 모치 (달콤하고 부드러운 일본 전통 디저트) 1인분 360엔

메뉴

- 氷くるみ餅 코-리 쿠루미 모치 (쿠루미 모치 위에 부드럽게 깎은 얼음을 올린 것)
  1인분 360엔

간단 일본어

이거 주세요.
これをください。
코레오 쿠다사이.

이건 언제까지 먹어야 해요? (포장 시)
これはどれぐらい持ちますか？
코레와 도레구라이 모치마스카?

ZONE 05

ポアール

포아루

34.623752,.135.503127
JGF3+G6 오사카시

www.poire.co.jp 800~TWD 09:00~22:00 연중무휴 06-6623-1101 大阪市阿倍野 帝塚山1-6-16 한카이 전차 松 히메마츠 역에서 도보 1분(약 60m)

오랜만에 한카이 전차를 타고 **姬松** ^{히메마쓰} 역에서 내렸다. 그런데 이번에도 또 밤늦게 오고 말았다. 이번에는 낮에 와서 차분하게 시간을 보내다가 가고 싶었는데, 이곳은 항상 늦은 저녁에 방문하게 된다. 그래도 화려한 건물 외관과 조용한 가게를 만날 수 있다는 점은 좋다.

사거리 한 귀퉁이를 차지하고 있는 커다란 건물 '**ポアール** ^{포아루}'는 1969년 창업한 고급 디저트 가게다. 매장은 복층으로 1층에서는 상품을 살 수 있고, 2층에서는 식사와 음료를 즐길 수 있다. 가게 안으로 들어가니 늦은 시간이지만 점원이 친절하게 맞이해 주었다. 가게는 이전과 크게 달라지지 않았다. 일부 상품의 가격이 조금 오른 정도다.

가게 정면에서 손님을 반기는 것은 가게의 대표 메뉴 가운데 하나인 슈크림 '**プチシュー** ^{푸치슈-}'와 '**プチエクレア** ^{푸체쿠레아}'다. 크기는 모두 호두만 해 한입에 쏙 들어온다. 작고 귀여운 이 슈크림 중에 プチシュー푸치슈-는 입 안에 넣으면 얇은 외피가 부서지면서 바닐라가 들어간 커스터드 크림이 흘러나온다. 특이한 것은 슈크림이란 것이 쉽게 질리는데, 이것은 몇 개를 먹어도 질리지 않는다. 문제는 가격이 있어 마음껏 먹을 수 없다는 점이다. 다른 맛있는 케이크도 있는데 이것으로 배를 채우는 것도 아쉽다.

プチエクレア ^{푸체쿠레아}는 외피에 초콜릿을 입혀서 약간 쓴맛이 나게 했다. 외피만 보면 맛있는 초콜릿 같다. 딱딱하지만 얇아서 쉽게 부서지는 초콜릿과 함께 섞이는 달콤한 커스터드 크림은 생각보다 잘 어울린다. 제품은 각각 10개씩 판매하기도 하고, 5개씩 10개를 한 상자에 담아 판매하기도 한다. 다양한 맛을 보려면 섞여 있는 것이 좋다.

슈크림은 포장해서 숙소에서 먹는 것이 좋다. 이곳에서는 매월 4종류의 계절한정 케이크를 선보이고 있다. 이 케이크를 2층에서 차와 함께 마시는 것을 추천한다. 2층은 생각보다 넓지는 않다. 그 때문에 점심시간이 지난 뒤에는 차와 함께 달콤한 케이크를 즐기려는 사람들로 가득하다. 자리를 잡으면 정말 다양한 차 종류의 메뉴판을 볼 수 있다. 어떤 것을 선택해도 그리 나쁘지 않으니 자신의 취향에 따라 선택하면 된다.

이번 달은 'シトロン 시트론'이라는 레몬 케이크가 있었다. 요구르트 무스와 패션프루트 젤리로 봉긋한 모양을 만들고 레몬이 들어간 초콜릿으로 독특한 고깔 모양을 만들었다. 모양이 먼저 예쁘고, 새콤달콤한 맛이 차가운 아이스커피와도 잘 어울렸다. 가장 기본이 되는 생크림 딸기 케이크는 촉촉하고 부드러워 좋다. 딸기는 아주 달콤하지 않고 새콤한 맛이 있었지만, 생크림의 단맛과 굉장히 잘 어울렸다. 돌아오는 길거리 역 앞에서 사진 한 장을 찍으며 이렇게 달콤하게 마무리하는 하루가 정말 행복하다고 생각했다.

- フチシュー 푸치슈- (푸치슈) 750엔 10개

메뉴

- シトロン 시토론 (요구르트 무스와 패션푸르트 젤리로 만든 상큼한 레몬 케이크) 650엔
- POIREアラモード 포아루 아라모-도 (부드러운 푸딩과 케이크 과일이 올려진 디저트) 780엔
- 御抹茶プリン 고맛차푸링 (씁쓸한 녹차가 부드럽고 달콤한 푸딩이 되어 나타남) 400엔
- アオムシくん 아오무시쿤 (복숭아 무스와 젤리를 이용하여 만든 귀여운 캐릭터 케이크) 680엔
- ママングシェリー 마 마구 쉐리- (신선한 망고를 사용한 망고 젤리) 620엔
- 苺のミルフィーユ 이치고노 미루휘-유 (신선한 딸기에 바닐라 커스터드 크림을 섞은 새콤한 케이크) 640엔
- プチエクレア 푸치에쿠레아 (슈크림 푸치슈와 푸체크레아) 972엔
- 苺のミルフィーユ 이치고노 미루피-유 (포갠 파이 사이에 크림과 딸기를 넣은 케이크) 691엔
- モンブラン 몽부랑 (일반적인 몽블랑 케이크와는 달리 산의 형상을 화이트 초콜릿으로 표현했다) 540엔
- オランジュ 오란주 (초콜릿, 망고, 오렌지가 조합된 케이크) 540엔

간단 일본어

2층에 자리가 있나요?
二階の席は空いていますか？
니카이노 세키와 아이테 이마스카?

계산은 어디서 해요?
会計はどこですか？
카이케-와 도코 데스카?

フォルマ

포루마

🌐 34.623572, 135.503709
⊕ JGF3+FF 오사카시

🖥 www.forma-cake.jp 🍴 1,000~TWD ⏰ 09:00~21:00 📅 연중무휴 📞 06-6622-7141 🏠 大阪市阿倍野 帝塚山1-6-25 石渡ビル 1F 🚃 한카이 전차 松 히메마츠 역에서 도보 1분(약 50m), 포아루 앞에서 길을 따라 조금만 내려오면 바로 찾을 수 있다.

치즈는 포유류의 젖으로 만든 고체 음식이다. 재료와 제조 방법에 따라 수백 가지의 종류가 있기 때문에 그 많은 치즈를 전부 먹어본 사람은 없을 것이다. 마찬가지로 치즈로 만든 음식도 다양하다. 그 가운데서 사람들이 가장 좋아하는 것은 치즈 케이크가 아닐까?

フォルマ 포루마는 치즈 케이크 전문점이다. 가게에서 파는 치즈 케이크 종류만 해도 10개가 넘는다. 또 시기별로 한정 제품도 내놓고 있으니 실제로 만드는 종류는 더 많을 것이다. 카페도 함께 운영하고 있기 때문에 매장 내부는 상당히 넓다. 1층에서는 치즈 케이크를 판매하면서 카페를 운영하고 있다. 전에는 2층에서 식사 메뉴도 판매했지만, 이제는 치즈 케이크와 그에 어울리는 음료에 집중하고 있다.

가게 안으로 들어서면 예쁜 나무 상자에 들어 있는 치즈 케이크를 사는 사람들을 볼 수 있다. 치즈 케이크는 종류가 다양하고, 크기도 여러 종류다. 선물용으로 산다면 5호 사이즈 정도가 적당하다. 여러 종류의 맛이 있으니 모든 것을 맛보고 살 수 없다. 그런 사람들을 위해 카페에서는 가게에서 판매하는 제품의 조각 케이크를 제공하고 있다. 자신이 원하는 케이크를 차와 함께 맛보고 선물용으로 사면 된다.

만약 다양한 종류의 케이크를 맛보고 싶다면 'チーズケーキ5種盛り 치-즈케-키 고슈모리'를 추천한다. 치즈 케이크는 단가가 높기 때문인지 정말 작은 조각으로 나오지만, 케이크의 맛을 느끼고 즐기기에는 충분하다. レアチーズケーキ 레아치-즈케-키, クラシックチーズケーキ 쿠라싯쿠치-즈케-키 등 가게의 대표 메뉴들이 나온다. 메뉴 구성은 시기마다 달라지기 때문에 치즈 케이크의 다양한 맛을 즐기는 데 집중하면 된다. 또 '季節のケーキセット 키세츠노 케-키셋토'처럼 계절 한정으로 나온 치즈 케이크 2 종류를 맛볼 수 있는 메뉴도 있다.

가게 안에 들어가 자리를 잡고 チーズケーキ5種盛り 치-즈케-키 고슈

모리를 시켰다. 딱딱하면서 부드럽고, 달콤하면서 새콤하기도 한 5종류의 케이크를 맛보니 가게에서 왜 치즈 케이크만을 전문적으로 하는지 그 이유를 알 수 있었다. 치즈 케이크만 전문적으로 해도 그 끝을 다 볼 수 없기에 집중하기로 한 것이다.

메뉴판을 보다 보니 5'種のベイクドチーズ ^{고슈노 베에쿠도치-즈}'가 있었다. 얼핏 보고 5종류의 치즈 케이크 메뉴의 다른 메뉴라고 착각했다. 그래서 새로운 치즈 케이크를 맛보기 위해 시켰다. 그런데 나온 것은 달랑 치즈 케이크 한 조각이었다. 가격이 저렴하지 않았는데, 어찌 된 일이지? 그제야 메뉴 설명을 자세히 살펴보았다. 이 메뉴는 5종류의 케이크가 나오는 것이 아니라 5종류의 치즈를 사용해 다양한 맛을 지닌 하나의 치즈 케이크였다. 헛웃음을 지으며 케이크를 맛보았다. 조금 전에 먹었던 케이크와는 달리 굉장히 단단했다. 그리고 그 밋은 정말 오묘했다. 달콤하고 맛있는데, 그 안에 무언가 미묘한 맛들이 숨어 있었다. 재미난 치즈 케이크다. 커피콩을 섞어 새로운 커피 맛을 내듯이 5종류의 치즈를 섞으면 어떤 맛이 나올지 궁금한 사람들이 주문할 케이크다. 치즈 케이크의 다양함과 깊이를 느끼고 싶은 사람에게 추천하고 싶은 가게다.

- チーズケーキ 5 種盛り 치-즈케-키 고슈모리 (5종류의 치즈 케이크 조각이 한접시에 담겨 나옴) 1,458엔

메뉴

- 帝塚山フロマージュ 테즈카야마후로마아주 (대표적인 진한 치크 케이크. 단단한 편임) 1,728엔
- クラシックチーズケーキ 쿠라싯쿠치-즈케-키 (크림치즈를 사용한 부드러운 치즈 케이크) 1,080엔
- カマンベールロワイヤル 카만베-루로와이야루 (프랑스의 대표적인 치즈로 크림처럼 부드러운 것이 특징이다. 부드러움과 치즈의 맛, 은은한 짠맛을 살린 치즈 케이크) 1,728엔
- 蔵王 자오 (무염 크림치즈를 사용해 구운 단단한 치즈 케이크) 1,836엔
- 5 種のベイクドチーズ 고슈노 베에쿠도치-즈 (무염 크림치즈, 덴마크 치즈, 호주 치즈 등 5종류의 치즈를 섞어 농후한 맛을 끌어낸 치즈 케이크) 1,728엔

*음료와 세트로 조각 케이크를 맛볼 수 있음 950엔

- ルーモス 루-모스 (에스토이나의 고급 과자에서 나온 레어 치즈 케이크. 진하고 부드러운 크림 풍의 케이크) 1,620엔
- ティラミス 티라미스 (마스카 치즈의 부드러움과 커피의 쓴맛이 어우러진 티라미수) 1,940엔
- プチチーズケーキ 푸치 치-즈케-키 (가볍게 가지고 다니며 먹을 수 있는 작은 치즈 케이크) 1,080엔
- メープルバター 메-푸루바타- (고소한 버터와 메이플 시럽의 단맛이 만난 작은 치즈 케이크) 1,080엔
- チーズフィナンシェ 치-즈휘난쉐 (버터와 치즈로 만든 조그만 프랑스 케이크 피낭시에) 1,080엔
- レアチーズケーキ 레아치-즈케-키 (치즈를 우유에 끓여 레몬의 맛을 더한 부드러운 레어 치즈 케이크) 1,620엔

간단 일본어

가장 인기 있는 메뉴는 무엇인가요?
一番人気のメニューは何ですか？
이치방 닌키노 메뉴-와 난 데스카?

会津屋

아이즈야

34.625252, 135.490628
JFGR+46 오사카시

www.aiduya.com 600~TWD 10:00~20:00 연중무휴 06-6651-2311 大阪市西成 玉出西2-3-1 지하철 四つ橋線 요쓰바시센 玉出 타마데(Y19) 역 1번 출구에서 도보 2분(약 150m). 1번 출구로 나와 오른편으로 한 블록 간 뒤 반대편을 보면 쉽게 찾을 수 있다. 혹은 한카이 전차 松 히메마츠 역에서 도보 16분(약 1.3km)

우리나라의 호두과자와 비슷하게 생긴 たこ焼 ^{타코야키}는 안은 부드럽고 겉은 바삭하게 구워 그 위에 마요네즈와 소스를 뿌려 새콤달콤하게 먹는 오사카의 대표 음식이다. 오사카에서 타코야키는 정말 길을 걷다가도 이곳저곳에서 찾아볼 수 있는 음식이다. 발에 치일 정도로 많은 가게가 있지만, 가게마다 자신만의 개성을 가지고 있는 음식이기도 하다. 특히 오사카가 발상지이기 때문인지, 아니면 오사카 지역 사람들의 입맛 때문인지 다른 지역보다 안의 반죽이 부드러운 것이 특징이다.

오사카의 인기 메뉴 타코야키는 어떻게 만들어지게 된 것일까? 그리고 최초의 타코야키 맛은 어떤 맛일까? 그런 생각을 해본 사람이라면 오사카는 호기심을 충족시킬 수 있는 최고의 장소다. 바로 타코야키를 최초로 만들었다는 아이즈야가 있기 때문이다. 오사카에 아이즈야의 지점이 몇 군데 있지만, 맛은 역시 본점이 최고라는 생각이 든다. 본점이기 때문일까? 일하는 사람의 분위기도 자신이 만드는 일에 대한 자부심도 엿보인다.

아이즈야의 타코야키는 처음 보면 뭔가 허전해 보인다. 오사카 지역의 다른 가게에서 파는 타코야키는 위에 소스를 화려하게 뿌리고, 가다랑어포, 파, 달걀 등 다양한 재료를 올려놓아 시각적인 면에서 다른 곳과 차별화하려는 곳이 많다. 그러나 아이즈야는 원조라는 자부심 때문인지 과거의 맛을 그대로 유지하고 있다. 기름을 두른 타코야키 판에 튀김가루와 밀가루 반죽을 넣고, 문어를 추가한 정말 심플한 타코야키다. 그렇다고 절대 맛이 없는 건 아니다. 겉은 바삭하고 안은 부드럽고 쫄깃한 맛이 일품인데다 간도 적당하고, 다른 맛이 느껴지지 않아서인지 오히려 문어의 향과 맛이 더 잘 느껴진다. 더구나 소스에 눅눅해지는 일도 없고, 식어도 맛이 변하지 않는다. 과거에는 재료를 구하지 못해 이렇게 단순하게 만들었을 것이

다. 그런데 이런 타코야키가 화려하게 소스를 뿌린 타코야키보다 깔끔하고 맛있게 느껴진다.

아이즈야에서는 타코야키의 전신 元祖ラヂオ焼 간소 라디오야키도 판매하고 있다. 원조 라디오야키는 안에 문어가 아니라 소고기가 들어가 있어 타코야키와는 다른 색다른 풍미를 느낄 수 있다. 라디오라는 이름이 붙은 것은 당시 라디오가 고급품에 속해 있었기 때문에 붙여졌다고 한다. 또 한꺼번에 元祖たこ焼 간소 타코야키, ねぎ焼 네기야키, ラジオ焼 라디오야키를 맛볼 수 있는 메뉴도 있으니 가게의 대표적인 맛을 모두 맛보고 싶은 사람에게 추천한다.

참고로 이 가게는 일본의 유명한 음식 만화『맛의 달인(美味しんぼ)』에도 소개된 바 있다. 1983년부터 연재를 시작한 이 만화는 현재 100권이 넘게 출간되었는데, 일본의 음식 문화뿐민 아니리 일본에 건너온 외국 음식도 다양하게 다루고 있다. 아이즈야는 77권에 소개되었는데, 타코야키의 유래부터 만드는 법까지 잘 설명되어 있다.

- 三種盛 산슈모리 (元祖たこ焼 간소 타코야키, ねぎ焼 네기야키, ラジオ焼 라디오야키 3가지를 한 번에 먹을 수 있는 세트) 600엔

메뉴

- 元祖たこ焼 간소 타코야키 (원조 타코야키) 15개 620엔
- ねぎ焼 네기야키 (파 타코야키) 12개 600엔
- ラジオ焼 라지오야키 (라디오야키. 타코야키의 전신으로 소고기가 들어있음) 12개 600엔
- 玉子焼 타마고야키 (달걀 타코야키) 12개 600엔
- たこチーズ焼 타코치즈야키 (치즈가 들어간 타코야키) 12개 600엔
- ねぎ玉子焼 네기 타마고야키 (파 달걀 타코야키) 12개 700엔
- ラジ玉焼 라지 타마야키 (라디오야키에 달걀이 들어감) 12개 700엔

*50엔 추가하면 파를 타코야키 위에 올릴 수 있다.

간단 일본어

타코야키 3종 세트 2개 주세요.
三種盛を２つください。
산슈모리오 후타츠 쿠다사이.

파를 추가해 주세요.
ねぎをトッピングしてください。
네기오 톳핑구시테 쿠다사이.

Tasty Road
OSAKA

번외

ZONE
06

エクチュア からほり「蔵」

에쿠츄아 카라호리 쿠라

🌐 34.675140, 135.512560
⊕ MGG7+32 오사카시

🖥 www.ek-chuah.co.jp 🀄 1,200~TWD 🕐 11:00~22:00(평일) 11:00~21:00(일요일, 공휴일) 📅 수요일 📞 06-4304-8077
🏠 大阪市中央 谷町6-17-43 練(LEN) 🚇 지하철 長堀鶴見 地線 나가호리쓰루미료쿠치센 松屋町 마쓰야마치(N17) 역 3번 출구에서 도보
1분(약 50m)

일본은 재활용을 잘하는 것 같다. 기본적으로 인건비도 비싸고 무엇을 새로 부수고 다시 짓기에는 들어가는 비용이 엄청나다. 기본적으로 한국의 3~4배, 조금이라도 좋게 하려면 10배가 넘는 경우도 많다. 그래서 쉽게 헌것을 버리지 않고, 재활용이 생활의 기본이 될 수밖에 없다. 그런 재활용이 상점에는 도움을 줄 때가 있다. 오랜 역사를 가진 건물들을 상점가로 리모델링하면 과거와 현재가 조화를 이루면서 어디서도 쉽게 찾아볼 수 없는 운치가 느껴진다.

여기 '練렌'이란 공간도 그렇다. 100년이 넘은 건물에 카페와 잡화점 등이 들어와 색다른 분위기를 연출하고 있다. 가게들은 저마다의 콘셉트에 맞추어 관광객들에게 볼거리와 함께 쇼핑에도 여유를 즐길 수 있다는 점을 보여준다. 렌 주변에는 비슷한 분위기의 가게들이 모여 있어서 차분하게 쇼핑을 즐기려는 관광객들에게 좋다.

그런 렌에 오사카 여성들이 좋아하는 초콜릿 점 베스트 10에 들어간 적이 있는 '에크츄아'가 있다. 정식 이름은 'エクチュア からほり「蔵」에크츄아 카라호리 쿠라'. 유럽의 초콜릿 문화를 일본에 알리고 싶어서 문을 열었다고 하는 이 가게는 일본인의 입맛에 맞추어 제공하려는 의도에서 일본 분위기를 가장 잘 살릴 수 있는 이곳 '렌'에 자리를 잡았다. 에크츄아에서는 초콜릿 디저트, 퐁듀, 케이크 등 초콜릿의 다양한 맛을 즐길 수 있다. '에크츄아'의 뜻은 '초콜릿의 하나님'이라고 한다. 마야 문명의 고

문서에는 처진 두꺼운 아랫입술, 뾰족한 코, 검게 칠해 몸을 가진 기괴한 외모의 신이 나오는데, 카카오 농장들은 에크츄아 숭배 축제를 하고 카카오의 풍작을 기원했다고 한다.

오랜 역사를 가진 건물에 들어서 있기 때문에 매장은 차분한 분위기다. 1층에서는 에크츄아의 초콜릿 상품들을 전시하고 있고 2층에서는 음료나 식사를 판매하고 있다. 초콜릿 전문점이지만 분위기 있는 카페처럼 운영하고 있다.

가볍게 초콜릿을 즐기고 싶다면 초콜릿 케이크를 추천한다. 초콜릿은 맛있고 깔끔한 뒷맛으로 부드럽게 넘어간다. 생초콜릿의 부드러움을 느끼고 싶다면 'ブルージュセット 부루-쥬셋토'를 추천한다. 생초콜릿 5종류와 음료가 함께 세트로 제공된다. 양은 적지만 진하고 농후한 초콜릿의 다양한 맛을 즐길 수 있는 메뉴다. 배가 고프다면 가볍게 'ランチセット 란치셋토'로 샌드위치로 배를 채우고 디저트로 달콤함을 맛보면 좋다. 초콜릿 전문점이지만 런치 세트의 샌드위치도 부드럽고 재료의 맛을 잘 살렸기에 먹는 즐거움이 있다.

런치 세트에 후식이 붙어 있기는 하지만 더운 날이라면 시원한 'オリジナルパフェ 오리지나루 파훼'가 더위를 날리고 기운을 북돋워 줄 것이다. 처음 이 메뉴를 시켰을 때 직원이 엄청난 속도로 달려왔다. 무슨 큰일이 있는 줄 알고 놀라서 물었다. 아이스크림 위에 따뜻한 초콜릿을 부어 그것이 얼기 전에 먹어보라고 그런 거란다. 파르페가 나오면 바로 먹어야 따뜻한 초콜릿과 차가운 아이스크림이 입안에서 섞이는 즐거움을 느낄 수 있다. 잠시 지체하면 딱딱하게 굳은 초콜릿을 만나게 된다. 하지만 그것도 그리 나쁘지 않다.

조금 독특한 초콜릿을 찾거나 누군가에게 선물하고 싶다면 소금 밀크 초콜릿을 추천한다. 소금의 양에 따라 맛이 달라지지만 초콜릿의 달콤함에 약간의 짠맛이 맛을 더욱더 강하게 해주는 독특한 맛이다. 카카오의 맛이 강하게 살아 있는 초콜릿을 원한다면 '塩チョコビター 시오 쵸코 비타'도 있다.

- オリジナルパフェ 오리지나루 파훼 (과일을 넣고 그 위에 바닐라와 초콜릿 아이스크림을 올리고 가장 위에는 따뜻한 초콜릿을 부어 나오는 메뉴) 1,080엔

메뉴

- ランチセット 란치셋토 (매일 바뀌는 샌드위치, 샐러드, 수프, 디저트가 함께하는 세트) 1,188엔
- アソートセット 아소-토셋토 (작게 자른 케이크 3종, 초콜릿, 아이스크림에 음료가 함께 나옴) 1,944엔

초콜릿 음료

- プレーン 푸레-인 (뜨겁게 혹은 차갑게 초콜릿의 부드럽고 달콤함을 즐길 수 있는 심플한 음료) 702엔
- ミルクチョコレート 미루쿠쵸코레-토 (우유의 풍미가 듬뿍 들어간 밀크초콜릿을 사용한 음료) 702엔
- スイートチョコレート 스이-토쵸코레-토 (카카오의 쓴맛과 달콤함이 잘 어우러진 음료) 702엔
- ダークチョコレート 타쿠쵸코레-토 (카카오의 맛을 제대로 느낄 수 있는 음료) 702엔
- エクチュアオリジナルチョコレートドリンク 에쿠추아 오리지나루쵸코레-토 도린쿠 (초콜릿 음료에 다양한 재료를 섞은 오리지널 음료. 술이 들어가기 때문에 주의해야 함) 810엔

음료

- コーヒー 코-히- (커피) 594엔
- エスプレッソコーヒー 에스푸렛소코-히- (에스프레소) 594엔
- カフェオーレ 카페오-레 (커피에 같은 양의 따뜻한 우유를 넣은 것) 702엔
- オレンジジュース 오렌지쥬-스 (오렌지 쥬스) 540엔
- ミルク 미루쿠 (우유) 432엔
- 紅茶 코우챠 (홍차) 594엔
- アールグレイ 아루 구레이 (차에 운향과 식물인 베르가모트(bergamot) 향을 입힌 차) 594엔
- チョコレートティー 쵸코레-토티- (초콜릿 향이 나는 홍차) 594엔
- ハーブティー 하-부티- (허브 티) 702엔

디저트&파르페

- テオブロマケーキ 테오부로마케-키 (밀크초콜릿 크림과 초콜릿 빵이 3층으로 이루어진 케이크) 648엔
- バナナファッジケーキ 바나나화지케-키 (바나나 과육을 사용한 초콜릿 케이크) 648엔

- ホーリー 호-리- (초콜릿 케이크 위에 생크림과 바나나로 장식한 케이크) 648엔
- サターンケーキ 사탄-케-키 (밀크초콜릿과 쓴맛의 초콜릿을 사용한 버터 케이크) 648엔
- ヘアムース 페아무-스 (쓴 초콜릿 무스와 밀크초콜릿 무스를 사용해 맛을 즐기는 메뉴) 648엔
- ハニーチョコレートブラウニー 하니-쵸코레-토부라우니- (크랜베리가 들어간 브라우니와 꿀이 들어간 바닐라 아이스크림) 810엔
- 抹茶チョコケーキ 맛차쵸코케-키 (녹차와 팥의 부드러운 반죽에 화이트 초콜릿을 더한 케이크) 578엔
- 抹茶パフェ 맛차파훼 (녹차와 팥이 들어간 케이크와 초콜릿 젤리, 녹차 아이스크림을 더한 파르페) 998엔
- ディアブルパフェ 디아부루파훼 (초콜릿 아이스크림과 초콜릿 칩을 올린 파르페) 1,080엔

초콜릿

- フラリネセット 푸라리네셋토 (견과류에 초콜릿을 묻힌 프랑스 과자와 음료 세트) 1,080엔
- ブルージュセット 부루-쥬셋토 (생초콜릿 5종류와 음료 세트) 864엔
- 塩チョコビター 시오 쵸코 비타- (카카오 함량이 높은 소금 초콜릿)
- 塩チョコミルク 시오 쵸코 미루쿠 (소금 밀크 초콜릿)

간단 일본어

이 세트에는 뭐가 나오나요?

このセットには何が付いてきますか？

고노 셋토니와 나니가 츠이테 키마스카?

음료도 같이 나오나요?

ドリンク付きですか？

도링쿠츠키 데스카?

진한 맛 초콜릿 제품은 뭐가 있나요?

味の濃いチョコレートは何がありますか？

아지노 코이 쵸코레-토와

나니가 아리마스카?

てんぐ

텐구

🌐 34.649842, 135.506043

⊕ JGX4+WC 오사카시

💴 1,500~TWD 🕐 10:30~21:00 📅 월요일 📞 06-6641-3577 🏠 大阪市浪速美須東３丁目４-12 🚇 지하철 堺筋線 사카이스지선 動物園前 도부쓰엔마에(K19) 역 1번 출구에서 2분(150m)

퇴근 시간이 가까워지자 사람들이 하나둘 줄을 서기 시작했다. 줄은 어느새 저만치 길어졌고, 가게 앞에 기다리는 사람들로 붐볐다. 한참을 기다린 끝에 겨우 자리를 잡고 앉았다. 기름 냄새와 짭조름한 소스 향이 가게 안을 가득 메우고 있었다. 처음에는 그 오묘한 냄새에 숨이 턱 막혔지만, 이내 갓 튀겨낸 串かつ ^{쿠시카츠}의 향긋하고 고소한 냄새에 식욕이 돌았다.

종업원들은 좁은 공간에서 일사불란하게 움직였다. 누구는 주문받은 쿠시카츠를 정신없이 만들어 냈고, 누구는 떨어진 재료를 채워 넣었으며, 다른 누구는 계산하고 떠난 손님의 자리를 치우고 새로운 손님에게 주문을 받았다. 앉은 자리 앞에는 쿠시카츠 가게라면 어디서든 볼 수 있는 양배추 통과 소스 통이 놓여있었다. 종업원은 양배추가 담긴 통을 수시로 확인하고 계속 채워줬다. 갓 튀긴 쿠시카츠를 소스에 푹 담가 짭조름함이 튀김옷에 배어들 때쯤 한입 크게 물었다. 기름으로 튀긴 음식인 만큼 약간 느끼하기도 했지만, 그 정도의 느끼함은 맥주로 날려버려도 좋다. 튀긴 음식과 맥주는 치맥처럼 공식 같은 거니까 말이다. 시원한 생맥주를 한 모금 쭉 들이켜니 세상 부러울 것이 없었다. 소스 통 옆에 있는 양배추 한 조각을 집어 입에 넣어 보았다. 아삭거리는 식감이 좋았고 입안이 상쾌해지는 것 같았다. 술을 못 마시는 사람도 양배추만 있으면 쿠시카츠를 얼마든지 질리지 않고 먹을 수 있을 듯하다.

쿠시카츠는 일본에서도 비교적 저렴한 음식에 속하는 편인데, 태생부터가 서민 음식이었다. 배곯던 시절 비싸지 않은 재료를 사용해 맛있고 배부르게 먹던 음식이기 때문에 당시엔 튀김옷을 두툼하게 입혀 튀겼다. 쿠시카츠는 재료에 제한이 없는 것이 특징이기도 하다. 소고기,

새우, 달걀, 파, 아스파라거스 등 원하는 재료 무엇이든 튀길 수 있다. 어디서는 붕어빵까지 쿠시카츠로 만든다고 하니 그 상상을 뛰어넘는 재료에 감탄할 따름이다.

쿠시카츠는 오사카의 新世界 ^{신세카}이라는 번화가에서 생겨났다. 일설에

따르면 육체노동을 하는 손님들을 위해 한입 크기로 손질한 고기를 꼬치에 꽂아 튀겨 낸 것이 그 시작이라고 한다. 이런 사연 때문인지 신세카이에는 유명한 쿠시카츠 가게가 많이 있다. 그만큼 경쟁도 치열한데, 그중에서도 항상 손님들로 붐비는 곳이 바로 텐구다. 텐구는 원래 시뻘건 얼굴에 커다란 코를 가진 일본 요괴를 뜻하는 단어인데, 어떻게 이런 이름으로 짓게 되었는지 모르겠다. 어쨌든 간판에 빨갛고 기다란 코를 가진 텐구 탈이 붙어 있어 찾기는 쉽다.

가게 안은 먹는 사람들과 일하는 사람들로 혼란 그 자체다. 왁자지껄 정신이 하나도 없다. 내부는 비교적 넓은 편인데, 중앙을 조리공간으로 쓰며 그 주위를 빙 둘러 테이블을 놓았다. 회전스시집을 떠올리면 정확하다. 자리마다 쿠시카츠 소스와 수북이 쌓인 양배추가 있고, 양배추는 떨어지면 바로 채워 놓는다.

텐구는 언제나 손님들로 붐비기 때문에 자리를 골라서 앉기란 쉽지 않다. 자리는 복불복이라 2명 이상이라면 일행과 함께 앉으려는 생각은 애초에 하지 않는 것이 좋다. 3인 이상의 자리는 운에 맡길 수밖에 없으니 자리가 나면 일단 앉아서 주문하는 것을 추천한다.

벽에 붙은 메뉴판은 일본어뿐이지만, 눈앞에서 튀겨주기 때문에 재료를 손으로 가리키며 주문할 수 있다. 소고기는 쿠시카츠의 기본 중의 기본으로 반드시 시켜야 할 메뉴임을 잊지 말자. 채소를 좋아하는 사람에게는 아스파라거스와 양파를 추천한다.

참고로 소스는 여러 사람이 이용하는 것이므로 반드시 입에 대지 않은 쿠시카츠를 소스에 한 번만 담가야 한다. 소스가 부족하면 양배추를 컵처럼 이용해 소스를 옮기면 된다. 양배추 통 역시 감염을 막기 위해 젓가락으로 집어서는 안 된다. 반드시 손을 사용해야 한다.

• 串かつ 쿠시카츠 (쇠고기) 100엔

메뉴

• エビフライ 에비 후라이 (새우) 440엔
• かきフライ 카키 후라이 (굴) 350엔
• 貝柱フライ 카이바시라 후라이 (관자) 250엔
• ウインナー 우인나- (비엔나) 200엔
• アスパラフライ 아스파라 후라이 (아스파라거스) 200엔
• シイタケフライ 시-타케 후라이 (표고버섯) 200엔
• レンコンフライ 렌콘 후라이 (연근) 200엔
• たこフライ 타코 후라이 (문어) 200엔
• イカフライ 이카 후라이 (오징어) 200엔
• トンカツフライ 톤가츠 후라이 (돈가스) 200엔
• 玉ネギフライ 타마네기 후라이 (양파) 100엔
• 玉子フライ 타마고 후라이 (달걀) 100엔

간단 일본어

아무 데나 앉아도 돼요?
どこに座ってもいいんですか？
도코니 스왓테모 이- 데스카?

일단 맥주 먼저 주세요.
とりあえず生ビールをお願いします。
토리아에즈 나마비-루오 오네가이시마스.

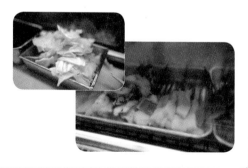

八重勝

야에카츠

🌐 34.649715, 135.505996

⊕ JGX4+V9 오사카시

🍴 1,500~TWD ⏰ 10:30~20:30 📅 목요일, 3번째 수요일 📞 06-6643-6332 🏠 大阪市浪速 美須東 3丁目 4 13 🚇 지하철 堺筋線 사카이스지선 動物園前 도부쓰엔마에(K19) 역 1번 출구에서 2분(150m)

오사카의 쿠스카츠 번화가 新世界 신세카이에 왔다면 'てんぐ 텐구' 그리고 이곳을 빼놓을 수 없다. 가게도 붙어 있어서 그냥 지나치려고 해도 할 수가 없다. 八重勝 야에카츠는 1947년 창업해 ジャンジャン横丁 잔잔요 코쵸 골목에서 텐구와 함께 쿠시카츠를 대표하는 가게다. 다른 가게도 있었는데, 모두 이 두 가게 때문에 다른 업종으로 변경했을 정도다. 지금은 관광객이 너무 많이 오기 때문에 현지인들은 이용하기 어려운 곳이 되고 말았다. 이제는 다른 가게도 인수해서 가게 맞은편에 새로운 매장을 냈기에 기다리는 시간이 줄어들었다.

평일 오후에 갔더니 시간이 적절했는지 줄이 아주 짧았다. 평일에는 사람이 없다고 생각했다. 하지만 몇 분 지나지 않아 뒤로 긴 줄이 생겼다. 시간 타이밍이 좋았을 뿐이었다. 가게 안으로 들어가니 이전과 달리 아주 깔끔해졌다. 생각해보니 중간에 한번 리모델링한다고 가게를 닫았던 기억이 생각났다. 깔끔하고 환기도 잘 됐지만, 기름의 뜨거운 열기는 막지 못했다.

자리 앉으니 바로 앞에 기름통이 있어 튀기는 모습을 자세하게 볼 수 있었다. 한국의 치킨을 튀기는 기름통이 생각날 정도로 커다란 솥에 기름이 가득 있었다. 그리고 주문을 받자마자 재료에 밀가루를 묻혀 신속하게 튀겼다. 뜨거운 기름으로 들어간 재료는 뜨거운 기름 거품과 함께 빠르게 튀겨졌다. 손님과 기름 솥 사이에는 투명하고 두꺼운 유리막이 있어서 뜨거운 열기는 느껴지지 않았다.

가게의 명물은 쫄깃한 식감이 일품인 'どて焼き 도테야키' 다. 소 힘줄을

꼬치에 꽂은 뒤 흰색 된장으로 조림을 한 것이다. 옅은 갈색으로 물든 소 힘줄의 식감이 좋다. 그런데 맛이 이전과 달리 조금은 짜게 느껴진다. 도테야키를 시켰다면 일단 한 조각 먹어보고 간이 맞는지 확인해본다. 그리고 그간에 따라서 양념을 걷어내 간을 조절하면 된다.

가게의 메뉴 대부분은 100~200엔 사이이고 새우같이 비싼 재료만 가격대가 높다. 맥주 한잔과 쿠시카츠 5~6개 정도면 적당히 배가 부르다. 야에카츠의 쿠시카츠는 얇은 튀김옷에 고소한 맛이 있다. 아쉬운 것은 튀기는 사람에 따라 맛이 달라지는 점인데, 이 부분에 대해서는 복불복이라 뭐라고 말하기 어렵다. 갓 튀겨진 튀김은 자리 앞에 있는 통에 담아 준다. 통에는 기름이 밑으로 떨어지도록 받침대가 있다. 쿠시카츠는 매우 뜨거우니 식힌 뒤 소스에 깊숙이 넣었다가 빼서 먹으면 된다. 구시카츠를 베어 물면 소스 통에 넣을 수 없으니 처음에 잘 생각해서 넣어야 한다. 소스가 부족하면 양배추를 넣었다가 빼면서 떨어지는 소스를 쿠시카츠에 떨어뜨리면 된다. 양배추의 상쾌한 맛이 느끼한 맛을 잡으니 충분히 먹는 것이 좋다. 양배추도 쿠시카츠와 마찬가지로 소스 통에 2번 넣으면 안 된다. 소고기, 돼지고기, 오징어 등도 좋지만, 심플하면서 튀김으로 향이 살아나는 れんこん ^{렌콘}(연근)도 추천한다.

기다리는 사람이 많기 때문에 다 먹었으면 빠르게 자리를 비워 주는 것이 좋다.

- どて焼き 도테야키 (소 힘줄을 된장 양념에 조리한 것) 3개 300엔

- 海老 에비 (새우) 450엔
- 貝柱 카이바시라 (조개관자) 300엔
- 牛ヘレ 규헤레 (소 등심) 300엔
- たこ 타코 (문어) 200엔
- いか 이카 (오징어) 200엔
- げそ 게소 (오징어 다리) 150엔
- とんかつ 톤카츠 (돈가스) 200엔
- とり唐揚げ 토리카라-게 (닭튀김) 200엔
- グリーンアスパラ 구린-아스파라 (아스파라거스) 200엔
- 生しいたけ 나마시이타케 (표고버섯) 200엔
- 焼穴子 쇼오아나고 (붕장어) 200엔
- れんこん 렌콘 (연근) 150엔
- カボチャ 카보챠 (호박) 150엔
- じゃがいも 쟈가이모 (감자) 150엔
- 味付こんにゃく 아지츠케 콘냐쿠 (곤약) 150엔
- 肉しゅうまい 니쿠슈-마이 (고기만두) 150엔
- ロースハム 로-스하무 (햄) 150엔
- ウインナー 우인나 (소시지) 150엔
- チーズ 치-즈 (치즈) 150엔
- 玉ねぎ 타마네기 (양파) 100엔
- なすび 나스비 (가지) 100엔
- ししとう 시시토- (맵지 않은 짧은 고추) 100엔
- 白ねぎ 시로네기 (파의 흰 부분) 100엔
- ブロッコリー 부롯코리- (브로콜리) 100엔
- ちくわ 치쿠네 (구멍이 뚫린 어묵) 100엔
- 玉子 타마고 (삶은달걀) 100엔
- パプリカベーコン 파푸리카베-콘 (파프리카를 감싼 베이컨) 150엔
- プチトマト 푸치토마토 (토마토) 150엔
- カマンベールチーズ 카만베-루치-즈 (카망베르 치즈) 200엔
- ささみ生姜 사사미쇼오가 (생강을 더한 닭가슴살) 200엔

もなみ

모나미

🌐 34.673523, 135.517202

⊕ MGF8+CV 오사카시

🧾 2,000~TWD 🕐 11:30~14:00 17:40~22:30 📅 월요일 📞 06-6763-1129 🏠 大阪市中央 谷町6-3-14 🚇 지하철 谷町線 타니

마치센 天神橋筋六丁目 텐진바시스지로쿠쵸메(T18, K11) 역 3번 출구에서 도보 2분(약 90m)

한국 사람들에게는 한우가 최고일 것이다. 마찬가지로 일본 사람들에게는 일본 소가 최고다. 더구나 엄선된 일본의 소고기는 한우만큼이나 맛있고, 그만큼 가격도 비싸다. 이런 고급 고기를 판매하는 유명 상점이나 식당을 오사카의 번화가에서도 쉽게 찾아볼 수 있다. 비싼 고기를 비싸게 파는 것은 당연한 일이고, 그런 식당은 또 그에 걸맞은 서비스도 제공한다. 그런데 만약 고급 소고기를 저렴한 가격에 즐길 수 있다면? 가게가 사람들로 북적이는 것은 당연하지 않을까?

もなみ 모나미는 정말 가게가 오픈한 순간부터 사람들이 가게 앞에서 기다리는 식당이다. 텔레비전 방송이나 잡지에도 크게 소개되어 유명인도 자주 찾는다. 무슨 특별한 점이 있어서 이토록 북적이는 걸까?

가게의 이름은 프랑스어로 'monami'다. 영어로는 'my friend'라는 뜻으로 친구같이 편안한 존재로 누구에게나 사랑받는 가게가 되고 싶다는 의미가 담겼다고 한다. 가게의 메인 메뉴는 소고기의 안심과 등심을 사용한 햄버그 스테이크다. 메뉴 선정은 오사카 사람들의 성향을 가장 중요하게 고려했다고 한다. 본래 가게 주인은 고베(神戸)에서 식당을 하고 있었는데, 한신 대지진으로 인해 가게가 붕괴하면서 오사카로 왔다. 그리고 오사카 사람들의 급한 성격에 맞추기 위해 저렴하면서 두툼하고, 손님이 주문한 뒤 빠른 시간 안에 나올 수 있는 햄버그 스테이크를 가게 간판 메뉴로 정했다.

모나미의 햄버그 스테이크가 맛있는 이유는 매일 아침 신선한 고베 소고기를 가져오기 때문이다. 신선한 고베 소고기의 등심과 안심으로 만드는 모나미 햄버그 스테이크의 특징은 일반 햄버그 스테이크와 다르게 얇고 넓게 구웠다는 점이다. 지름이 15cm 정도 되는 햄버그 스테이크는 보기만 해도 먹음직스럽다.

이곳에는 여성 손님들이 많이

찾는데, 여성들을 위한 세트 메뉴도 따로 마련되어 있다. 또 고기 메뉴 외에 가다랑어포를 듬뿍 뿌린 두부 샐러드 같은 음식도 준비되어 있다. 여성들 입맛에 맞춘 아이스크림과 과일도 나온다. 이곳은 사람들만 많지 않다면 분위기를 즐기면서 맛있는 음식을 먹을 수 있는 최고의 식당이다. 1층에서는 주방장이 직접 햄버그 스테이크를 굽는 모습을 보며 식욕을 돋우는 고기 굽는 냄새를 받을 수 있고,

2층에 올라가면 매장을 찾았던 연예인들의 사진과 사인을 볼 수 있다. 모나미는 기다려서 먹을 만한 충분한 가치가 있는 가게이지만, 시간 여유가 별로 없다면 오픈 전에 미리 가서 기다리거나 되도록 점심, 저녁 시간을 피해서 가면 오래 기다리지 않고 식사를 즐길 수 있다. 사람이 북적여서 차분하게 먹을 수 없는 것이 단점이지만, 양질의 고기를 저렴한 가격에 배불리 먹을 수 있는 가게다.

추천 메뉴

• ハンバーグセット 함바-구 셋토 (햄버그 스테이크 세트) 1,250엔

메뉴

점심

• ハンバーグと海老フライ 함바-구토 에비후라이 (햄버그 스테이크와 새우튀김)
  1,004엔
• ステーキランチ 스테-키 란치 (스테이크 런치) 1,296엔
• ステーキ海老フライ 스테-키 에비후라이 (스테이크와 새우튀김) 1,598엔
• ハヤシライス 하야시라이스 (달콤한 소스와 밥이 만난 하야시 라이스) 1,242엔
• スペシャルランチ 스페샤루 란치 (햄버그 스테이크와 스테이크를 한 번에 맛볼 수
  있는 요리) 1,922엔

간단 일본어

항상 이렇게 줄이 길어요?

いつもこんなに並んでるんですか？

이츠모 콘나니 나란데룬데스카?

저 여자분이 먹고 있는 게 뭐예요?

あの女性が食べているのは何ですか？

아노 조세-가 타베테 이루노와 난데스카?

저거랑 같은 거로 주세요.

あれと同じものでお願いします。

아레토 오나지모노데 오네가이시마스.

洋食の店
もなみ

ZONE
06

ロックヴィラ

롯쿠비라

🌐 34.665756, 135.531591
⊕ MG8J+8J 오사카시

📖 1,000~TWD 🕐 08:00~18:30(수요일 휴무) 📅 수요일 📞 06-6975-0315 🏠 大阪市東成 東小橋3-17-23 🚇 지하철 千日前線
센니치마에센 鶴橋 쓰루하시(S19) 역 6, 7번 출구에서 도보 2분(약 110m)

鶴橋 ^{쓰루하시}는 주변에 한국인(조선인)이 많이 모여 사는 곳이라 '코리아타운'이라고 불리는 곳이다. 사실 이 지역의 명칭 쓰루하시는 4세기에 만들어진 다리 'つるのはし ^{쓰루노하시}'라는 이름에서 유래되었다. 다리 주변에 학(鶴)이 자주 모여들었기에 '학의 다리'라 불렸다. 이 다리는 일본에서 가장 오래된 다리로 알려져 있었는데, 현재는 다리가 있었던 곳에 안내판만 남아 있다. 이렇게 오래된 다리가 있다 보니 지역 이름도 자연스럽게 쓰루하시라고 불리게 되었다.

이 지역은 현재 지하철, JR, 近鉄 ^{킨테쓰} 鶴橋 ^{쓰루하시} 역이 모여 있기 때문에 교통이 편리하다. 역 주변에는 오사카 쓰루하시 시장(大阪鶴橋市場)이 있는데 대부분 한국인이 장사하고 있다. 쓰루하시 시장은 제2차 세계대전이 끝나고 심한 차별을 피해 한국인들끼리 모여 살았던 데서 시작했다. 강제로 일본에 끌려와 고생하고 전쟁이 끝나고 한국에 돌아가지 못하고 일본에서 힘들게 살아남은 한국인들이 이곳에 모였다. 지금은 한류 때문에 일본인 관광객들이 더 많은 관광 명소이지만, 재일교포의 고통과 슬픔이 묻어 있는 곳이 바로 쓰루하시 시장이다.

사실 쓰루하시 시장은 대부분 가건물로 이루어져 화재의 위험도 크고 시설이 낙후되어 있다. 하지만 부침개, 김치, 젓갈, 김 등 한국 상품들을 판매하고 있어 한국 문화를 소개하는 최고의 장소이기도 하다. 한국 반찬을 파는 가게뿐만 아니라 한국 음식점도 많다. 저녁에 시장을 찾으면 고기 굽는 냄새가 가득해 식욕을 돋운다. 이 때문인지 음식 냄새가 좋은 곳으로 선정되기도 했다. 한국 음식이지만 일본인들의 입맛에 맞게 변형된 음식들이 많아서 나름 새로운 맛을 찾을 수 있다.

롯쿠비라도 그런 가게 가운데 하나다. 이른 아침부터 쓰루하시에서 일정을 시작했다면 이만한 곳이 없다. 문제는 쓰루하시 지역이 너무 복잡해 찾기가 쉽지 않다는 점이다.

자세한 지도로도 찾기 어려우니 차라리 사람에게 물어보는 것이 가장 빠르다. 가게는 갈색 톤의 무게감 있는 가구들을 배치해 놓아 커피를 마시기 좋은 분위기다. 다만 가게 안에서 흡연할 수 있으므로 비흡연자들에게는 괴로울 수 있다. 좌석이 많지 않기에 식사 시간에는 금방 자리가 꽉 찬다.

이곳 롯쿠비라가 유명해진 것은 바로 독특한 맛의 김치 샌드위치 때문이다. 샌드위치에 김치, 달걀, 오이, 햄 등을 넣고 마요네즈를 뿌려 만든 것으로, 부드럽고 아삭아삭하면서도 단맛이 느껴진다. 얼핏 어색할 것 같은 김치와 샌드위치의 조합이 이렇게 좋은 맛을 낸다는 사실에 놀라게 된다. 테이크아웃도 가능하고, 양이 부족하다고 느끼면 大盛り ^{오모리}(사이즈업)를 시키면 된다. 이곳에서 만드는 김치 샌드위치는 가게 주인아주머니가 오랜 시간 고민해서 만든 것으로 4종류의 김치를 혼합한다고 한다. 자세한 사항은 비밀이라 알 수 없지만, 4종류의 김치를 섞기 때문인지 샌드위치의 맛이 달라지기도 한다. 하지만 그 독특한 풍미는 이곳에서만 느낄 수 있다.

가게의 다른 음식들도 나름의 독특함이 있다. 오므라이스가 바로 그렇다. 겉보기에는 평범한 오므라이스지만 먹어 보면 다양한 채소와 함께 가게만의 소스가 어우러져 김치 샌드위치처럼 색다른 맛을 낸다. 이제는 가게의 명물이 된 김치 샌드위치와 함께 가게를 빛내는 음식이다.

- キムチサンド 키무치 산도 (김치 샌드위치) 650엔

메뉴

- ミックスサンド 믹쿠스 산도 (양파, 버섯, 햄, 옥수수를 달걀로 감싸 만든 샌드위치) 650엔
- たまごサンド 다마고 산도 (두툼한 달걀을 넣은 샌드위치) 450엔
- トースト 토-스토 (토스트) 300엔
- 小倉トースト 오구라토-스토 (두툼한 식빵 위에 달콤한 팥을 올린 것) 450엔
- チーズトースト 치-즈토-스토 (치즈를 올린 토스트) 450엔
- ピザトースト 피자토-스토 (파지 토스트) 500엔
- ピラフ 피라후 (다양한 재료를 넣어 만든 밥과 함께 볶은 음식 필라프) 600엔
- ドライカレー 토라이카레- (카레루가 아닌 카레 가루를 넣어 볶은 밥) 600엔
- カレーライス 카레-라이스 (카레라이스) 600엔
- オムライス 오무라이스 (오므라이스) 650엔
- キムチピラフ 키무치피라후 (김치볶음밥에 달걀을 올린 것) 650엔

음료

- マイルドコーヒー 마이루도코-히- (부드러운 커피) 400엔
- アメリカンコーヒー 아메리칸코-히- (아메리카노) 400엔
- ストロングコーヒー 스토롱코-히- (강한 맛 커피) 400엔
- アイスコーヒー 아이스코-히- (아이스 커피) 400엔
- カフェオーレ 카훼오-레 (커피와 따뜻한 우유를 섞은 커피) 450엔
- ウィンナーコーヒー 윈나아코-히- (아메리카노 위에 휘핑크림을 얹은 비엔나 커피) 500엔
- アイスティー 아이스티- (아이스티 레몬 혹은 우유) 400엔
- ティオーレ 티오-레 (우유를 넣은 차) 450엔
- ウィンナーティー 윈나티- (비엔나 티) 500엔
- コーヒーフロート 코-히-후로-토 (차가운 커피에 아이스크림이나 셔벗을 넣은 것) 500엔
- ココアフロート 코코아후로-토 (코코아에 아이스크림이나 셔벗을 넣은 것) 550엔
- ソーダフロート 소-다후로-토 (탄산음료에 아이스크림이나 셔벗을 넣은 것) 500엔
- バニラシェイク 바니라쉐이쿠 (바닐라 셰이크) 550엔
- チョコレートシェイク 초코레-토 쉐이쿠 (초콜릿 셰이크) 550엔
- コーラ 코-라 (콜라) 400엔
- メロンソーダ 메론소-다 (멜론 음료) 400엔
- カルピス 카루피스 (일본의 대표적인 유산균 음료 칼피스) 400엔
- オレンジジュース 오렌지쥬-스 (오렌지주스) 550엔
- ホットオレンジ 홋토오렌지 (오렌지 차) 550엔

- ホットレモン 홋토레몬 (레몬차) 550엔
- トマトジュース 토마토 쥬-스 (토마토 주스) 400엔
- ミルク 미루쿠 (우유) 400엔
- ココア 코코아 (코코아) 500엔
- 特製野菜ジュース 토쿠세-야사이쥬-스 (당근과 사과를 갈아 만든 시원한 음료) 650엔
- 特製フルーツジュース 토쿠세후루-츠쥬-스 (과일을 갈아 만든 음료) 500엔
- クレープフルーツジュース 구레-푸후루-츠쥬-스 (그레이프후르츠 주스) 550
- バナナジュース 바나나쥬-스 (바나나 주스) 550엔
- りんごジュース 링고쥬-스 (사과 주스) 550엔
- ミックスジュース 믹쿠스쥬-스 (제철 과일을 혼합한 주스) 550엔
- 生レモンスカッシュ 나마레몬스캇슈 (레몬을 짜서 소다수를 넣고 만든 음료) 550엔

디저트
- バニラアイスクリーム 바니라아이스쿠리-무 (바닐라 아이스크림) 450엔
- コーヒーゼリー 코-히-제리- (커피 젤리) 450엔

간단 일본어

2명인데 자리가 있나요?
二人ですが、席はありますか？
후타리 데스가, 세키와 아리마스카?

김치 샌드위치 포장되나요?
キムチサンドは持ち帰りできますか？
키무치 산도와 모치카에리 데키마스카?

393

オモニ

어머니

🌐 34.661993, 135.535992
⊕ MG6P+Q9 오사카시

🍽 2,000~TWD 🕐 12:00~23:00 📅 월요일 📞 06-6717-0094 🏠 大阪市生野 桃谷3-3-2 🚇 지하철 千日前線 센니치마에센 鶴橋 쓰루하시(S19) 역 5번 출구에서 도보 15분(약 900m)

기타(그랜드 프론트 오사카 7층)

🌐 34.704335, 135.494767 (7층) ⊕ PF3V+PW 오사카시 🕐 11:00~23:00 📅 부정기 📞 06-6485-7662 🏠 大阪市北 大深町 4 1 グランフロント大阪 南館7階 🚇 JR 오사카 역에서 도보 10분(약 300m)

鶴橋 쓰루하시 주변은 재일교포들이 모여 살기 때문에 다양한 한국 가게가 모여 있다. 일제강점기 때 끌려온 수많은 조선인이 그대로 자리를 잡아 그 역사도 오래되었다. 지금은 한국 문화를 널리 알리는 문화 중심지로 여겨지지만, 얼마 전까지만 해도 일본에서 차별받는 외국인 거주지였다.

그런 쓰루하시 지역에서 오래전부터 유명한 가게가 하나 있다. 수많은 미디어에 소개되었고, 오사카 가이드북에서 절대 빠지지 않는 곳으로 바로 한글로 '어머니', 일본어로는 'オモニ 오모니'라고 발음하는 가게다. 말 그대로 어머니가 만든 듯이 정성이 들어간 음식점으로 사랑받고 있는 곳이다. 예전에는 70~80년대 분위기가 넘쳤는데, 리모델링으로 세련된 분위기의 식당이 되었다. 그리고 오사카에 지점을 내기 시작해 이제는 이전보다는 쉽게 접할 수 있는 가게가 되었다.

'어머니'는 오코노미야키 식당으로 그리 큰 곳은 아니다. 그래서인지 가게 앞에는 항상 손님들이 기다리고 있다. 안으로 들어서면 가게 한쪽에서 말 그대로 주인아주머니가 오코노미야키를 굽고 계신다. 요즘에는 다른 지점도 있어 가게에 가도 어머니를 뵙기는 쉽지 않다. 그리고 벽면을 가득 채운 것은 수많은 유명 연예인과 찍은 사진, 사인들이다. 그만큼 많은 사람에게 사랑받는 가게다. 그리고 그런 수많은 연예인이 가게의 메뉴를 풍부하게 만들었다.

어머니는 기본적으로 손님이 원하는 재료로 오코노미야키를 만든다. 그렇기 때문에 연예인들은 자신만의 레시피로 오코노미야키를 주문했고, 그 오코노미야키는 곧바로 새로운 메뉴로 추가되었다. 지금은 어느 정도 추려져 메뉴판으로 나왔지만, 리모델링하기 전에는 벽면을 가득 채우고 있었다.

많은 메뉴 가운데 선택이 어렵다면 가장 기본적인 'オモニ焼き 오모니

야키'를 시키는 것이 좋다. 밀가루 반죽을 넓은 철판에 올려 양배추, 돼지고기, 오징어, 새우, 관자, 달걀 등 재료를 흘러넘칠 만큼 듬뿍 쌓아 만든 오코노미야키다.

'어머니'의 오코노미야키는 칸사이풍이 아니라 히로시마풍이다. 칸사이풍은 반죽이나 재료를 섞어서 굽는 방식으로 한국에서 소개되는 대부분의 오코노미야키 집이 칸사이풍이다. 반면 히로시마풍은 재료를 하나씩 쌓아서 굽는 방식으로 면이 들어가는 것이 특징이다. 특히 다른 오코노미야키 가게들과는 달리 감자, 고구마 등 특이한 재료가 들어가는 것도 인기다.

쓰루하시 본점은 찾아가기가 쉽지 않으니 바쁜 여행객이라면 JR 오사카 역 부근에 자리한 분점을 추천한다. 그랜드 프론트 오사카 건물 7층에 자리한 식당가에 있는 분점은 인테리어는 모두 새것이지만 맛은 본점과 크게 다르지 않다. 그리고 본점에서 사람들이 와서 관리하므로 가끔 주인분을 볼 때도 있다. 가게 주인이 재일교포이기 때문인지 한국어를 하는 직원도 있어 일본어를 몰라도 주문하기 편하다. 어머니에는 단품 요리도 많으니 가능하다면 다양한 음식을 맛보길 추천한다. 한 번 먹으면 몇 년이 지나도 생각나고, 다시 가고 싶은 그런 가게다.

추천 메뉴

- オモニ焼き 오모니야키 (가게의 대표 메뉴 양배추의 단맛을 잘 살린 오코노미야키)
  1,250엔

메뉴

- 豚玉 焼き 부타타마 야키 (돼지고기가 들어간 오코노미야키) 850엔
- イカ玉 焼き 이카타마 야키 (오징어가 들어간 오코노미야키) 850엔
- エビ玉 焼き 에비타마 야키 (새우가 들어간 오코노미야키) 950엔
- スジ玉 焼き 스지타마 야키 (소 힘줄이 들어간 오코노미야키) 950엔
- ホタテ玉 焼き 호타테타마 야키 (가리비가 들어간 오코노미야키) 950엔
- チーズ玉 焼き 치-즈타마 야키 (치즈가 들어간 오코노미야키) 850엔
- ゲソ天玉 焼き 게소텐타마 야키 (오징어 다리가 들어간 오코노미야키) 950엔
- すし肉ボッカ焼き 스지니쿠 폿카야키 (소의 힘줄 스지, 김치, 파 등이 들어간 오코
  노미야키) 1,250엔
- ハイカラ焼き 하이카라야키 (소의 힘줄, 곤약, 파 등이 들어간 오코노미야키) 1,250엔
- もえちゃんスペシャル 모에짱 스페샤루 (돼지, 새우, 감자, 김치, 파 등이 들어가고
  위에 치즈를 뿌린 오코노미야키) 1,850엔
- グランフロント焼き 구랑 후론토야키 (돼지, 소의 힘줄, 감자, 김치, 파, 달걀, 오징
  어가 들어간 오코노미야키) 1,850엔

기타

- 焼きそば 야키소바 (가장 기본이 되는 볶은 국수) 850엔
- 焼きうどん 야키우동 (소스와 함께 볶은 우동) 850엔
- ホルモン焼きうどん 호루몬야키우동 (소 내장과 함께 볶은 우동) 1,350엔
- そばロール 소바로-루 (야키소바를 달걀부침으로 만 것) 1,050엔
- 黄金のかす焼きそば 오-곤노 카스야키소바 (돼지고기나 오징어를 넣어 양배추와
  볶은 소바) 1,150엔

간단 일본어

어머니야키랑 생맥주 주세요.
オモニ焼と生ビールをお願いします.
오모니야키토 나마비-루오 오네가이시마스.

접시 두 개만 주시겠어요?
小皿を 2 ついただけますか ?
코자라오 후타츠 이타다케마스카?

カップヌードルミュージアム

컵라면 박물관

🌐 34.817798, 135.426893

⊕ RC9G+5M 이케다시

🖥 www.nissin-noodles.com 🍜 300~TWD 🕐 09:30~16:00 📅 화요일 📞 072-752-3484 🏠 池田市 美町8-25 🚃 阪急 한큐 梅田 우메다 역에서 塚 타카라즈카 행 급행(急行) 열차를 타고 가다가 池田 이케다 역에서 하차 후 남쪽으로 도보 7분(약 550m)

인스턴트라면, 우리에게 너무나 친숙한 음식이다. 바쁠 때 가볍게 한 끼 식사로 이처럼 손쉽게 만들어 먹을 수 있는 음식이 또 있을까. 우리나라만 해도 소비되는 양이 엄청나니 세계적으로는 더 많을 것이다. 이런 인스턴트라면을 발명한 사람을 기리기 위한 기념관이 오사카에서 얼마 떨어지지 않은 곳에 있다. 池田 이케다에 있는 이 기념관을 보기 위해 지금도 수많은 사람이 찾아온다. 지하철이 아닌 阪急 한큐 전차를 이용해야 하지만, 시간이 있다면 오사카 여행 중에 한 번 들러볼 만한 곳이다.

カップヌードルミュージアム 캇푸 누-도루뮤-지아무(컵라면 박물관)는 인스턴트라면을 발명한 安藤百福 안도 모모후쿠를 기리기 위해 닛신식품(日淸食品)에서 세운 것이다. 안도 모모후쿠는 대만 출신으로 일제강점기 때 사업차 오사카로 건너왔다. 당시 일본은 제2차 세계대전의 패배로 엄청난 경기 불황을 겪고 있었다. 사실 전쟁 물자로 모든 것이 동원되어 실생활이 어려울 정도였다. 미국은 이런 일본에 엄청난 양의 원조 물자인 밀을 공급했다. 하지만 엄청난 양의 밀이 들어왔어도 당시 일본에서 보존 기간이 오래되고 간편하게 먹을 수 있는 밀 음식이 없었다. 일본 정부는 밀을 효율적으로 사용하기 위해 다양한 밀 음식을 공모하기에 이르렀다. 이때 안도 모모후쿠는 말린 국수에서 착안해 오래 보존할 수 있고, 간편하게 먹을 수 있는 식품을 개발하려 했다. 자신의 창고에서 개발을 시작한 그는 수백 번의 도전 끝에 1958년 인스턴트 치킨 라

면을 상품화했다. 또 1971년에는 세계 최초의 컵라면 'カップヌードル 캇푸누-도(컵라면)'을 발매했다. 우리가 먹는 인스턴트라면은 바로 여기에서 발전된 것들이다.

컵라면 박물관 한쪽 벽면에는 시기 순으로 출시된 닛신식품의 인스턴트라면을 볼 수 있다. 또 안도 모모후쿠가 인스턴트라면을 개발했던 오두막도 살펴볼 수 있다. 그리고 닛신식품의 기념관이기 때문에 닛신식품의 다양한 컵라면을 맛보고 구매할 수도 있다.

하지만 기념관의 하이라이트는 자신이 만드는 컵라면이다. 자판기에서 컵라면 용기를 사서 자신이 원하는 글을 쓰고 그 안에 취향에 맞게 토핑(새우, 달걀, 파, 마늘 칩, 녹두, 체더 치즈, 게맛살, 콘, 김치, 호박 등)을 추가할 수 있다. 컵라면을 만드는 과정도 살펴볼 수 있다. 2층에서는 예약한 아이들을 위해 치킨 라면을 밀가루 반죽부터 전 과정을 만들어볼 수 있는 체험 공간이 준비되어 있다.

• 내가 만드는 컵라면 300엔

화장실이 어디예요?

トイレはどこですか.

토이레와 도코 데스카?

체험은 몇 시부터 시작해요?

体験は何時から始まりますか?

타이켄와 난지카라 하지마리마스카?

ZONE
06

天六屋

텐로쿠야

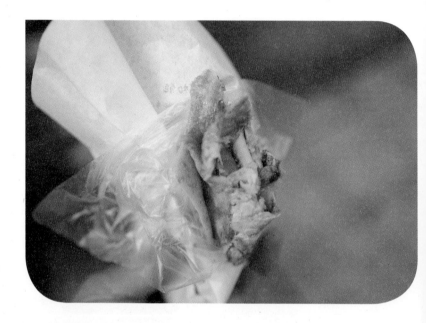

🌐 34.719801, 135.481598
⊕ PF9J+WJ 오사카시

🖥 rikimaru-group.com 📠 200~TWD 🕐 11:30~22:30 📅 부정기 📞 06-6886-9989 🏠 大阪市淀川 十三本町 1-4-4 🚃 한큐 전
철 역 十三 주소 역에서 도보 1분(50m)

오사카 역에서 북쪽으로 조금만 걸어가면 젊은이들의 쇼핑타운 茶屋町 차야마치 거리가 나온다. 오사카 젊은이들을 위한 거리이기 때문인지 가게들은 뭔가 화려하고 활기가 느껴진다. 하지만 화려한 것과 비례해서 가격대가 높아지지는 않는다. 차야마치를 대표하는 쇼핑몰 가운데 하나는 'NU chayamachi 누 차야마치'다. 이 쇼핑몰은 한큐 전철이 운영하는 복합상업 시설로 사철을 운영하는 기업에서 만들었기 때문인지 상당히 화려한 외관을 하고 있다. 2005년 문을 연 이곳에는 캐주얼하면서도 세련된 상점들이 모여 있다. 독특한 디자인의 가방과 신발뿐만 아니라 앤티크 풍의 인테리어 숍도 있다. 6~7층에는 타워레코드 매장이 있고, 8~9층에는 여성들을 대상으로 한 식당들이 모여 있다.

젊은 사람들이 자주 모이는 쇼핑몰이기 때문인지 이 주변에는 가볍게 먹을 수 있는 가게들이 많다. 지금은 사라졌지만, 그 가운데 하나가 바로 'いか焼き 이카야키' 전문점 天六屋 텐로쿠야였다. 이카야키는 젊은이들이 많은 장소에 잘 어울리는 음식이다. 이 음식을 간단하게 말하면 '오징어를 넣은 부침개'다. 정말 밀가루 반죽과 오징어만 들어간 요리다. 묽은 밀가루 반죽을 붓고 오징어를 넣은 뒤 무거운 뚜껑을 닫으면 이카야키가 완성된다. 주문에서 요리까지 2~3분을 넘지 않는다. 마지막으로 소스를 발라 먹으면 끝. 간식으로 이만큼 적당한 것이 없다. 가격도 저렴하다. 일본 어디서 이런 가격으로 이런 멋진 음식을 만날 수 있을까? 줄을 서서 먹는 이유가 바로 여기에 있다.

가볍게 먹을 수 있고, 맛도 좋아서 자주 사 먹었다. 그런데 어느 날 아쉽게 문을 닫고 말았다. 아무래도 저렴한 가격으로 이런 번화가에 자리한다는 것이 무리였던 모양이었다. 그렇게 사라진 어느 날 가게가 조금 떨어진 곳에 새로 문을 열었다는 소식을 듣고 달려갔다. 지하철로는 갈 수 없어 한큐 전철을 이용했다.

역을 나와 비가 내리는 길을 걸으며 가게를 찾았다. 가게는 사람들이 붐비지 않는 상점가 입구에 자리하고 있었다. 출퇴근 시간에는 많은 사람이 지나는 길목으로 그런 사람들을 상대하기 위해 이곳으로 자리를 옮긴 모양이었다. 주말에 모이는 사람들을 상대하는 것보다 출퇴근하는 사람들을 상대하는 것이 더 장사가 잘될 것 같긴 하다. 또 퇴근하는 길에 이카야키와 함께 시원한 맥주 한잔을 즐기는 사람들도 많은 테니, 정말 잘 생각한 듯 보였다.

이카야키는 가격이 저렴해서 여행객들의 가벼운 주머니도 걱정 없다. 2~3개 정도면 한 끼 식사로도 적당하다. 텐로쿠야에서 주문은 간단하다. 가게 앞에 있는 자판기에서 원하는 소스와 개수를 정해 식권을 사고 그것을 점원에게 주면 된다. 주문이 들어간 순간 바로 만들기 시작한다. 손님은 자신이 먹을 음식이 만들어지는 것을 구경할 수 있다.

'치이익' 소리와 함께 완성되는 이카야키는 4가지 소스를 고를 수 있다. しょうゆ味 쇼-유아지(간장), ソース味 소-스아지(소스), ポンず味 폰즈아지(폰즈), コチジャン 코치장(고추장) 4가지 가운데 가장 많이 팔리는 것은 간장 이카야키다.(이전에는 된장 맛이 있었는데 사라졌다) 하지만 소스, 폰즈도 추천할 만하다. 단지 고추장은 한국 사람에게는 별로인 것 같은데, 새로운 맛에 도전해 보고 싶은 사람이라면 한번 도전해 봐도 좋다.

간장 이카야키는 맥주와도 잘 어울리는데 가게에서 생맥주도 마실 수 있다. 생맥주는 자판기에 없고 점원에게 이야기해야 한다. 텐로쿠야는 여행으로 지친 몸을 가볍게 충전하려 할 때 가장 적당한 장소다.

추천 메뉴

- しょうゆ味 쇼-유아지 (간장) 200엔

메뉴

- ソース味 소-스아지 (소스) 200엔
- ポンす味 폰즈아지 (폰즈) 150엔
- コチジャン 코치장 (고추장) 150엔

간단 일본어

봉지에 넣어 주시겠어요?
袋に入れてもらえますか？
후쿠로니 이레테 모라에마스카?

숫자

0	零 れい 레-
1	一 いち 이치
2	二 に 니
3	三 さん 산
4	四 よん,し 시
5	五 ご 고
6	六 ろく 로쿠
7	七 しち 시치, 나나
8	八 はち 하치
9	九 きゅう 큐-
10	十 じゅう 쥬-
100	百 ひゃく 하쿠
1000	千 せん 센
10000	万 まん 만

단위

돈	円 엔
개수	個 코
잔	杯 하이

시간

시간	時間 지칸
분	分 분
오전	午前 고젠
오후	午後 고고

날짜

월	月 츠키
일	日 니치
어제	昨日 키노-
오늘	今日 쿄-
내일	明日 아시타

요일

월	月曜日 게츠요-비
화	火曜日 카요-비
수	水曜日 스이요-비
목	木曜日 모쿠요-비
금	金曜日 킨요-비
토	土曜日 도요-비
일	日曜日 니치요-비

필수 단어

휴대폰	ケータイ 케-타이
교통카드	交通カード 코-츠-카-도
신용카드	クレジットカード 크레짓토카-도
현금	現金 겐킨
배낭	バックパック 박쿠파쿠
지갑	財布 사이후
여권	パスポート 파스포-토
편의점	コンビニ 콘비니
화장실	トイレ 토이레
화장지	トイレットペーパー 토이렛토 페-파-
경찰서	警察署 케-사츠쇼

교통 관련

택시	タクシー 타쿠시-
버스	バス 바스
버스정류장	バス停 바스 테-
고속철도	新幹線 신칸센
지하철	地下鉄 치카테츠
역	駅 에키
비행기	飛行機 히코-키
공항	空港 쿠-코-

회화편
인사 & 기본 표현

안녕하세요	こんにちは 곤니치와
감사합니다	ありがとうございます 아리가토-고자이마스
죄송합니다	すみません 스미마센
맛있어요	おいしいです 오이시-데스
좋아요	いいです 이-데스
좋지 않아요	よくないです 요쿠나이데스
실례합니다	失礼します 시츠레-시마스
괜찮습니다	大丈夫です 다이죠-부데스

네 l 아니오	はい l いいえ 하이 l 이-에
나 l 너	私 l あなた 와타시 l 아나타
우리	私たち 와타시다치

곤란할 때 ―――――――――

일본어 못해요
私は日本語が話せません
와타시와 니혼고가 하나세마센

한국어 아는 사람이 있나요?
韓国語が話せる人はいますか
캉코쿠고가 하나세루 히토와 아리마스카

영어로 말해 주세요
英語で話してください
에-고데 하나시데 쿠다사이

여권을 잃어버렸어요
パスポートを無くしました
파스포-토오 나쿠시마시따

지갑을 도둑맞았어요
財布を盗まれました
사이후오 누스마레마시타

도와주세요!
助けてください
다스케떼 구다사이

경찰을 불러 주세요!
警察を呼んでください
케-사츠오 욘데 쿠다사이

구급차를 불러 주세요!
救急車を呼んでください
큐-큐-샤오 욘데 쿠다사이

배가 아파요
お腹が痛いです
오나카가 이타이데스

하지 마!
やめて
야메테

여기가 어디예요?
ここはどこですか
고코와 도코데스카

어떻게 가나요?
どうやって行きますか
도-얏테 이키마스카

식당 단어 ―――――――――

볶음밥 チャーハン 챠-항
쌀밥 ご飯 고항
숟가락 スプーン 스뿐-
젓가락 箸 하시
앞접시 取り皿 토리자라
냅킨 ナプキン 나뿌킨
물수건 おしぼり 오시보리
물 お水 오미즈
맥주 ビール 비-루
생맥주 生ビール 나마비-루
콜라 コーラ 코-라
사이다 サイダー 사이다-
스타벅스 スターバックス 스타-박쿠스
아메리카노 アメリカーノ 아메리카-노
카페라떼 カフェラテ 카페라테
커피 コーヒー 코-히-
샌드위치 サンドイッチ 산도잇치
주문 注文 추-몬
포장 持ち帰り 모치카에리

〈가게에 들어가서〉 ―――――――――

2명인데 자리가 있나요?
二人ですが、席はありますか
후타리 데스가, 세키가 아리마스카

자리가 나려면 얼마나 기다려야 할까요?
席が空くのにどれぐらい時間がかかりそうですか
세키가 아쿠노니 도레구라이 지캉가 카카리소-데스카

창가 자리로 앉을 수 있을까요?
窓側の席にしていただけか
마도가와노 세키니 시테 이타다케마스카

창가 좌석이 비면 옮길 수 있을까요?
窓側の席が空いたら移動させていただけますか
마도가와노 세키가 아이타라 이도-사세테 이타다케마스카

407

안쪽 자리로 앉을 수 없을까요?
奥の席は空いていませんか
오쿠노 세키와 아이테 이마센카

2층에 자리 있나요?
二階の席は空いていますか
니카이노 세키와 아이테 이마스카

테이블 좌석이 나올 때까지 기다려도 돼요?
テーブル席が空くまで待ってもいいですか
테-부르세키가 아쿠마데 맛테모 이이데스카?

아무 데나 앉아도 돼요?
どこに座ってもいいですか
도코니 스왓테모 이이데스카?

저쪽에 앉아도 돼요?
あそこに座ってもいいですか
아소코니 스왓테모 이이데스카?

금연석 있나요?
禁煙席はありますか？
킹엔세키와 아리마스카?

〈자리에 앉아서 주문〉────────
메뉴판 좀 주세요
メニューをください
메뉴-오 쿠다사이

한국어 메뉴판 있어요?
韓国語のメニューはありますか
캉코쿠고노 메뉴-와 아리마스카

저 사람들이 먹고 있는 건 뭐예요?
あちらの方 が食べているのは何ですか
아치라노 카타가타가 타베테 이루노 난데스카

저 여자분이 먹고 있는 게 뭐예요?
あの女性が食べているのは何ですか
아노 조세-가 타베테 이루노와 난데스카

저거랑 같은 거로 주세요
あれと同じものでお願いします
아레토 오나지 모노데 오네가이시마스

저도 같은 걸로 주세요
私も同じものをください
와타시모 오나지 모노오 쿠다사이

베지테리언 메뉴가 있나요?
ベジタリアン向けのメニューはありますか
베지타리안 무케노 메뉴-와 아리마스카

아직 못 정했는데 조금만 더 기다려주시겠어요?
まだ決めてません、もう少し待っていただけますか
마다 키메테 마센, 모-스코시 맛테 이타다케마스카

제일 인기 있는 메뉴가 뭐예요?
一番人気のメニューは何ですか
이치방 닌키노 메뉴-와 난데스카

추천 메뉴는 뭐가 있나요?
オススメのメニューは何ですか
오스스메노 메뉴-와 난데스카

그 외에 또 추천할 것이 있나요?
他にも何かオススメはありますか
호카니모 나니카 오스스메와 아리마스카

음료는 뭐가 있나요?
飲み物は何がありますか
노미모노와 나니가 아리마스카

이 메뉴는 밥도 같이 나오나요?
このメニューはライス付きですか
코노 메뉴-와 라이스츠키 데스카

이 메뉴는 양이 얼마나 되나요?
このメニューはどのくらいの量ですか
코노 메뉴-와 도노쿠라이노 료-데스카

이건 둘이 먹을 만할까요?
これは2人で分けても十分でしょうか
코레와 후타리데 와케테모 주-분데스카

밥은 별도인가요?
ライスは別料金ですか
라이스와 베츠료-킨 데스카

밥을 추가해 주세요
ライスを追加してください
라이스오 츠이카 시테 쿠다사이

이 세트에는 뭐가 나오나요?
このセットには何が付いてきますか
고노 셋토니와 나니가 츠이테 키마스카

음료도 같이 나오나요?
ドリンク付きですか
도링쿠츠키 데스카

저기요, 주문할게요
すみません、注文をお願いします
스마세엔, 추-몽오 오네가이시마스

이걸로 주세요
これをください
코레오 쿠다사이

이걸로 2개 주세요
これを2つください
코레오 후타츠 쿠다사이

이걸로 할게요
これにします
코레니 시마스

생맥주 먼저 주세요
とりあえず生ビールをください
토리아에즈 나마비-루오 쿠다사이

생맥주는 어떤 게 있나요?
どんな生ビールがありますか
돈나 나마비-루가 아리마스카

맥주 한 병 더 주세요
ビールをもう1本ください
비-루오 모- 입뽕 쿠다사이

같은 걸로 한 잔 더 주세요
同じものをもう一杯ください
오나지 모노오 모- 입빠이 쿠다사이

같은 걸로 하나 더 주세요
同じものをもう1つください
오나지 모노오 모- 히토츠 쿠다사이

네기야키와 야키소바 하나씩 주세요
ねぎ焼と焼きそばを一つずつお願いします
네기야키토 야키소바오 히토츠 즈츠 오네가이시마스

타코야키 3종 세트 2개 주세요
三種盛を2つください
산슈모리오 후타츠 쿠다사이

어머니야키랑 생맥주 주세요
オモニ焼と生ビールをお願いします
오모니야키토 나마비-루오 오네가이시마스

니쿠우동이랑 채소절임 주세요
肉うどんと漬物をお願いします
니쿠우동토 츠케모노오 오네가이시마스

두부가 들어간 니쿠스이하고 계란밥 작은 거 하나 주세요
豆腐入りの肉吸いと小サイズの玉子かけご飯をお願いします
토-후이리노 니쿠스이토 쇼-사이즈노 타마고 카케 고항오 오네가이시마스

토핑을 추가해 주세요
トッピングを追加してください。
톳핑구오 츠이카 시테 쿠다사이.

크로켓 3개와 돈가스 2개 주세요
コロッケを3つとトンカツを2つください
코롯케오 밋츠토 톤카츠오 후타츠 쿠다사이

왕 돈가스 하나 주세요
上トンカツを1つください
죠- 톤카츠오 히토츠 쿠다사이

캬베츠야키 2개 주세요
キャベツ焼を２つ下さい
캬베츠야키오 후타츠 쿠다사이

캬베츠야키랑 캬베소바 하나씩 주세요
キャベツ焼とキャベそばを１つずつお願いします
캬베츠야키토 캬베소바오 히토츠 즈츠 오네가이시마스

〈요청사항〉────────
파 좀 빼 주시면 안 될까요?
ネギ抜きにしてもらえますか
네기누키니 시테 모라에마스카

샐러드드레싱은 조금만 뿌려 주시겠어요?
サラダのドレッシングは少なめにしていただけますか
사라다노 도렛싱구와 스쿠나메니 시테 이타다케마스카

타코야키 소스는 조금만 뿌려 주세요
ソースは少なめでお願いします
소-스와 스쿠나메데 오네가이시마스

마요네즈 좀 많이 뿌려주실 수 있나요?
マヨネーズは多めにしていただけますか
마요네-즈와 오-메니 시테 이타다케마스카

포크를 떨어뜨렸어요
フォークを落としてしまいました
포-쿠오 오토시테 시마이마시타

포크를 하나 더 받을 수 있을까요?
フォークをもう1本いただけますか？
포-쿠오 모- 입뽕 이타다케마스카

스푼 하나 더 받을 수 있을까요?
スプーンをもう1本いただけますか
스푸-오 모- 입뽕 이타다케마스카

저기요, 숟가락 있어요?
すみません、レンゲありますか
스미마센, 렌게 아리마스카

＊レンゲ 렌게: 우동이나 라멘 등, 국물 있는 면 종류의 음식을 먹을 때 일본에서 주로 쓰는 중국식 숟가락

앞접시 좀 주시겠어요?
取り皿をいただけますか
토리자라오 이타다케마스카

앞접시 두 개만 주시겠어요?
取り皿を２ついただけますか
토리자라오 후타츠 이타다케마스카

접시 하나만 더 주시겠어요?
お皿をもう１枚いただけますか
오사라오 모- 이치마이 이타다케마스카

물 좀 더 주세요
お水のお代わりください
오미즈노 오카와리 쿠다사이

차 좀 더 주시겠어요?
お茶のお代わりをいただけますか
오차노 오카와리오 이타다케마스카

커피 리필 돼요?
コーヒーのお代わりをいただけますか
코-히-노 오카와리오 이타다케마스카

리필 돼요?
お代わりできますか
오카와리 데키마스카

리필해 주세요
お代わりください
오카와리 쿠다사이

이것 좀 치워주시겠어요?
これを下げてもらえますか
코레오 사게테 모라에마스카

이 빵을 전부 반으로 잘라주시겠어요?
これらのパンを半分ずつカットしてもらえますか
코레라노 팡오 한분 즈츠 캇토시테 모라에마스카

〈계산〉

계산은 어디서 해요?
会計はどこですか
카이케-와 도코 데스카

계산해 주세요
お勘定をお願いします
오칸조-오 오네가이시마스

이 요금은 뭐죠?
この料金は何ですか
코노 료-킹와 난 데스카

거스름돈이 잘못됐어요
おつりが違います
오츠리가 치가이마스

신용카드 돼요?
クレジットカード払いはできますか
쿠레짓토카-도바라이와 데키마스카

영수증 주세요
レシートをください
레시-토오 쿠다사이

〈포장〉

포장돼요?
持ち帰りできますか
모치카에리 데키마스카

포장해 주세요
持ち帰りでお願いします
모치카에리데 오네가이시마스

샌드위치를 포장해 주세요
サンドイッチを持ち帰りでお願いします
산도잇치오 모치카에리데 오네가이시마스

커피는 테이크아웃으로 부탁합니다
コーヒーをテイクアウトでお願いします
코-히-오 테이쿠아우토데 오네가이시마스

〈기타 문의〉

가게 안에서 Wi-Fi 돼요?
店内でWi-Fiは使えますか
덴나이데 와이화이 츠카에마스카

와이파이 비밀번호 좀 알려주시겠어요?
Wi-Fiのパスワードを教えていただけますか
와이화이노 파스와-도오 오시에테 이타다케마스카

화장실이 어디예요?
トイレはどこですか
토이레와 도코 데스카

가게 사진을 찍어도 괜찮을까요?
お店の写真を撮っても良いですか
오미세노 샤싱오 톳테모 이이데스카

어느 정도 기다려야 하나요?
待ち時間は何れぐらいですか
마치지캉와 도레 구라이 데스카?

항상 이렇게 줄이 길어요?
いつもこんなに並んでるんですか
이츠모 콘나니 나란데룬데스카

여기 줄 서신 거예요?
この列に並んでいますか
코노 레츠니 나란데 이마스카

갓 구운 치즈 케이크의 줄은 어느 쪽인가요?
焼きたての列はどこですか
야키타테노 레츠와 도코데스카

이건 언제까지 먹어야 해요? (포장 시)
これはどれぐらい持ちますか
코레와 도레구라이 모치마스카

봉지에 넣어 주시겠어요?
袋に入れてもらえますか
후쿠로니 이레테 모라에마스카

전부 얼마예요?
全部でいくらですか
젠부데 이쿠라 데스카